3

1

4

2

1　妹ホリー(左)とビーチ。1919年、書店で　©Gisèle Freund

2　オデオン通りを行くジョイス(左)とモニエ　©Gisèle Freund

3　デュピュイトラン通り時代の書店とビーチ　©Gisèle Freund

4　書店内のビーチ　©Gisèle Freund

5

7

6

8

9

5　書店内のビーチ　1936年
©Gisèle Freund

6　1919年のポートレート

7　書店の前で、ヘミングウェイ（右端）らと一緒のビーチ　1928年
©Princeton University Library

8　書店内でアドリエンヌ・モニエ（右）と一緒に
©Princeton University Library

9　ビーチ（左）とジョイス（右）、書店の入口で
©Princeton University Library

10

11

10　オデオン通り12番地の書店の前で 1938年　©Gisèle Freund

11　「ユリシーズの午餐会」(1929年6月27日)。ジョイスを囲んでヴァレリー(ジョイスの左隣)やファルグ(右隣)の顔も見られる
©Princeton University Library

河出文庫

シェイクスピア・アンド・カンパニイ書店

シルヴィア・ビーチ
中山末喜 訳

河出書房新社

目次

本書では、必要に応じて訳注を付した。短いものは割注とし、その他は＊を付し傍注とした。なお、記述が多岐にわたるものについては（一）で通し番号を付し、巻末に一括した。

シェイクスピア・アンド・カンパニイ書店

1

シルヴィアとは何者か

私の父、シルヴェスター・ウッドブリッジ・ビーチ牧師は、神学博士であり長老教会派の牧師で、ニュー・ジャージー州、プリンストンの第一長老教会の牧師を十七年間つとめました。

〈マンシーズ・マガジン〉誌に掲載されたアメリカの珍しい家系に関する記事によれば、ウッドブリッジ家、つまり父の母方に当る先祖は、父親から息子へとおよそ十二、三代にわたって牧師をつとめていたことになっています。どのような犠牲を払ってでも、真相を究めることの好きな私の妹のホリーは、詳細な調査を行なって、遂にこの伝説の正体を暴露してしまいました。彼女は牧師をつとめた先祖の人数を九人に減らしてしまい、私たちも九人で満足しなくてはならなくなりました。

オービソン家の出身である私の母は、まるで神話にでも登場する人物のように、泉から湧き出したのです。つまり、彼女の先祖に当るジェイムズ・ハリス船長は、裏庭をあちらこちらと詮索して、素晴しい泉を発見したのです。たちどころに彼は、アラゲイニ山脈（米国アパラチア山系の一部でペンシルヴァニア等四州にまたがった山脈）の山間にベルフォンツと呼ぶ町の設立を計画しました。この町の名前を考え出したのはハリス夫人でした。私は、母がよく話してくれた話、ラファイエット（一七五七〜一八三四年。フランスの貴族、政治家。アメリカの独立戦争のために活躍）がこの泉から湧き出る水を飲みに立ち寄って、「何と美しい泉《ベル・フォンテーヌ》であろうか！」と感歎したという話がとても好きでした。もっとも、フランス人が一杯の水を他人に乞うなどということはとてもあり得ないことですが。

母はペンシルヴァニアのこの山間の町で生れたのではなく、彼女の父親が医学の普及にたずさわっていたインドのラワルピンディで生れました。のちに祖父は家族をひき連れてベルフォンツの町に帰りました。夫に死なれた祖母は、四人の子供たちを育てながら、余生をこの町で過しました。この町では、祖母はかの有名な泉と同様に崇拝されていました。

母はベルフォンツのアカデミーに通学していました。彼女のラテン語の先生は、シルヴェスター・ウッドブリッジ・ビーチというプリンストン大学とプリンストンの神学校を卒業したばかりの、背の高いハンサムな青年でした。彼女は十六歳に過ぎなかったのですが、二人は婚約しました。もっとも、実際に結婚したのは二年後でした。

父が最初に赴任を命ぜられたのはボルティモアで、私はそこで生れました。次の赴任地はニュー・ジャージー州のブリッジトンでした。父はこのブリッジトンで第一長老教会の牧師を十二年間つとめました。

父が家族全員——つまり、母と私の二人の妹ホリーとシプリアン、それに私を引き連れてパリに出かけたのは、私が十四歳の頃でした。父は〈学生のための親睦集会所《ステューデンツ・アトリエ・レユニオンズ》〉と呼ばれる集会所の面倒をみるように依頼されていました。これは、ラスパーユ大通りにアメリカの学生たちのための素晴しいクラブが作られる前のことです。土曜日の夜がくると、モンマルトルにある大きなアトリエにアメリカの学生たちが家庭的な憩いを求めて集まってきました。つまり、私の父が大変参考になる話を聞かせておりましたし、また、メアリー・ガーデンとかチャールズ・クラークといった当時最も名声を博していた歌手、それに最も偉大なチェロ演奏家であるパブロ・カザルス、その他何人かの芸術家たちがこの仕事にいろいろと協力してくれました。ロイ・フラー[*1]でさえ協力してくれました。彼女は踊りにやってくるのではなく、自分の踊りについて、いろいろな話をしにやってくるのでした。ロイはシカゴの出身で、小肥りのどちらかと言えば容色のさえない女性で、眼鏡をかけた学者ぶった女性のタイプでした。舞台での照明装置について、

＊1　一八六二〜一九二八年。アメリカの舞踊家。五歳の時ピアノをひきデビュー、十三歳で人の意表をつく装置を使って舞踊家として人気を得る。アメリカのみにとどまらず、ヨーロッパ各地を巡業し、一八九二年パリに行き、フォリ・ベルジェールの劇場で「火の踊り」で人気を博した。

彼女がラジウムを使って行なっている様々な実験を話していたことを記憶しております。当時、彼女はムーラン・ルージュで踊っていましたが、私の記憶しているところでは、センセーションを惹き起していたようです。ムーラン・ルージュの舞台で見ると、ロイ・フラーとしてごぞんじの小肥りのこの女性が、全く別ものに変身してしまうのです。五百メートル余りもある渦巻状に巻いた反物を、彼女が長く引き伸ばした二本の杖で巧みにあやつると、炎が彼女の身体《からだ》を包み込み、彼女は燃え尽きてしまうのでした。最後に残っているものといえば、少しばかりの燃えかすだけでした。

父も母もフランスとフランス人が好きでした。もっとも、父が従事していた仕事の性質上、私たちはもっぱらアメリカ人と交際し、フランス人をほとんど知りませんでした。ところが、父はだんだんフランス人の間でも、有名になっていきました。私は、父は心情的にはラテン系だったと思っています。父はフランス語を学ぼうとして大変な努力を払いました。父の友人のある代議士が、父にフランス語を教えていました。父はすぐに読み書きを完全に修得しましたが、発音となると……これは読み書きとは事情が異なっていました。私たちは、その代議士が父にフランス語の〈u〉という文字の発音を一所懸命に教えているのを隣の部屋でよく耳にしたものでした。まず最初に代議士が〈u〉を発音し、続いて父が「ウー」と発音するのですが、声ばかり大きくて、似ても似つかぬ発音になってしまうのでした。そして、この発音はその後も進歩することはありませんでした。

私の母にとって、つまり一人の印象派の画家を自任していた彼女にとっては、パリはパラダイスでした。彼女は、アメリカの学生たちの集会の計画を楽しみながら準備しておりました。準備は彼女の仕事であったし、それに、例の芸術家たちと一緒に過すことを彼女は大層好んでおりました。

最初にパリに滞在した何年間かの間で、私にとって一番重要な出来事は、生涯の友人となったカーロッタ・ウェルズに出会ったことでした。勿論、あなたが想像されるように、この名前から判断する限り、カーロッタはイタリア人の筈ですが、しかし、この名前は単なる偶然に過ぎないのです。彼女はアラシーオ（北イタリア、ジェノヴァ市の西約六〇キロの町）で生れました。生れるとすぐ、彼女の父親は彼女を「シャーロッツ」という名前で届け出ようとしたのです。ところが、名簿に登録される際、裁判所でこの名前がイタリア式の「カーロッタ」に翻訳されてしまったのです。ウェルズ氏は、いつもカーロッタを「私たちの小さなイタリア人」と言っては紹介しておりました。しかし、彼女はたくましいアメリカ人の愛国者でしたので、これはひどく彼女を怒らせていました。ウェルズ氏はパリのウェスターン・エレクトリック社の代表でした。彼は、ヨーロッパ中の到る所、それに東洋にもこの会社の支店を開設してきたのでした。彼は、電力分野の先駆者の一人で、この分野では彼の名は広く知られていました。

ウェルズ一家は私たちの同胞で、パリで暮していたのです。この一家は、トゥレーヌ地方のブーレという町のそばにある、シェール川のほとりに、田舎の家を持っておりました。一家は、何人かの友人たちにこの家を共有の形で使わせてくれました。ビーチ家は、この幸運な友人の仲間のなかに入っておりました。ウェルズ氏の余暇の楽しみは立派な図書室を作ることでした。彼は一度この図書室に姿を消すと、何時間も籠りっきりでした。また、今ひとつの楽しみは葡萄酒の素敵な貯蔵室を作ることでした——彼は、なかなかの葡萄酒の鑑識家でもありました。ウェルズ氏が、家族の間で葡萄酒についての話し相手を得るためには、カーロッタが成長してジム・ブリッグスと結婚するまで待たなくてはなりませんでした。ジム・ブリッグスは、少くとも、彼の義父同様に葡萄酒には詳しかったし、また、フランス料理については、確かに義父よりははるかに詳しかったのです。

曲りくねった小さなシェール川の上流にあったこの館《シャトー》は、まるでフランスの古いつづれ織りのように、周囲の風景の中にぴったりとはめ込まれていました。新家屋と旧家屋の二つの家、テラスからテラスへと続く庭園、丘陵に沿ってのぼる小さな森、川岸の近くまで広がる壁に取りかこまれた野菜畑、小舟で渡って行く小島。これらすべてがビーチ家の子供たちの心を魅了しました。

ウェルズ家の掛かりつけの医者がカーロッタに勉強を中止させ、屋外に連れ出させるように忠告した時、私はカーロッタと一緒に暫《しばら》くこの家に滞在しました。私はカーロッタの友だちになるようにと招かれたわけです。こうして私たちの長い長い友情が始まりました。カーロッタは、私が今までに知っているかぎり、小鳥の観察者としては第一人者でした。独立心が強く、どちらかといえば皮肉屋で、ギンガムのドレスを着たこの少女は――ウェルズ家の人々はみんな皮肉屋でしたが――鳥のようにほとんどの時間を大きな木の枝に登りっきりで、雑草の間を跳ね回る小鳥をひそかに観察して過していました。

ヨーロッパにおけるこの最初の滞在期間中に、私は、数か月にわたって、初めての学校教育を経験しました。ホリーと私はローザンヌにある学校に通うことになったのです。この学校を指導していた二人の婦人の奇妙な見解によると、この学校のしつけは、従順な少女たちよりは、むしろ感化院で手に負えなくなった子供たちに適するものであるということでした。フランス語の文法を少しばかり勉強しましたが、とてもみじめな気持になり、母がすぐ家に連れ戻してくれました。私がカーロッタと一緒に暮すため、ブーレに出かけて行ったのは丁度この時でした。しかし、引き続きこの学校に留まって、二人一組で一日に二度散歩をしながら過しているホリー、窓越しにジュネーヴの湖を眺めることも、散歩の時以外は誰かと口をきくことも許されずにいるホリー、長く口を開いておれるようにとコルクを歯の間にはさんで歌を歌っているホリーのことが、私の頭に浮んでこなければ、私はブーレでまったく幸せに過すことができたでしょう。結局、ホリーはストア主義者なのでした。

パリから、私たち一家はプリンストンに帰りました。父はプリンストンで学生時代を送り、プリンストンを自分の故郷のように考えていましたので、プリンストンに赴任を命ぜられたことを大層喜びました。また、母も喜んでおりました。もし、母が住みたい場所を尋ねられれば、プリンストンこそ彼女がきっと選んだに違いない町だったのです。私たちはライブラリー広場にあるイギリスの植民地時代に建てられた牧師館に落ち着きました。ライブラリー広場というこの名前の影響から、私は書店という仕事を選ぶことになったのでしょうか。樹木と小鳥に恵まれたプリンストンは、町というよりは、むしろ青葉と花におおわれた公園であり、ビーチ一家の人々は自分たちのことを幸運だと考えていました。

私の友人のアニス・ストックトンは、プリンストンの歴史についてひとかどの権威者でした。私は、アニスと一緒に、リーディという馬に引かせたストックトン家の軽装馬車に乗り独立戦争の戦場の跡を訪れましたが、私たちの座席の間に無理やり押し入ってきたダックスフント犬のロックも一緒でした。ワシントンの率いる軍隊の馬が、この第一長老教会の箱形の座席に入れられた燕麦をむしゃむしゃ食べたなどと話してくれたのもこのアニスでした。アニスは、かのアメリカ独立宣言に署名した人々の末裔であって、彼女の先祖に当るフランクリンやサラ・バッシュの肖像画がストックトン家の壁から見下ろしていました。

父の集会所にさえ、グローヴァ・クリーヴランド家[*1]、ジェイムズ・ガーフィールド家[*2]、ウッドロウ・ウィルスン家[*3]といったかつての、また将来の歴史の創造者となった人々が集まってきました。グローヴァ・クリーヴランドは魅力溢れる平和主義者でした。彼は、彼を取り巻く家族と静かに暮そうとプリンストンに隠退してきておりました。母は、二人が新婚時代に、クリーヴランド夫人に会った経験を持っておりましたが、夫人はとても美しい女性でした。彼女の子供たち、二人の男の子と二人の女の子はとても行儀作法がよく、このような子供たちには二度とお目にかかれません。

ウッドロウ・ウィルスンといえば、彼もまた、できれば平穏な生活を愛したのではないかと思われる学者タイプの人間でしたが、ことは別の方向に発展しました。彼は饒舌家ではありませんでした。しかし、彼の言うことはとても興味深く、みんなが彼の話に耳を傾けていました。ウィルスンの娘たちは、父親を深く愛していました。彼も家庭を大事にしました。彼が家を留守にすると、マーガレット、ジェッシーそれにエリアノーたちは、父親が家に帰るまで家の周りをただぼんやりと歩き回っていました。マーガレットは歌を歌いましたが、ウィルスン家にはピアノがなかったので、彼女は牧師館にや

＊1　一八三七～一九〇八年。二十二、二十四代の米国大統領。
＊2　一八三一～一八八一年。二十代の米国大統領。
＊3　一八五六～一九二四年。二十八代の米国大統領。

ってきては、私の妹シプリアンにピアノで彼女の歌の伴奏をさせていました。ウッドロウ・ウィルスンが、私の妹ホリーに目を留めていたという面白い偶然の一致なのでしょうか、彼がワシントンに向ってプリンストンを出発した時、彼の乗った特別列車は「ホリー・ビーチ」と名付けられました。

　ウィルスン一家は、ワシントンに移った後でも、いつも私の父を彼らの牧師と考えておりました。ジェッシーとエリアノーの二人が結婚する際には、ホワイト・ハウスで結婚式を挙げるのに父をわざわざ迎えに使いをよこしました。また、ウィルスンの要請で、父は、ウィルスン大統領が行なう埋葬式を司祭する牧師の一人に加わっておりました。

　プリンストン時代にも、私たちは短期旅行、あるいは長期滞在のために、たびたびフランスに出かけました。時には、家族みんなで出かけることもありましたが、一人か二人で出かけることもありました。私たちは、フランスに強い愛着を抱いていました。この愛着を共有したプリンストンでの友人は、マーガレット・スローンでした。彼女は、ナポレオンの伝記を書いたウィリアム・スローン教授[*1]の娘です。マーガレットは、ある暑い日曜日の朝、第一長老教会に出席し、私の妹のシプリアンが最前列にある私たちの家族専用の座席に坐って、黒猫とパリの有名な酒場の名前“Au Chat Noir”《オウ・シャ・ノワール》（当時のパリの有名な酒場）と描かれた大きな扇を開くのを見て大変喜んだものでした。

　ベン・W・ヒューブッシュ氏[*2]は、一九一六年頃、職業相談にプリンストンからニュー・ヨークに出かけてきたシルヴィア・ビーチとかいう女性をおそらく記憶していることでしょう。私は彼を敬愛していました。これは決して彼の時間を潰した言い訳のつもりで言っているのではありません。彼はとても親切で、書店を開きたいという漠然とした私の計画を大いに励ましてくれたことを、私は憶えております。ジョイスに関する仕事で、ヒューブッシュ氏と未来の彼の後継者との間がすでに不思議な絆で結ばれていたことを私は疑いません。

＊1　一八五〇～一九二八年。アメリカの教育者兼著述家でプリンストン、コロンビア大学などの歴史学の教授をつとめる。四巻にわたる『ナポレオンの伝記』は一八九六年に出版された。

＊2　ニュー・ヨークの出版者で、一九一六年Ｊ・ジョイスの『若き芸術家の肖像』を完全な形でアメリカで最初に出版した。

2

パレ・ロワイヤル*1

一九一六年、私はスペインに出かけ何か月かを過し、一九一七年にパリに行きました。ある時期、私はフランスの現代文学に特に強い関心を抱いておりました。そこで、私は、本拠地パリで私の研究を続けようとしました。

私の妹シプリアンもフランスに滞在していました。シプリアンは、オペラ歌手になろうとしていたのですが、戦争が続いていたために、時期が適当ではなかったのです。代わりに、彼女の関心は映画に向けられておりました。私がパリに到着すると、私たち二人は互いに協力し、暫《しばら》くの間パレ・ロワイヤルに住むことになりました。シプリアンは演劇界に数多くの友人を持っていました。彼女が、役者たちや、また、ある事情からスペイン人たちがよく出入りしていたこの興味深い場所を発見できたのも、彼女の友人たちの尽力によるものでした。私たちは、パレ・ロワイヤルの一番端にあるホテルに部屋を借りました。ジョン・ハワード・ペイン[*2]が、『楽しきわが家』を書いたのがこのホテルだという話を聞かされました。彼の瞑想溢れる「快楽と宮殿のなかで」という歌詞が、このようなみすぼらしい古い「宮殿《パレス》」で書き上げられたとは。すぐ隣にパレ・ロワイヤル劇場があって、パリで最低の芝居が上演されておりました。

パレ・ロワイヤル劇場と、その他おもに好色本を扱う二、三の書店がありましたが、当時パレ・ロワイヤルはかなり上品な場所でした。昔はまたちがった様相を呈していたようです。たまたま、私が手に入れた案内書によると、その昔、ここにはオルレアン公

（一六四〇～一七〇一年。ルイ十四世の弟、フィリップ一世）、あるいはその息子、摂政オルレアン公フィリップ（一六七四～一七二三年。フィリップ二世、ルイ十五世の幼少時代摂政をつとめる）が住み、有名な数々の宴が催されたとのことです。また、案内書によると、フィリップは壁に巨匠の絵を飾り、ピョートル大帝（一六七二～一七二五年。ロシア皇帝）がパリを訪問した際は大帝を泊らせたということです。パレ・ロワイヤルは歳月の移り変わりによって変わること

＊1　パリのルーヴル美術館の傍にある古い建物で、一六二九年にリシュリューのために建造された。その後拡張され久しく代々のオルレアン公爵の住居となった。一八二五年頃には俗にオルレアンのギャラリーと言われ、あたり一帯は賭博者や放蕩者の出入りするアーケードのついた一種の遊歩道となり、一九三四年閉鎖された。

＊2　一七九一～一八五二年。アメリカの俳優兼劇作家、詩人。『楽しきわが家』は『ミラノの娘クラリ』という彼の劇の中に出てくる歌で一世を風靡した。生涯経済的には恵まれなかった。

はありませんでした。パレ・ロワイヤルのアーケードには道楽者が出入りし、また当然ながら、「宝石店や貸本屋が並び、半裸の媚びをみせつけながら売春婦が歩きまわっていた」のです。遂にパレ・ロワイヤルは、こうした望ましからざる人間たちまで惹き寄せることになったので、「風紀取り締り」を行なわなければならなくなったのです。勿論、その結果パレ・ロワイヤルはたちどころにその関心と人気の大半を失うことになりました。しかし、私たちはパレ・ロワイヤルが大変面白いと思いました。

私たちの窓は庭に面していました。庭の中央に泉があり、泉の向い側にはロダンの創ったヴィクトル・ユーゴーの像が立っておりました。埃が立ちこめるなかで、近所の坊やたちが小さなシャベルを使って歩道に穴を掘っていました。古い樹木には小鳥のさえずりが充ちあふれ、この庭の真の所有者ともいうべき猫どもがこの小鳥たちを見張っていました。

パレの周囲をバルコニーがあらゆる方向に走っており、私たちの部屋は窓を開くと、このバルコニーに通じていました。隣人がどのように暮しているか好奇心に駆られたなら、バルコニーに出て隣の窓のなかに入っていくだけでした――このようなことは偶然に起ることもありました。ある夕方のこと、私たちが開いた窓の傍に坐っていると、一人の陽気な若者がバルコニーに現われて、愛情をこめた手を差し伸べながら、私たちの部屋に入ってきました。そして、楽しそうに微笑しながら、自分は隣の劇場の俳優だと自己紹介をしました。私たちは、そうだったと思いますが、極めて無愛想にこの訪問者を部屋の外に無理矢理押し出すと窓を閉めてしまいました。そして、次の開幕を知らせるベルが聞えてくる方向に男の姿が消える頃には、私たちは着換えをし、パレ・ロワイヤル劇場の切符売場まで下りていきました。劇場の支配人は、私たちをまともに見ることはとてもできなかったものの、私たちの苦情には丁寧に耳を傾けていました。彼は闖《ちん》入者《にゅうしゃ》の容姿を説明するようにと言いましたが、「口髭を生やした色黒の若者」という私たちの説明だと、どの役者にもあてはまると言うのです。そこで、彼は、私たちに舞台の傍の特別席に坐り、その男が舞台に現われたら、この罪人を指差すよう指示しました。「あの男だわ！」《ル・ヴォワラ》と、私たちは指示された通り叫んだのです。するとたちまち、すべての観客と役者たちが、私たちの部屋に闖入した例の役者をも含め、一斉に笑い始めたのです。しかも、舞台を笑っているのではなく、私たちを笑い始めたのです。白状してしまいますと、結局、私たちもみんなと一緒になって笑いだしてしまいました。

　シプリアンはとても美人だったので、招待もしない男が窓から闖入しても、その男を責める訳にはいきませんでした。彼女はあてもなくぶらぶらと町を散歩するのが大好きでしたが、このかわいそうな娘はパリを散歩すると必ず誰かにまつわりつかれました。彼女は「ベル・ミレッツ」（麗しのミレッツ。ミレッツとはフランス語で釣鐘草の意）だと、少年たちにすぐに見分けられてしまいました。ミレッツとは、「ジュデックス」と呼ばれる連続ものの映画に登場する人物で、この映画はウイークリー・エピソードという形式で、パリ中の映画館で上映されておりました。彼女のファンである群衆は、彼女の出かける所にはどこにでも現われました。こうした経験で最悪の事態になったのは、私たちがノートル＝ダム寺院に古い美しいフランス音楽を聞きに行った時のことでした。コーラスの合唱団の少年たちが「ベル・ミレッツ」を発見し、互いにひそひそと囁き合いながら彼女を指差すのです。このざわめきは、私たちが大層敬愛していた若い神父のコーラス・マスターに申し訳なく思い、席を立って外に出るまで続きました。

私の妹が賞賛していた人々の中に、詩人のアラゴン（一八九七～一九八二年。フランスの詩人、小説家、評論家）がいました。当時、彼はダダイスムの運動*1で活躍していました。アラゴンは私に、パリの博物館にあったクレオパトラのミイラに情熱を注いでいたが、今は、その情熱をシプリアンに傾けることにしたと語ったことがありました。ずっと後になっても、彼はシプリアンを捜しにたびたび私の書店を訪れ、時どき彼の『アルファベ』の詩や『ラ・ターブル』という詩を私に吟誦してくれました。『アルファベ』は単純に、初めから終りまでゆっくりと吟誦されるアルファベットの詩で、一方『ラ・ターブル』は、この詩の最後まで反復される“la table《ラ・ターブル》”と言う言葉で構成されていました。

空襲が毎夜繰り返される期間中、シプリアンと私は地下室に避難して風邪をひくか、それとも、バルコニーから空襲の様子を楽しむかのどちらかを選びました。私たちは、いつも後者を選んだものでした。空襲よりもっと恐ろしかったのは、ドイツ人たちのお得意の大砲「ビッグ・バーサ」（第一次世界大戦中使用されたドイツ軍の巨砲）の弾丸が、昼間中休みなく町の上空を音を立てながら通り過ぎて行くことでした。ある午後のこと――聖金曜日のことでした

——私たちは裁判所で、私の友人で平和主義の闘士である教師の裁判を傍聴しておりました。突然、すさまじい爆発音が起り、裁判は中止されました。外に走り出てみると、セーヌ河の対岸にあったサン・ジェルヴェ教会に弾丸が命中していました。この教会の有名なコーラスを聞くため、パリの町中から集まっていた多くの人々が殺され、この由緒ある古い教会は痛々しいまでに破壊されていました。

A・モニエの小さな灰色の書店

ある日、私はパリ国立図書館で一冊の雑誌——ポール・フォール（一八七二〜一九六〇年。フランスの詩人）の〈詩と散文《ヴェール・エ・プローズ》〉だったと思います——をパリ六区、オデオン通り七番地にあるA・モニエの書店で買うことができるのを知りました。私はこの書店の名前を前に耳にしたこともなかったし、また、オデオン地区は私にとって馴染みのない地区でした。それが突如として私の人生に極めて重要な出来事を偶然引き起すことになるこの場所へと、何かが私を否応なく惹き寄せて行きました。セーヌ河を渡るとすぐにオデオン通りで、この通りの一番端にプリンストンにあった植民地時代の家を想い出させる劇場が建っていまし

＊1　第一次大戦から一九二〇年代の初めまでにヨーロッパに広まった美術、文芸上の運動。伝統を否定し在来の論理的認識手段の一切を破壊しようとし、その奇矯な性格が話題となった。当時フランスではアラゴン、ブルトン、エリュアール等がこの運動に加わった。

た。オデオン通りを途中までのぼった左手に、扉に「A・モニエ」と書かれた小さな灰色の書店がありました。私は窓に陳列されている興味深いいろいろな書物を眺め、次いで入口から店の中を覗き込みながら、きらきら光る「透明な紙」のカバーがかけられた書物が、壁一面に並べられている本棚を眺めておりました。フランスの本は、製本屋に出される前は、しばしば製本されない状態が長く続くため、透明な紙カバーで包装された儘で保存されるのです。また、書店のあちこちには作家たちの興味深い写真が幾つか飾られていました。

机に一人の若い女性が坐っていました。勿論、この女性がA・モニエその人でした。私が、戸口で入るのを躊躇していたため、彼女は素早く立ち上ってドアーを開き、店の中に案内しながら、私を暖かく迎えてくれました。こうしたことはフランスでは驚くべきことでした。この国では、人々は外国人に対して概して冷淡でした。しかし、私はアドリエンヌ・モニエの外国人に対するこうした態度、外国人がアメリカ人の場合には殊更そうでしたが、これが、彼女の人柄であることを知りました。私はスペイン風の外套と帽子で変装しておりましたが、アドリエンヌは、たちまち私がアメリカ人であることを見抜いてしまいました。「私はアメリカがとても好きなの」と、彼女は言いました。私は、フランスが大好きだと答えました。私たちの言葉の中には、あたかも私たち二人の将来の協力が証拠づけられたかのような意味が込められていました。

私は開け放した扉の傍に立っていたので、突然強い風が吹き込んできて私のスペイン風の帽子を道の真中に吹き飛ばし、ころころと吹き転がしてしまいました。A・モニエは、こうした長いスカートをはいた女性にしてはとても考えられない俊敏さで、帽子を猛烈に追い掛けて行きました。まるで帽子の上を飛び越さんばかりの勢いで帽子に飛びつくと、丁寧に帽子の塵を払ってから私に渡してくれました。そして、私たち二人は、その場でどっと吹き出してしまいました。

　アドリエンヌ・モニエはやや太り気味で、ほとんど北欧人のような、美しい血色をし、彼女の頰はピンク色をし、髪は真直ぐで、素晴しい額から後へとかき上げられていました。最も印象的なのは彼女の眼でした。眼は青みがかった灰色をし、少し出っぱった眼で、ウィリアム・ブレイクの眼を想い起させました。彼女は実に生き生きとしていました。彼女の着ていたドレス、これはとても彼女に似合ったスタイルでしたが、このドレスのことを、かつて誰かが修道女とお百姓のドレスの間《あい》の子のようだと評したことがありました。つまり、足首まで伸びた長くたっぷりとしたスカート、真白な絹のブラウスの上に着たぴちっとしたビロードの一種のチョッキ。まるで彼女の書店さながらに、彼女は鼠《ねずみ》色と白の服装で体を包んでいました。彼女の声はどちらかと言えば高い方でした。彼女はきっと、峰から峰へと互いに声を張り上げては挨拶を交したに違いない山の住人の子孫だったのです。

　アドリエンヌ・モニエと私は腰をおろし、勿論、いろいろな本のことを話し合いました。彼女は以前からアメリカの書物には興味を抱いてきたと私に語りました。彼女のお気に入りのベンジャミン・フランクリンを始めとして、彼女の書店にとって、商売になるあらゆる種類の翻訳書を手に入れていました。私はアドリエンヌに『白鯨《モービィ・ディック》』が気に入るだろうと言ったのですが、この作品はまだフランス語に翻訳されていませんでした（後にジャン・ジオノ（一八九五〜一九七〇年。フランスの小説家）の翻訳が出版され、アドリエンヌは『白鯨』をすっかり気に入ってしまいました）。彼女は、アメリカの現代作家を読んでいませんでした。当時、アメリカの現代作家たちはフランスで知られていなかったのです。

フランスの現代文学について、私はまだ初心者に過ぎませんでした。しかし、私がヴァレリーの愛読者であり、『若きパルク《ラ・ジューヌ・パルク》』を持っていることを聞いた時、アドリエンヌは、私を将来性のある初心者と考えたのです。私たちは、私がアメリカで読み始めていたジュール・ロマンを私が読み続けなくてはならないということで意見が一致しました。そして、彼女は、クローデルを読むために私を助けようとも言ってくれました。そこで、私はA・モニエの書店、つまり「書物友の会《ラ・メゾン・デ・ザミ・デ・リーヴル》」の会員として一年間登録しました——その後も私は長くこの会の会員として留まることになりました。

戦争も終りに近づいた最後の数か月、砲声がだんだんパリに近づきつつあった頃、私はほとんどの時間をアドリエンヌ・モニエのこの小さな灰色の書店で過しました。フランスの作家たちがいつもこの書店に立ち寄っていました——なかには、戦線から軍服姿の儘でかけつける者もいました——彼らはアドリエンヌと活発な議論を繰り広げておりました。彼らのうちの一人はいつも彼女の隣に席を占めていました。

当時、この書店ではたびたび読書会が開かれていました。私はこの読書会に出席するのを欠かしたことがありませんでした。書店の会員は「書物友の会」に招かれ、未発表の原稿を作者自身が、あるいは、ジィドがヴァレリーを読むという具合に、作者の友人が朗読するのをみんなで聞きました。私たちは、この小さな書店に大勢で押しかけ、机に向っている朗読者のほとんど足もとまで近寄り、息を殺して聞き入ったものです。

ジュール・ロマンが、軍服姿の儘で、平和を謳った彼の詩『ヨーロッパ』を朗読するのを聞きました。ヴァレリーは、ポーの『ユリイカ』について語り、アンドレ・ジィドは、一度ならず朗読しました。その他、われわれのために朗読してくれた人々は、ジャン・シュランベルジェ（一八七七～一九六八年。フランスの小説家）、ヴァレリー・ラルボー（一八八一～一九五七年。フランスの小説家、詩人）、レオン＝ポール・ファルグ（一八七六～一九四七年。フランスの詩人）といった人々でした。時どきエリック・サティ（一八六六～一九二五年。フランスの作曲家）やフランシス・プーランク（一八九九～一九六三年。フランスの作曲家）らによって音楽の催しも行なわれました。それから——これは、シェイクスピア・アンド・カンパニイ書店がこの「書物友の会」に加わった後でしたが——ジェイムズ・ジョイスが現われました。当時このオデオン通りを発見し、この興味深い文学生活に参加したアメリカ人は私一人だったと思います。私の書店が成功するに至ったその多くは、私がアドリエンヌ・モニエの書店でめぐり会ったこうしたフランス人の友人たちの助力によるものでありました。

時おり、私はこうした文芸の世界で過す私の生活に変化をつけてみました。ある夏などは、夏じゅう農業奉仕の志願者（volontaire agricole）として働きました。つまり、農夫はみな戦線に出かけていたのです。麦の収穫が終ると、私はトゥレーヌ地方の葡萄畑で葡萄摘みをしました。その後、妹のホリーがアメリカ赤十字の仕事を見つけ出して、私たちはベルグラードに出かけて行きました。そこで、九か月間、勇敢なセルビア人にパジャマとバス・タオルを配っておりました。一九一九年の七月、私はパリに帰ってきました。

3

私自身の書店

久しく、私は書店を開きたいと思っていました。そして、今ではこの願いがひとつの執念のようになっておりました。私は、フランスの書物を売る書店を夢みて、この書店をアドリエンヌの書店の支店として、ニュー・ヨークに開く筈でした。私は、敬愛するフランスの作家たちが私の国でもっと広く知られるように援助することを望んでいたのです。しかし、すぐ私は、私の母が敢えて危険を冒してまで私のこの冒険に提供しようとしていた彼女の僅かな貯金では、到底ニュー・ヨークに書店を開く費用を賄い切れるものでないことを悟りました。とても残念でしたが、私はこの魅力溢れる計画を放棄せざるを得なかったのです。

私は、私の国にフランスの拠点ともいうべきもの、つまり、アドリエンヌ・モニエの書店の支店を作ろうという私たちの計画が挫折したことを知って、彼女がさぞ落胆するだろうと思いましたが、落胆どころか、彼女は大変喜んだのです。そして、そのすぐ後に私も大喜びしたのです。というのは、私たちの眼の前で、私の書店はパリでアメリカの書物を売る書店という計画に変更したからです。パリでならば私の資金もずっと長続きするだろうし、効果的だし、ニュー・ヨークよりはパリの方が賃貸料も安く、それに当時は生活費も安上りでした。

私は、こうしたあらゆる条件が有利であることが分りました。それに、私はパリがとても気に入っておりました。本当のことを言えば、この計画こそ、私がパリに定住し、パリジェンヌになる大切な誘因でもあったのです。また、アドリエンヌは書籍販売人として四年の経験を持っていました。彼女は、戦争のさなかに書店を開き、その後も店をずっと続けておりました。彼女は私が店開きをした初期の段階にはいろいろ助言しようと約束してくれましたし、また、多くの客を私のところに回してくれることも約束してくれました。私の知っている限りでは、フランス人はアメリカの新しい作家をとても知りたがっていました。私には、セーヌ河左岸の小さなアメリカ書店はとても歓迎されるように思われました。

パリで貸店舗を見つけることは大変なことでした。オデオン通りの角を丁度曲ったところの小さなデュピュイトラン通りにある貸店舗にもしアドリエンヌが気づかなかったなら、私の希望する店を発見するのに相当長く待たなくてはならなかったかもしれません。彼女は書店や出版、それに彼女自身の著作などで忙しかったにも拘わらず、なんとか時間の都合をつけては私の開店準備を援助してくれました。私たちは、急いでデュピュイトラン通りに駆けつけました。この通りの八番地に――この小高い小さな通りの番地は十番地位までしかありませんでした――シャッターを上げた儘で、「貸店舗」(Boutique à louer) と書いた標識のある店がありました。アドリエンヌは、シーツと上質のリンネルの両方を洗濯できることを表わすために、それぞれの二つの扉の上に書かれた“gros《グロ》”と“fin《ファン》”という文字を指差しながら、この店は以前洗濯屋だったと説明してくれました。やや太り気味だったアドリエンヌは、「グロ」（フランス語で太ったとの意味にも用いられる）という文字の下に自分が立ち、私に、「ファン」（グロと反対の痩せているとの意味）という文字の下に立つように言ってから、「これはあなたと私のことよ」と冗談を言いました。

　私たちは管理人を捜しだしました。黒レースのキャップを被った管理人の老婆は、このようなパリの古い家の管理人がよく住む、一階と二階の間にある鳥籠のような所に住んでいました。彼女は私たちに建物を案内してくれました。私の家、何の躊躇もなくこの建物が私の家になるだろうと私は心に決めてしまいました。間をガラスの扉で仕切った二つの部屋があり、そして後側の別の部屋に通ずる階段がついていました。正面の部屋に煖炉があり、この煖炉の前に、洗濯女のためにアイロンが載せられるストーヴが立っていました。詩人のレオン＝ポール・ファルグがこのストーヴのもとの姿をスケッチして、私にいくつものアイロンが載せられていた様子をみせてくれました。彼は洗濯女たちと親しいようでした。多分、下着のアイロンかけをしていた可愛い洗濯女のせいでしょう。彼は彼の描いたスケッチに“Léon-Poil《レオン＝ポワール》 Fargue《ファルグ》”と署名しました。これはストーヴに当るフランス語“Poêle《ポワール》”をもじったいたずらでした。

仕切りになっているガラスの扉を眺めていたアドリエンヌはあることを想い出したのです。そう、彼女はこのガラスの扉を以前見たことがあったのです。彼女がまだ子供だった頃、彼女はある日母親と一緒にこの洗濯屋にやってきたことがあったのです。女たちが忙しくたち働いている間に、少女は、この扉に突き当ってしまったのです。勿論、ガラスは粉々に砕けて飛び散ってしまいました。その上、彼女は家に帰ってから母親に酷くお尻を打たれたことも想い出してしまいました。

「ガルースツおばあさん」、この管理人の老婆のことをみんなそう呼んでいました。奥の部屋から少し離れたところについている小さな台所、それにアドリエンヌが衝突したというガラスの扉等々を含めて――この建物すべてがとても私の気に入りました。安い家賃は言うまでもありませんでしたが、最終的に借りる決定をする前に今一度念のため考えてみようと私はこの店を出ました。ガルースツおばあさんも、最良のフランスの習慣に従って、一両日店子《たなこ》として私のことをよく考えてみることになりました。

まもなく、プリンストンにいた私の母は、次のような簡単な電報を受け取りました。「パリに書店開く、送金頼む」。彼女はすぐに自分の貯金を全部はたいてお金を送ってきました。

開店準備にとりかかる

この小さな店を本屋に改修することはとても楽しいことでした。私は、私の友人でサン・ペール通りに「アラディンのランプ」という骨董屋を開いていたライト＝ウォーシングスの忠告を入れて、湿気の多い壁を袋地の麻布を使って仕上げることにしました。せむしの室内装飾屋がこの仕事をしてくれましたが、彼は、コーナーを溝ひだ装飾で飾ったことをとても自慢にしていました。大工が本棚を作ってくれ、窓を書物が展示できるように改造してくれました。ペンキ屋がやってきてわずかばかりの店の正面をペンキで塗ってくれました。彼は店の正面を「ファサード」と呼びました。そして、彼は、ペンキを塗り終れば、最近の彼の傑作であるパリ市役所のバザーの「ファサード」ときっと同じ位素晴しくなることも約束してくれました。次いで、「専門家」がやってきて店の正門に「シェイクスピア・アンド・カンパニイ」という書店名をペンキで書いてくれました。この店の名前は、夜ベッドに横になった時、突如として私の頭に浮んだ名前でした。私の「相棒ビル」が、友人のペニー・オリアリーがそう呼んでいたのですが、いつも私の仕事にとても協力的なように感じました。それに、彼はベストセラー作家でもありました。

アドリエンヌの友人の一人、ポーランド系イギリス人のチャールズ・ウィンザーが、店の外側に吊す看板となるシェイクスピアの肖像画を描いてくれました。看板を吊すという考えに、アドリエンヌは賛成しなかったのですが、とにかく、私はこの看板が欲しくて仕方がありませんでした。結局、この看板が窓の上に突き出している棒に吊されることになりました。私は、夜になるとこの看板を店の中に入れることにしておりました。一度、この看板を店のなかに入れるのを忘れ、盗まれてしまったのです。ウィンザーが再度看板を描いてくれましたが、これもまた消え失せてしまいました。三度目の看板を、アドリエンヌの妹が描いてくれたのですが、この看板は、どちらかというと、フランス人の顔付きをしたシェイクスピア像で、この看板は今でも持っております。

さて、おそらく幾人かの人には"Bookhop《ブックホップ》"というペンキの文字が、一体何の意味なのか分らなかっただろうと思います。とりわけ、これは例の「専門家」によって"Lending Library"(貸し出し文庫)という文字が書かれた窓と反対側の右側の窓に丹念に綴られたものでした。私はこの"Bookhop"を訂正しないで、しばらくその儘にしておきました。これは、シェイクスピア・アンド・カンパニイ書店が書籍販売にデビューした当時の事情をありありと物語っていたからです。

この職人たちは、店そのものには関心を持っていたものの、仕事の方は極めて断続的にしか続けませんでした。ときどき、私は職人たちが開店の当日になっても店のなかで、やれ室内装飾だ、やれ大工仕事だ、ペンキ塗りだと仕事でてんてこ舞いをするのではないかと心配しました。少くとも、こうした職人でごった返して店は大騒ぎになるだろうと思いました。

私の店に備えた「事務用家具」はすべて骨董品でした。美しい鏡とたたみテーブルはライト＝ウォーシングスの骨董屋で買い、その他の品物は蚤の市で買ってきたものでした。当時の蚤の市では本当に安い掘出し物を見つけることができました。

私の貸し出し文庫に備えてあった本は、最新のものを除けば、パリにある何軒かの在庫の豊富なイギリス書籍専門の古本屋から集めたものでした。この書物も家具同様に骨董品でした。その中の幾冊かは、余りにも貴重な本であるため、貸し出すことができませんでした。もし、私の図書館の会員たちが正直でなかったならば、二、三冊と言わず、多くの本が本棚から消失していたことでしょう。株式取引所《ブルス》の傍にあった素晴しい書店、ボワヴォー・アンド・シュヴィレ店、今はなくなってしまったこの書店はぞっき本を漁る人々の穴場でした。人々は、とても危険なことでしたが、愛想の好い老人のシュヴィレ氏自身が差し出す火のともされた蠟燭を片手に、いそいそと地下室へと降りて行き、積み重ねられた本の下に埋まっている宝を掘り返したものです。

当時、丁度アメリカにいたシプリアンが、最新のアメリカの書物を幾冊か送ってくれました。私は、ロンドンに出かけて行って、その大半は詩でしたが、イギリスの本を二つのトランクに一杯詰め込んで持ち帰りました。ハロルド・モンローと一緒に詩関係の本を扱う書店——この店は素晴しい店でしたが——を経営していたアリダ・モンロー夫人が、詩についての出版物や、また、その入手方法などに関する情報をとても親切に私に教えてくれました。私は、出版者に会って回りました。出版者は皆丁重で、パリにできる新しい私の書店を励ましてくれ、私にあらゆる便宜を図ってくれました。もっとも、彼らは、多分、私が冒険を冒していると秘かに考えていたようです。事実、私もそう考えていました。

船に連絡した波止場行きの汽車に乗りに行く途中、私は、コーク街にある出版兼書籍販売業のエルキン・マッシューズの小さな店にたち寄り、イェーツ、ジョイス、パウンドの本を注文しました。彼は、あたり一面に溢れて足もとまで忍びよっている書籍に埋れながら、ギャラリーのようなところに坐っていました。私たちは、楽しい話に花を咲かせました。彼は、とても親切でした。私はウィリアム・ブレイクの絵を観賞したことを彼に話しました――私は、ブレイクの絵を私の書店に飾ることができれば！と思っていました。ところが、たちどころに、彼は美しいブレイクの描いた絵を二点取り出してきて、これを私に売ってくれたのです。その値段は、後にこの原画を見たブレイクの専門家の話によれば、馬鹿馬鹿しいほど安い値段でした。

エルキン・マッシューズから私が取り寄せたいと思った書籍目録を書き残す代わりに――実のところ、私には時間的な余裕がなく、また、私たち二人はお互いによく理解し合ったということもあって――私は、イェーツ、ジョイス、パウンド、それに店のまわりに飾ってあったと思われる彼らの肖像画を大急ぎで注文しました。数日後、エルキン・マッシューズから大きな包みがパリに届きました。この包みには私の注文した幾冊かの本と同じく、フランス人が「ロッシニョール」（ナイチンゲール）と呼んでいるもの、つまり売物にならない品物につけた詩的な名前であるロッシニョールが沢山入っておりました。明らかに、これは私にこの鳥を投売りする絶好の機会だったのです。書籍の他にこの袋には幾枚かの大きな肖像画が入っておりました。少くとも、六枚のバイロンの肖像画、残りはネルソンやウェリントン、その他英国史に登場する人物たちの肖像画でした。肖像画の大きさから判断すると、これは役所の壁に掛ける目的で、描かれたものでした。私はこの肖像画を送り返し、エルキン・アンド・マッシューズ店に厳しく小言を言ってやりました。しかし、例のブレイクの絵を売ってもらったこともあって、このためにいつまでも彼に恨みを持つようなことはしませんでした。ただ、私はこの老紳士についての楽しい想い出を持っているに過ぎません。

私のロンドンにおけるいまひとつの楽しい想い出は、オックスフォード大学出版部を訪れたことでした。ここでは、ハンフリー・ミルフォード氏自身が、私にヴィクトリア女王のために作られた世界で最も大きな聖書を見せてくれました。これは到底ベッドの中で読めるしろものではありませんでした。

シェイクスピア・アンド・カンパニイ書店、遂に開店

私は、書店の開店期日をあらかじめ決めておく代わりに、開店の準備が整い次第店を開こうと決心しました。

遂に、私が準備できるすべての書物が本棚に並べられ、梯子やペンキのバケツにつまずくこともなく店のなかを歩き回ることのできる日がきました。シェイクスピア・アン

ド・カンパニイ書店は開店しました。一九一九年十一月十九日のことです。この日を迎えるために、私は八月からその準備に掛かりきりでした。窓には、私たちのパトロン、シェイクスピアの作品を始めとして、チョーサー、T・S・エリオット、ジョイス等々の作品が展示されました。また、アドリエンヌのお気に入りの英書、『ボートの三人男』*1も展示されていました。店の内部の雑誌棚には〈ネイション〉誌、(1)〈ニュー・リパブリック〉誌、(2)〈ダイアル〉誌、(3)〈ニュー・マッシーズ〉誌、(4)〈プレイボーイ〉誌、(5)〈チャップブック〉誌、(6)〈エゴイスト〉誌、(7)〈ニュー・イングリッシュ・レヴュー〉誌、(8)その他の文学雑誌が飾られました。壁には、私が手に入れた例の二枚のブレイクの絵と、ホイットマンとポーの写真を飾りました。さらに、ビロードの半ズボンと上衣姿のオスカー・ワイルドの写真二枚を壁に加えることにしました。この二枚の写真は、シプリアンの友人のバイロン・クーンが私に贈ってくれた幾枚かのワイルドの手紙と共に額に入れてありました。また、手紙の裏側に走り書きされたウォルト・ホイットマンの数枚の小さな原稿も展示されていました。この原稿は詩人ホイットマンが私の叔母アグネス・オービスンに与えたものでした。叔母のアグネスは、彼女が、まだブリン・モーアーの学生であった頃、友人のアリス・スミスとカムデン（米国ニュー・ジャージー州のデラウェアー河沿岸の港）にウォルト・ホイットマンを訪ねたことがありました（このアリスは後にバートランド・ラッセルと結婚し、彼女の妹マリーシェンはバーナード・ベレンスン（一八六五〜一九五九年。アメリカの美術評論家）と結婚することになります。彼女の弟ローガン・ピーアソール・スミス*2は、彼の自叙伝『忘れ得ぬ日々』の中でこの興味深い家族の所業を書き残しております）。アリスの母ハーナ・ホワイトル・スミス夫人は、ホイットマンに、その昔、肘掛け椅子を贈ったことがありました。アリスとアグネスが、カムデンに出掛けて行った時、彼女たちは、「門に坐っている」老人ではなく、その肘掛け椅子に坐っているこの老人を見つけたのです。原稿が床の上に散らばっていて、内気で年端もいかないアグネスが気づくと、そのうちの何枚かの原稿が屑入れの中に投げ込まれていたのです。そこで、彼女は勇気を奮い起して立ち上ると、走り書きがしてあるこの数枚の紙片を屑入れの中から取り出しました。その大半は、ウォルト・ホイットマン様と宛名の書かれた手紙の裏側に書き込まれており、彼女は、この原稿を貰ってよいものかホイットマンに尋ねてみました。「どうぞ、どうぞ」と、ホイットマンは答えました。こうして、私たちビーチ家の者がこのホイットマンの原稿を手に入れることができたのです。

多くの友人たちが、シェイクスピア・アンド・カンパニイ書店の開店を待ちわびておりました。開店の日がきたというニュースはたちまち辺りに拡がりました。しかし、私

＊1　ユーモア作家として有名なイギリスの小説家兼劇作家 Jerome K. Jerome（一八五九～一九二七年）の作品。

＊2　一八六五～一九四六年。アメリカの作家。次に引用されている自叙伝『忘れ得ぬ日々』は一九三八年に出版。

は開店当日に、誰かが書店を訪ねてくれるなどということを実際に期待しておりませんでした。そうしたものだろうと思っていました。私はこのシェイクスピア・アンド・カンパニイ書店を私自身が実感するのには、少くとも、二十四時間を要するのだろうと考えていました。ところが、毎夜毎夜この小さな書店を睡《ねむ》りの床につかせるシャッターが開かれると（近所の喫茶店からやってきた給仕がシャッターを開いてくれたのですが）、たちまち最初の友人たちが店に現われ始め、それから二十年以上にわたり、彼らは、決して私に落ち着いて考えごとをする暇を与えてくれませんでした。

私が予想していた通り、パリでは本を売るよりは、本を貸し出す方がはるかに容易な仕事でした。イギリス作家の作品の唯一の廉価版を出版していたのは、タウフニッツ社とコナード社でしたが、当時はこうした廉価版もキプリングやハーディ以上の作家には及んでいませんでした。現代作家の作品は、特にポンドやドルがフランに換算された場合はそうでしたが、フランス人や私の相手であるセーヌ河左岸の人々にはとても買うことのできない贅沢品でした。これが、私が貸し出し文庫に関心を持った理由でした。そこで、私は、私の好きなあらゆる作品を入手しては、パリに住む人々とこれを共有することになりました。

私の貸し出し文庫は、アドリエンヌが何故そう呼ぶのか私には皆目見当がつかなかったのですが、「アメリカ方式《フラン・アメリケン》」と彼女が呼ぶ方式で運営されました。カタログや索引カード、それにメカニカルな設備を使っているアメリカの図書館員ならば、きっと仰天し

には カタログがありませんでした。私の方式こそは、私のような店に最も適するものでした。私の店には カタログがありませんでした。――私は、寧ろどれだけ本が欠けているのか利用者自身に発見させる方を選んだのです、カード・インデックスもありませんでした――そこで、アドリエンヌならば彼女の素晴しい記憶力で可能だったのでしょうが、もしも誰に本を貸し出したのか想い出せない時には、その本がどうなっているかを知るためにすべての会員カードをめくって調べなくてはならなかったのです。

確かに、店にはそれぞれの会員の名前と住所、登録の日付、登録料と供託金の合計額、そして、勿論、会員が借りた本のタイトル等々が記入されている大きなカードが備えてありました。あるいは、会員名簿ともいうべきものでしょうか。会員は一冊か、二冊の書物を借り出すことができ、これを彼らが好きな時に他の本と交換できましたし、また、二週間借り出すことができました（ジョイスなどは幾冊もの本を持って行って、ときには、これを何年間も借り出した儘でいることもありました）。それぞれの会員は小さな会員身分証明書を持っていて、これを、登録期限が切れた際とか、一文無しになって供託金の払い戻しを請求する際に提出するようになっていました。この会員証は、まるでパスポートのように重宝なものだと言われていました。

文庫の会員の一人に、デュピュイトラン通りが突き当る小路にあった医学部に籍を置く学生がおりました。この学生は、テレーズ・ベルトラン、現在のベルトラン＝フォンテーヌ博士です。私は、この女学生の経歴を興奮を覚えながら見守っていました。彼女は常に優秀な成績で試験に合格し、真一文字に彼女の職業の中で最高の地位へと進み、「メデサン・デ・ゾピトゥー」（フランスの公立病院の病院長の資格者）に任命され、この名誉を受ける最初の女性となりました。彼女は当時著名な科学者を生み出した一家の出身でした。彼女本来の仕事があったにも拘わらず、テレーズ・ベルトランは時間を見つけては私の文庫にある新しいあらゆるアメリカの本を読み、この文庫が終りを迎える日まで会員の一人でした。

次によく店を訪れた会員（会員のことを、ホリーは“bunny”《バニイ》（うさぎ）と呼んでおりましたが、これはフランス語の「登録者《アボネ》」という言葉から彼女が想いついたことです）は、ジィドでした。私は、アドリエンヌ・モニエがジィドに付き添ってオデオン通りから街角を回ってやって来るのをみかけました。私の書店に急いで駆けつけ、私を勇気づけてくれるとは、いかにもジィドらしかったのです。私は、ジィドが傍にいるといつもおずおずしていましたが、アドリエンヌにこの話をすると、彼女は「とんでもない」と吹き出してしまいました。この時は寧ろ彼の名誉に圧倒されて、「アンドレ・ジィド、パリ十五区、ヴィラ・モンモランシイ、一番地、一年間、一冊」と、いつものようにインキの斑点を作りながら、カードに記入したものでした。

ジィドは背が高く好男子でした。彼はつばの広いフェルト帽を被っておりました。どこかウィリアム・S・ハート（一八七二〜一九四六年。アメリカの映画俳優）に似ていました。彼は、肩にケープかテディ・ベアー・コートの何れかを掛けていて、背が高いので彼が大股で歩くととても印象的でした。ジィドは絶えずシェイクスピア・アンド・カンパニイ書店とその経営者に関心を持っておりました。

アンドレ・モロワ（一八八五～一九六七年。フランスの小説家、伝記作家。英米文学のすぐれた研究者）も、また、最初にお祝いの言葉を述べてくれた一人でした。彼は私に新しく出版した小さな傑作『ブランブル大佐の沈黙』を届けてくれました。

4

アメリカからやってきた巡礼者たち

　私は母国から余りにも遠く離れ過ぎていたために、母国で自己の表現に苦闘する作家たちをつぶさにみることができませんでした。そして、一九一九年に私が書店を開いた時、大西洋を隔てた向う岸で行なわれていた検閲の厳しさのために、私の書店が恩恵を蒙《こうむ》る結果になるなどということはとても予測できませんでした。私が数多くのお客に恵まれることになったのは、実はひとつには、数々の発行禁止処分やそうした処分がかもし出した雰囲気によるものでした――そして、私の書店のお客となった人々は、皆大西洋を渡り、パリに住み、セーヌ河の左岸に植民地を築いた二〇年代の巡礼者たちでありました。

　驚いたことに、私の書店のニュースはたちまち海を越えて合衆国まで拡がって行き、この巡礼者たちが、パリで最初に捜すものが私の書店でした。彼らは皆シェイクスピア・アンド・カンパニイ書店のお客であって、彼らの大部分は書店を彼らのクラブと考えておりました。しばしばこの巡礼者たちは、シェイクスピア・アンド・カンパニイ書店を彼らの住所として連絡してあるので、よろしくお願いしますなどと私に言ったものでした。そんなことを私は少しも気にとめていませんでした。というのは、特に手紙は遅く着き過ぎ、どうしようもなかったので、できる限り能率良く郵便局の役目を果してやろうということだけでした。

私が〈リトル・レヴュー〉誌[*1]や〈ダイアル〉誌で作品にお目に掛っている作家たちの誰かが毎日店に現われていました。大西洋の対岸から渡ってくるどの船も、シェイクスピア・アンド・カンパニイ書店のために一層多くのお客を運んできてくれました。

勿論、この野鳥たちが、アメリカから渡来してくる全責任を発行の禁止や弾圧のみに負わすべきではありません。ジョイス、パウンド、ピカソやストラヴィンスキー、そして、あらゆる人々——すべてがすべてという訳ではありません、というのは、T・S・エリオットはロンドンに住んでいたからです——が、パリに住んでいたことがこの現象と大いに関係があったのです。

私の友人たちの多くは、モンパルナスや当時のサン・ジェルマン・デ・プレに泊って

＊1　一九一四年マーガレット・アンダソンによりシカゴで創刊。三年後にはニュー・ヨーク、次いでパリで発刊。ジョイスの『ユリシーズ』を最初に掲載し話題となった。一九二九年廃刊。

おりました。私の書店まで出かけてくるのに、彼らはリュクサンブール公園を横切りさえすればよかったのです。

ところが、私の最初のアメリカ人のお客の一人はベルリンからやってきました。このお客が作曲家のジョージ・アンティール（一九〇〇〜一九五九年。アメリカの作曲家）でした。ジョージと彼の妻ボスケは、私の記憶しているところでは、一九二〇年のある日のこと互いに手をとり合って書店に入って来たのでした。ジョージは体つきががっしりとし、胡麻色の前髪を切下げ、つぶれたような鼻、興味深いがどことなく意地悪そうな眼、そして大きな口をしていて、この口でにやにやと笑っていました。彼は、まるでアメリカのハイスクールの少年のようで、おそらくポーランド系だと思います。ハンガリー人のボスケは、小柄で可愛らしく、黒い髪の毛をしており、ブロークンな英語を話していました。

私はアンティールの考え方に興味を抱きました。また、彼がニュー・ジャージー州の出身であるという事実が私たち二人の間の絆となりました。ジョージの父親は、プリンストンの隣の町トレントンでフレンドリー・シューズストアーという靴屋を経営していました。そして、今ジョージはパリで私の隣の住人になろうとしていました。少年のジョージは、靴よりは寧ろ音楽に興味を持ったのです。十八歳の時、店の後継ぎにしようとする父親のあらゆる努力が失敗し、ジョージ少年は音楽の分野で成功することを夢みてフィラデルフィアに向って出発しました。幸運に恵まれた彼は、エドワード・ボック夫人の注目を惹くことができました。夫人は、彼が将来ピアノの名手になることを見てとり、彼の授業料を払うことになりました。確かに彼はコンサート・ピアニストにはなったものの、ドイツ旅行の最中に、他人の作品を演奏することよりも自分で作曲することに一層関心を抱いていると自覚しました。そして、彼はベルリンで出会ったブダペスト出身の学生である妻のボスケとともにパリに向いました。

勿論、アンティールがピアノの名手になり損ねたことは、彼の親切な後援者ボック夫人を大いに失望させてしまいました。ボック夫人は、彼が選んだ道が正当な道であったことを彼が証明できるまでは、彼を見放してしまいました。従って、ジョージとボスケは、ピアニストとしての彼の短い経歴から得ることのできるものだけに頼り、いろいろと苦心して生計をやりくりしなければならなくなりました。ボスケの仕事といえば、極く僅かな生活費で二人のためにハンガリー風のシチューを作ることでした。私はジョージの様々な問題に関係することになりました。

シェイクスピア・アンド・カンパニイ書店の新参者たちが、しばしば、マッコールマン[*1]に伴われて現われました。この若い詩人は、一体何時頃アメリカの中西部からやってきたのでしょうか。ほとんど私が書店を開くと同時に姿を見せました。私は、ドームやディンゴー[*2]、その他の場所で彼と一諸に過したことがありましたが、彼の現住所は、常

＊1　一八九五～一九五六年。アメリカの作家。『才人たちとともに』という自叙伝を一九三八年に出版している。

にシェイクスピア・アンド・カンパニイ書店気付ということになっており、彼は少くとも一日一回は書店に顔をみせました。

ロバート・マッコールマンは、スコットランド系アイルランド人の子孫で、父親のことを、彼はいつも「遊牧民の主」と言っていたのですが、この「遊牧民の主」に属する大家族の末っ子でした。この家族のなかで、私が出会った他のただ一人の家族はロバートの姉ヴィクトリアで、ロバートはヴィクトリアがとても好きでした。彼女は政治に頭を突っ込み、見るからに聡明でした。そして、何かに立候補しておりましたが、何であったか忘れてしまいました。

マッコールマンは、背が余り高くなく、澄んだブルーの瞳を除くと、必ずしも顔立ちのよい方ではありませんでした。しかし、概して彼は人を惹き付けるところがあり、彼ほど人を惹き付けた人間に出会ったことがありません。彼の鼻声で間延びのした話し振りまでも彼の魅力のひとつになっているように思えました。確かに、彼がいつも「常連」と呼んでいた連中のなかで、彼は一番の人気者でした。何れにしても、彼は、どのようなグループに所属しようとも、常にそのグループを支配しておりました。当時、彼が贔屓にしてよく出入りするカフェや酒場は、どのような店であろうと、みんなに出会える場所でした。ボブ（ロバートの別名）は盛んに彼の様々な考えを友人に話したり、あるいは、彼本来の仕事、つまり著作と思われていた仕事を彼がないがしろにしていることに対して友人達が抱いている不満の声を、彼は注意深く、また、共感を示しながら聞いておりました。ロバート・マッコールマンに関心を持っていた私たちすべては、彼が二〇年代の文学に貢献することを楽しみにして期待していたのです。しかし、不幸にして、考えれば考えるだけ、彼はそうした努力の空しさを確信したようでした。かつて、彼は私に、「文法で苦労するくらいなら窓から身を投げて死んでしまう」と手紙を寄こしたことがありました。彼はよく私に、人々と離れて仕事のできる場所を捜しに南フランスへ出かけると語っていました。そして、私は彼から次のような電報を受け取りました。「最適な場所と静かな部屋発見」。すぐこの場所にボブを訪れた誰かが、「彼の部屋は小さな酒場の上にあって、彼の友人たちがみんなこの酒場に集まっている」と話していました。

私の仕事は昼間の仕事であり、しかも長い一日この仕事に掛かり切りのため、友人たちとナイト・クラブに出かけることはできませんでした。しかし、時たま都合をつけてはボブ・マッコールマンと一緒に出かけ彼の御馳走に与りました。

パウンド夫妻

海を渡って私の書店を訪れた最初の訪問者のなかに——この場合は海峡を渡って——エズラ・パウンドと彼の妻、ドロシー・シェイクスピア・パウンドがいました。彼らは

＊2　ドームとディンゴー、いずれもパリの有名なカフェ。

ロンドンから移って来たばかりでしたが、パウンド氏が私に説明したところによると、止むなく逃げて来たということでした。というのは、海の水がだんだん増水していて、ある朝突然目を醒ましてみると彼らの足が水かきのついた足になっている恐れがあるというのです。パウンド夫人は、彼女の母国のこうした説明については気にもとめていませんでした。私は、彼女の母親が例のシェイクスピアー夫人（劇作家シェイクスピアShakespeareと異なり語尾のeがありませんが）であって、イギリスで有名な文学サロンを開いていたことに気がつきました。

パウンド夫人は、デュピュイトラン通りを捜すのはとても難しいのではないかと心配し、彼女が図書館の閲覧カードの裏側に小さな地図を描いて上げようと申し出てくれた時には、私はとても嬉しくなりました。「D・シェイクスピア」と署名されたこの地図は、数多くのお客をシェイクスピア・アンド・カンパニイ書店に案内してくれましたし、地図は私の書店の最初の宝の一つとなりました。

パウンド氏は、まるで彼の肖像画、つまり『お祓い《ラストラ》』や『パバンヌスと分類』*1などの口絵に描かれている彼そっくりでした。彼の服装、ビロードのジャケツと開衿シャツを着ておりましたが、この服装は、当時のイギリスの唯美主義者たちが身につけていた服装でした。また、彼にはホイッスラー（一八三四〜一九〇三年。アメリカの画家、腐食銅版制作者）を思わせる特徴があり、一方、彼の言葉は「ハックルベリ・フィン」*2の言葉使いでした。

パウンド氏は、書物に関係することで、自分の作品や他人の作品のことをとやかく話すような作家ではありませんでした。少くとも、私に書物のことは、話しませんでした。私は、モダンな運動を指導するこの指導者が、少しも傲慢でないことに気がつきました。私たちが互いに話をしていても、彼は彼の大工仕事以外のことについては、何も自慢したりすることはありませんでした。彼は店のなかに何か修繕するものがないかなどと尋ね、シガレット・ケースや椅子を修繕してくれました。私は彼の上手な技術にとても感心しました。そして、ノートル＝ダム・デ・シャン通りにある彼のアパートに彼の家具を見せてもらうため招かれたことがありましたが、家具は全部彼自身が作ったものでした。また、彼はすべての木工細工を自分で塗っておりました。

ジョイスは、パウンドの家具作りを評して、へぼ職人ならへぼ職人なりに徹底しなくてはいけないと考えていたようですが、私は、「副業《ヴィオロン・ダングル》」も作家にとって良い気晴しだと考えていました。私は、キャサリーン・カースウェル[＊3]の本でD・H・ローレンスが鍋やフライパンを洗った時には、鍋やフライパンを拭いた布切れがいつも清潔に保た

＊1　『お祓い』はパウンドの短い詩を集めたもの、『パバンヌスと分類』は散文集。
＊2　アメリカの作家マーク・トゥエイン（一八三五～一九一〇年）の作品『ハックルベリ・フィンの冒険』の主人公。方言が生き生きと駆使されたロマン的作品。
＊3　一八七九～一九四六年。イギリスの批評家兼評論家。ローレンスの親友で彼女の書いたローレンスの伝記は、誹謗のかどで発行禁止処分になった。

れていたということを大変興味深く知りました。また、ドロシー・ブレット[*1]によると、ローレンスがメキシコで暮していた時彼は便器をぴかぴかする色で塗り、便器に不死鳥の絵を描いて飾っていたとのことです。

パウンド氏とはたまにしか会いませんでした。彼は、仕事や彼の周りにやってくる若い詩人たちや音楽のことで多忙でした。パウンド氏とジョージ・アンティール[*2]は音楽を改革する計画をいろいろと練っていました。

フルーリュ通りからの二人の訪問者

私が書店を開いて間もなく、デュピュイトラン通りを二人の女性が歩きながらやってきました。そのなかの一人は、素晴しい顔立ちをし、がっしりとした体つきで裾の長いワンピースを着、籠の形をしたとてもよく似合う帽子を被っておりました。彼女は、細く痩せ、色の浅黒い妙な女性を一人伴ってきました。この女性をみて、私はジプシーを想い出しました。この二人の女性がガートルード・スタイン(9)とアリス・B・トクラスでした。

私は、『優しいボタン』や『三人の女』を早くから読んでおりましたので、勿論、この二人の新しいお客を大変歓迎しました。そして、私は、彼女たちが絶えず口にする冗談を楽しんでおりました。ガートルードは、私が本の商売をしていることをいつも冷やかしておりました。これは相当彼女を楽しませたようでしたが、私もまた大いに楽しみました。

手際よく口にされるガートルードの言葉も、アリスの言葉も、互い一体となっていて不可分のものでした。つまり、完全に共鳴し合った時に人々がよくそうするように、明らかに二人は同一の観点に立って物事をみていました。しかし、私には、二人の性格は互いに全く独立しているように見えました。ガートルードよりは、アリスの方が遥かに繊細なところがありました。アリスが大人であったのに対し、ガートルードは子供でした。しかし、何かしら神童といったものが感じとられました。

ガートルードは、私の貸し出し文庫に登録しましたが、この図書館には面白い本がないといってこぼしていました。『一本松の山道』[*3]や『リンバロストの少女』[*4]といったアメリカの傑作はどこにありますか、と彼女は腹立たしげに尋ねました。図書館員にとって、これは侮辱でした。私は、当時手に入れることのできるすべてのガートルード・スタインの作品を集めました。私は、パリにある図書館で『優しいボタン』を二冊も貸し

＊1　一八八三〜一九七七年。イギリスの画家でローレンスの親友。『ローレンスとブレット』の著者。
＊2　パウンドには『アンティールとハーモニイ論』という散文作品がある。
＊3　アメリカの小説家ジョン・フォックス（一八六三〜一九一九年）の小説。
＊4　アメリカの小説家ジーン・ストラットン・ポーター（一八六三〜一九二四年）の小説。

出している他の図書館をガートルードだって知らないのではないかと思いました。シェイクスピア・アンド・カンパニイ書店を不当に批難した償いに、彼女は数冊の小説を寄贈してくれました。このなかには『クロニア別荘のメイベル・ドッジの肖像』や、さらに胆をつぶすようなタイトルのついた『彼らはメアリーを襲ったか』、あるいは『彼は忍び笑いを洩らした』、『政治諷刺』などといった珍しい作品がまじっていました。また、ピカソやマチスに関する彼女の論評が掲載されているスティグリッツ社版の雑誌〈カメラ・ワーク〉の特集号もありました。しかし、ガートルードが贈ってくれた初版の『メランチャ』[*1]を私はとりわけ高く評価しておりました。これは錠をかけて展示しておくべきでした。というのは、店から誰かが持ち去ってしまったからです。

ガートルードが私の文庫に登録したのは、単に彼女の友情の表われに過ぎなかったのです。勿論、彼女は、彼女自身の本以外にはどんな本にも興味を抱いておりませんでした。しかし、彼女は私の書店について一篇の詩を書き、一九二〇年のある日のこと、この詩を私に届けてくれました。この詩には、『英語による表現の豊かさと貧しさ』というタイトルが付けられ、副題に、「フランス語や他のラテン系の言語にて署名するために」とありました。この詩は、エール大学出版部の彼女の作品集第五巻に収められている『ペインテッド・レース』のなかにあります。

私はガートルードとアリスにはしばしば会いました。彼女たちが、私の書籍販売業を観察するために立ち寄るか、さもなければ、私がリュクサンブール公園の傍のフルーリユ通りにあった彼女たちのパヴィヨン（離れのような小さな建物）に出掛けて行くかのどちらかでした。パヴィヨンは公園の裏側にありました。ガートルードは、いつも長椅子に寝そべっていて、冗談を言ったり、冷やかしたりしておりました。このパヴィヨンは、その住人たちと同じように魅力溢れるものでした。壁には、ピカソの「青の時代」の素晴しい絵が幾つか飾られていました。また、ガートルードは、ピカソのデッサンを集めたアルバムを私に見せてくれましたが、彼女はピカソの絵をかなり多く蒐集しておりました。彼女と彼女の弟レオの二人で、彼らの持っているすべての蒐集を分けることになっていると、彼女は私に語っていました。レオはマチスの方を選び、彼女はピカソの絵を選んでいました。ファン・グリス（一八八七〜一九二七年。スペインの画家）の絵も何点かあったように記憶しています。

一度、ガートルードとアリスは私を田舎へ遠乗りに連れて行ってくれました。彼女たちは、大戦の老兵で、彼女たちが戦争奉仕の仕事をする時の伴侶でもあったゴッディと名付けられた古いフォードを、喧騒な音を立てながら運転していました。ガートルードは、ゴッディに取り付けた最新式の装備を私に見せてくれました——それは車の内側にいて意の儘につけたり消したりすることのできるヘッドライトと、電気仕掛けのシガレット・ライターでした。ガートルードは絶えず煙草をふかしていました。私はガートルードとアリスの間の高い座席によじ登るように坐りました。それから私たちは、大きな

＊1　スタインの『三人の女』（一九〇九年）のなかにある黒人の少女についての研究。

騒音を立てながら、ミルドレッド・オールドリッチが語る「マルヌの丘の頂」*1に向って出発しました。運転はガートルードがしました。タイヤがパンクすると、たちまち彼女が修繕したのですが、それも、アリスと私が道路わきでお喋りをしている間に極めて巧みに修繕したのです。

ガートルード・スタインを慕って集まる人々は、彼女に会って彼女が気の置けない人物であることを知るまでは、相応の防禦もなく彼女に近づくことに、しばしば「おっかなびっくり」していました。そこで、この哀れな連中は、まるで、私が旅行会社から派遣されたガイドででもあるかのように、私のところにやってきては私にガートルード・スタインのところに連れて行って欲しいとせがんだものです。

こうした人々を私がガートルードやアリスとあらかじめ打ち合わせ、彼女のところへ案内するのは、夕方でした。人々はこの二人の女性にパヴィヨンで快く迎えられました。二人とも、いつも親切で、愛想よく応対していました。

こうした旅行者たちのなかの最初の旅行者は私の若い友人でした。彼は、シェイクスピア・アンド・カンパニイ書店に一九一九年から二〇年にかけてよく出入りしました。これがスティーヴン・ベネット（一八八六〜一九四三年。アメリカの詩人、小説家）です。おそらく、彼は、私の書店を紹介した最初の新聞写真のなかに見かけられるでしょう。この若者が、店の奥で、妹のホリーや私に比べると酷く真剣な顔つきをして眼鏡越しに書物を見ている写真です。

彼の求めに従い、彼自身の責任において、私は彼をガートルード・スタインのところに連れて行きました。これは、彼があの可愛いローズメアリーと結婚する前のことでした。後になって、彼は、このローズメアリーを書店に連れてきたのです。このガートルード訪問では快適に事が運びました。私は、スティーヴンがスペイン系であると言っていたことを覚えています。ガートルードとアリスはスペインのものは何でも好きでしたので、スペイン系であるということが彼女たちに興味を抱かせたようでした。しかし、私はこの出会いが何らかの痕跡を残す結果になったとは考えません。

シャーウッド・アンダソン[*2]

このフルーリュ通りに連れて行って欲しいと私に頼んだもう一人の旅行者は、シャーウッド・アンダソンでした。ある日のこと、私は戸口でぶらぶらしている面白い格好の男に気づきました。彼の視線は窓に展示してあった一冊の本に注がれていました。この本が『ワインズバーグ・オハイオ』で、最近アメリカで出版されたばかりの短篇集でした。やがて、この旅行者は店に入ってくると、自分がこの本の著者だと自己紹介をしました。

＊1　アメリカの小説家ミルドレッド・オールドリッチ（一八五三〜一九二八年）の小説 *A Hilltop on the Marne*（一九一五年）にでてくる。

＊2　一八七六〜一九四一年。アメリカの小説家。後出の短篇集『ワインズバーグ・オハイオ』（*Winesburg, Ohio*, 1919）は彼の代表作。

した。彼は、パリではこの本の他に自分の本を見かけなかったと言いました。私は彼の言葉に決して驚きませんでした。というのは、私自身、パリ中でこの本を捜したことがあったからです——ある本屋では、「アンダソン、アンダソンですって、お気の毒ですが私のところにはお伽話を一冊しか置いてありませんので*1」と言われたことがありました。

シャーウッド・アンダソンは、突如として彼を襲った波瀾に富む生活を送っておりました。彼が踏み出す一歩、彼の下す決断は、彼の人生に極めて重要な意味を持っておりました。私は、彼が突然彼の家庭と繁昌していた彼の塗料工場を捨て、世間体という足かせと平穏無事な人生という重荷を振り捨てて、ある朝、放浪の旅に出たという彼の話に、胸をわくわくさせながら聞き入っていました。

アンダソンは大変魅力に溢れた人物で、私は、彼がひどく好きになりました。彼には、詩人と伝道者とを一緒にしたようなところがあり（もっとも説教をする訳ではありませんでしたが）、また、俳優のような感じを持っておりました。ともかく、彼は最も興味ある人間でした。

私は、アドリエンヌがシャーウッド・アンダソンを好きになること、また、アンダソンも彼女を好きになることも分っていたので、彼をアドリエンヌの書店に連れて行きました。彼女はアンダソンに強く印象づけられ、アンダソンはさっそく夕食に招待されました。アドリエンヌは鶏の御馳走を作りましたが、これは彼女のお得意の料理でした。

鶏の料理も、料理の仕方も大成功でした。アンダソンとアドリエンヌは、共に英語とフランス語をごちゃまぜにして話しながら、すっかり意気投合しました。この二人は、お互いの考え方が大変共通していることを発見したのです。言葉の障害にも拘わらず、アドリエンヌは、私以上にシャーウッドを理解したようでした。彼女は、後にシャーウッドのことを彼は、炉端で煙草をふかしている老女、それもインディアンの老女に似ていると私に語ったことがありました。アドリエンヌは、パリで上演されたバッファロー・ビルのサーカスで、インディアンの女たちを見たことがあったのです。

初めてアンダソンがパリにやってきた時、彼はフランス語が話せなかったので、フランスの彼の出版元であるヌーベル・ルヴュー・フランセーズまで、私に一緒に行って欲しいと言いました。彼は、彼の作品の出版がどうなっているか知りたかったのです。編集者の部屋に通されるのに余りにも長く待たされたため、彼は遂に怒りだしました。そして、周りのものをすべてぶち壊してしまうといって脅しました。一瞬、正真正銘の西部劇が見られるのではないかと思いました。丁度その時、折よくドアーが開き、私たちは部屋に通されたのです。

シャーウッドは、ガートルード・スタインの作品に影響を受けたと話していました。

＊1　著者が書店を開いた一九一九年頃は、フランス人の多くはほとんどアメリカ文学に馴染んでおらず、従って本屋がアンダソンをアンデルセンと間違えたわけ。

彼は大層彼女を賞賛していて、私に、彼女を紹介してもらえないだろうかと尋ねました。彼の場合は紹介など必要でないと思いましたが、ともかく、私は彼をフルーリュ通りに案内することを喜んで承知しました。

二人の会見はちょっとした事件でした。シャーウッドが彼女の著作に示す敬意と賞賛とが、ガートルードをこの上もなく喜ばせたのです。彼女は、ありありと感動の様子を見せていました。私たちに同伴したシャーウッドの妻、テネシーの振舞いは余り上出来とは申せませんでした。彼女はこの二人の作家の間で交される興味深い会話に自分も加わろうと努力したのですが、無駄でした。私はガートルードの家で妻たる者が守らなくてはならない仕きたりを知っておりました。妻の出入りが差し止められていた訳ではありませんでしたが、ガートルードと夫が会話を交している間、アリスは妻が会話の邪魔にならないように扱わなくてはならないという厳しい命令を、ガートルードから受けていたのです。テネシーは、夫とガートルードの会話にいつでも加わることができるようにとテーブルに面と向って坐り、アリスが居間の反対側の壁に掛けてあるものを見せようと彼女に申し出ても、その申し出を断わって坐っていました。結局、彼女は、彼らの会話を一言も理解できませんでした。私は、願いを遂げることのできなかったこの女性をかわいそうに思いました——私には、フルーリュ通りで行なわれていた訪問者の妻に対するこうした無情な仕打ちが理解できませんでした。とはいうものの、私は、訪問者に同伴した妻がガートルードたちの会話に入らないように阻止するアリスのテクニックを楽しまずにはおれませんでした。奇妙なことに、これは妻たる女性に関してのみ適応され、妻でない女性はガートルードの会話に加わることが許されていたのです。

シャーウッドは若者たちによって相当厳しく批判されていました。従って、彼は、彼の後継者たちが彼から離れて行くことに苦しんでいました。いずれにしても、彼は一人の先駆者であり、若者たちが評価するしないに拘わらず、二〇年代の世代は、彼に負うところがかなり大きいと言えましょう。

ガートルード・スタインは大きな魅力をもった人物でしたので、いつもそうとは限りませんが、彼女がある種の子供じみた悪意を込めて口にした恐ろしく馬鹿げた発言をしばしばうまく処理することができたのです。彼女の狙いは、きまって、人を揶揄することであって、これ程彼女を楽しませたことは他にありませんでした。私は、一度、アドリエンヌ・モニエをガートルードのところに連れて行ったことがあったのですが、アドリエンヌはスタインを少しも面白い人物とは考えませんでした。「あなたがたフランス人は」と、ガートルードは切り出しました。「文学に最高峰というものをお持ちでない、シェイクスピアを持っていない。あなたがたの才能たるや、せいぜい一般大衆向けの演説にみられる才能に過ぎません。つまり、ファンファーレなのです。《On ne passera pas!》《行きどまり》といった類のものです」。

私はフランスの文学については、丁度他の文学、例えば、ジョイスの文学についてと同様に、ガートルードとは意見を異にしておりました。ガートルードは、私が『ユリシーズ』を出版した時、私に酷く失望しました。彼女は、わざわざアリスと一緒に私の書店にやってきて、私の文庫の会員であることを止め、セーヌ河右岸にあるアメリカン・ライブラリーの会員になることを宣言した程です。勿論、私は、全く突然にこの二人のお客を失うことがとても残念でした。しかし、彼女たちを強制する訳にはいきません。本当のことを言えば、オデオン通りに移ってからは私たちは彼女たちと積極的な交際を続けてはいませんでした。

　こうして、少くとも暫《しばら》くの間、「友情の花が色あせ」ました。しかし、同時に怒りも和らぎました。一体何について意見の不一致が生じたのか、正確に想い出すことも困難でした。ガートルード・スタインの小説は店に陳列してありましたし、私がこれを読んで楽しむことには変わりはありませんでした。

　暫くして、私は、再びガートルードとアリスに会いました。彼女たちは、私がウィリアム・ディーン・ハウェルズ（一八三七〜一九二〇年。アメリカの作家、批評家）の作品を持っていないかどうか調べにきたのです。ガートルードによると、彼はアメリカの重要な作家であり、不当に低く評価されているとのことでした。私は彼の作品を全部持っていましたので、ガートルードとアリスにその作品全部を家に持って帰らせました。

　一九三〇年の終り頃、私は、ある日ジョイスと一緒に私たちの友人であるジョー・デイヴィッドスン（一八八三年〜一九五二年。アメリカの彫刻家）のアパートで催されるパーティに出かけました。ジョイスに冷たい同業者、ガートルード・スタインもこのパーティに出席していました。二人は、今迄に会ったことがなかったのです。そう、互いに会うつもりで会ったことがなかったのです。私は、二人をそれぞれ紹介しました。そして、二人が極めて穏やかに握手を交すのを見届けました。

親愛なるジョー・デイヴィッドスン。彼が去ってしまった時、私たちはどれ程淋しい思いをしたことでしょうか。

私が、「おっかなびっくり」している人間をガートルードのところに連れて行った最後は、アーネスト・ヘミングウェイでした。彼はガートルードと議論をしてみたいが、どうも独りで出かけて行く勇気がでないと私に語ったのでした。私は、この彼の計画を勇気づけ、クリスティーヌ通りまで彼に同伴することを約束したのです。当時、ガートルードとアリスはクリスティーヌ通りに住んでおりました。私は、ヘミングウェイが独りで出かけて行ったほうが良いと考えていましたので、彼を彼女の家の入口のところまで案内すると、成功を祈って彼を残してきました。後で彼は私のところにやってきて、会見は二人の間では「申し分ない」ものだったと話していました。

作家たちの間ではたびたび戦いの火蓋がきられましたが、そうした対立は、結局、いぶし火のように消えてしまうことを私は見てきました。

5

パリの『ユリシーズ』

私が、ジェイムズ・ジョイス[10]に会ったのは一九二〇年の夏のことで、私の書店が開店して丁度一年目の時でした。ある蒸暑い日曜日の午後、アドリエンヌはアンドレ・スピールの家で催されるパーティに出かけようとしていました。彼女は、スピール一家はきっと喜ぶだろうからと言って、彼女についてくるようにと私に言い張りましたが、私は躊躇しました。スピールの詩に私は心を惹かれてはいましたが、個人的には彼に全然面識がなかったのです。最終的には、アドリエンヌはいつもの調子で私を強引に説得し、私たちは、当時スピール一家が住んでいたヌーイに一緒に出かけました。

スピール一家は、ブローニュの森通り三十四番地にある建物の二階の住居を借りて住んでいました。確か、この建物の周りを何本かのよく繁った大木が取り囲んでいました。聖者のようなあご鬚とたてがみのような巻き毛の頭髪をして、どこかブレイク（ウィリアム・ブレイク、一七五七〜一八二七年。イギリスの詩人）を思わせるようなスピールは、彼の不意な訪問者を大変親切に歓迎すると、やがて私を傍に引き寄せ、「例のアイルランドの作家、ジェイムズ・ジョイスがきていますよ」と、私の耳に囁いてくれました。

私は、ジェイムズ・ジョイスを大層崇拝していましたので、彼がきているというこの予期せざるニュースを聞くやいなや吃驚《びっくり》してしまい、逃げ出したくなってしまいました。しかし、スピールは、ジョイス一家を連れてきたのはパウンド一家ですよと私に話してくれました——開いた扉の隙間からパウンドの姿が見えました。私は、パウンド一家なら馴染みになっていたので、中に入っていきました。

確かに、エズラがいました。大きな肘掛け椅子に身を長々と伸ばして坐っていました。〈メルキュール・ドゥ・フランス〉誌[*1]に載せた私の記事によれば、パウンドは彼の眼の色によく調和する似合いのブルーのシャツを着ていることになっていますが、この記事が出ると、すぐ彼は、私に彼の眼の色はブルーなんかでは全然ないと手紙をよこしました。そこで、私は彼の眼の色がブルーであることを取り消しました。

私はパウンド夫人を発見し、彼女の傍に近づいて話し掛けました。夫人は一人の魅惑的な若い女性に話し掛けておりましたが、この女性がジョイス夫人だと紹介すると、それから私たち二人を残して席をたちました。ジョイス夫人は、どちらかと言えば背の高

＊1　一八九〇年、フランスの象徴主義運動のグループによって発行された文芸誌。

い方で、太ってもいず、痩せてもいませんでした。彼女はとても魅力的で、巻き毛の赤味がかった髪の毛と睫毛をし、眼はきらきらと輝いておりました。彼女の声にはアイルランド人特有の抑揚があり、さらにある種の重々しさもあって、これがまた一層アイルランド人らしさを示していました。彼女は、私たち二人が英語で話ができることを知って喜んでいるようにみえました。ジョイス夫人はこの場で交されている言葉を一語も理解できなかったのです。イタリア語だったらどんなにかよかったでしょうに。ジョイス一家はトリエステに住んでいたので、家族みんながイタリア語を知っていて、家ではイタリア語を話すことすらあったのです。

私たちの会話は、スピール氏が美味しいコールド・サッパー（コールド・ビーフ等を主体とする夕食）を始めるので長いテーブルにつくよう誘った時中断されてしまいました。われわれが、食べたり飲んだりしている時、アルコールを全然口にしない一人の客がいることに気がつきました。この客は、コップにアルコールを注ごうとするスピール氏の再三の勧めをことわっていました。最後にこの客はコップをひっくりかえしてテーブルに置き、スピール氏の勧めを完全にことわってしまいました。この客がジェイムズ・ジョイスだったのです。そして、パウンドがジョイスの皿の前のテーブルの上にすべての葡萄酒の瓶を並べ始めると、彼はかんかんになって怒ってしまいました。

夕食が終ると、アドリエンヌ・モニエとジュリアン・バンダ[*1]は、当時の優れた作家たちに関して最近発表したバンダの見解について議論を始めました。興味を抱いた人々が、コーヒー・カップを片手に、この二人の周りを取り巻いて聴きいっていました。バンダの攻撃はヴァレリー、ジィド、クローデルその他の作家たちに向けられていました。一所懸命に彼女の友人たちを弁護しているアドリエンヌを残して、私は天井まで書物がぎっしり並べられている小さな部屋にぶらっと入って行きました。すると、その部屋の二つの本箱の隅にうずくまってジョイスがいたのです。

身震いを覚えながら、私は「ジェイムズ・ジョイス先生ですか」と尋ねました。「ジェイムズ・ジョイスですが」と、彼は答えました。

私たちは握手を交しました。つまり、これを握手といえるかどうか分りませんが、彼は彼のしなやかで骨のないような手を私の硬い小さな手の平の中に入れたのです。

ジョイスは中背で、ほっそりとし、少し前かがみでとても上品でした。誰もが彼の手に注意しました。手はひどくほっそりしていて左手の中指と薬指に指輪を嵌めていました。それも、がっしりとした嵌め込みの宝石の指輪でした。彼の眼は濃いブルーで、天才の輝きをおびとてもきれいでした。しかし、私は、彼の右眼が少し異常であるのに気づきました。そして、彼の眼鏡の右のレンズが左よりもずっと厚めであるのにも気づきました。彼の髪の毛はふさふさしていて、赤黄色で波状にカーブし、広くて生え際の整

＊1　一八六七～一九五六年。フランスの哲学者、批評家。厳しい合理主義者で、ベルクソンを批判し、また、当時の情緒主義的文学論を痛烈に糾弾した。小説も書いている。

った額から高い頭の上に撫で上げられていました。彼は、私がかつて経験したことのないずば抜けた感受性の持主であるとの印象を与えました。膚《はだ》は美しく、二、三、そばかすがみられましたが、やや赤らんだ色艶をしていました。顎には一種のあご鬚を生やし、鼻筋が通り、唇は薄くくっきりと刻まれていました。私は、青年時代に彼はきっと美男子だったに違いないと思いました。

テノールの歌手のような甘い音色をおびたジョイスの声は、私をうっとりとさせました。彼の発声は著しく鮮明でした。"book"《ブウーク》（本）や"Look"《ルウーク》（見る）また"th"で始まる言葉の発音はアイルランド人特有のものでしたし、その音色もアイルランド人独特のものでした。その他には、彼の英語とイギリス人の英語とを区別するようなものは何もありませんでした。ジョイスは、極めて簡潔に自分を表現しました。しかし、私の観察するところ、彼は言葉の選択やその言葉の響きについて心を配っておりました。おそらく、これはひとつには、彼が言語をこよなく愛していたことと、彼の音楽的感受性に富む聴力のせいであり、また、ひとつには彼が長期間にわたって英語を教えてきたことにもよるものであったと思います。

ジョイスは、私に、極く最近パリに着いたばかりだと話しました。エズラ・パウンドが彼に家族と一緒にパリに移ってくることを勧めたのです。パウンドを通じて、ジョイスはルディミラ・サヴィッツキイ夫人に会いました。彼女は、ジョイス一家に、二、三週間、パッシイにある彼女の住居を提供し、彼らが自分たちで住居を捜す時間的余裕を与えてやったのです。サヴィッツキイ夫人は、パリにおけるジョイスの最初の友人でした。そして、彼女は『若き芸術家の肖像』*1（フランス語訳本のタイトルは *Dédalus*《ディーダラス》）を翻訳しました。初期のもう一人のパリでの友人は、ジェニイ・ブラッドレー夫人であって、彼女は『亡命者《エクザイルス》』*2を翻訳しております。

「何をされていますか」とジョイスは尋ねました。私は、シェイクスピア・アンド・カンパニイ書店のことを彼に話しました。この書店の名前、それに、私自身のこともジョイスの興味を呼んだようでした。魅力的な微笑が彼の口もとに現われました。ポケットから小さな手帳を取り出すと、私は眺めていてとても悲しい思いで気づいたのですが、この手帳を彼は眼の間近まで近づけて名前と住所を書きとめたのでした。彼は、そのうち私に会いに行きましょうと言ってくれました。

突然、犬が吠えてジョイスの顔色が真っ青になりました。事実、彼はぶるぶる震えておりました。犬の吠え声は通りを隔てて聞こえてきました。私が窓から眺めてみると、

＊1　ジョイスの自伝的小説で主人公スティーヴン・ディーダラスを通してジョイスの育った環境や背景、文学を志す過程をうかがうことができる。この主人公は『ユリシーズ』の主人公の一人でもある。

＊2　一九一四年ジョイスがトリエステに滞在中に完成した三幕劇。ジョイスが賞賛していたイプセンの影響がみられる。

犬はボールの後を追って駆けていました。大きな吠え声ではありましたが、私の感じでは決して人間に噛みつくような吠え声ではありませんでした。

「こちらにやってきますか、どう猛なやつですか」と、ジョイスはひどく不安そうに尋ねました（彼はどう猛という言葉を独特に発音しました）。私は、犬はこちらにやってきていないし、どう猛にも見えないと彼を安心させるよう言ってやりましたが、彼は依然として気懸《きが》りな様子で、犬が吠えるたびに、びくびくしていました。彼は、「この動物」に顎を噛みつかれた五歳の時から、犬がとても恐ろしくなったと私に話してくれました。そして、あご鬚を指差しながら、これはその傷跡を隠すためなのですよと言いました。

私たちは話を続けました。ジョイスの態度には何の飾り気もなかったので、私は、当時の最も偉大な作家を前にして圧倒されはしましたが、何かしら彼と話しているととてもくつろいだ気分になりました。この最初に会った時も、その後もそうでしたが、私は常に彼の才能を意識しておりました。それでいて、私は彼ほどくつろいで話ができた作家を知りません。

そろそろお客が帰り始めていました。アドリエンヌは、スピール一家に別れの挨拶を告げるために私を捜していたのです。私がスピール氏に彼の歓待のお礼を述べた時、彼は私がこのパーティで退屈しなかったことを願っていると言いました。退屈ですって、とんでもない。私は、ジェイムズ・ジョイスに出会ったのです。

パーティのあったその翌日、ジョイスがダーク・ブルーの上着を着、フェルト帽を阿弥陀に被り、余り白くもないゴム底の運動靴をはいて小刻みな足取りで急な坂道の小路をのぼってきました。彼はステッキをぐるぐる回しながら歩いてきました。私がそのステッキを眺めているのに気づくと、彼はこれはアイルランド産のアッシュプラントという木のステッキで、トリエステ港に停泊したイギリスの軍艦に乗っていたアイルランド出身の将校からの贈物であることを私に話してくれました（「ディーダラス（ジョイスの作品の主人公）は未だにアッシュプラントを持っていること」と思ったことでした）。ジョイスが身につけているものは、いつも少しくたびれていました。しかし、彼の振舞いは極めて上品で、礼儀作法はとてもきちんとしていましたので、誰も彼が何を着ているのかほとんど気がつきませんでした。彼が出掛けて行く所はどこででも、また、彼が会うすべての人間に彼は深い印象を与えました。

ジョイスは、私の書店に入ってくると、ウォルト・ホイットマンやエドガー・アラン・ポーの写真を、次いでブレイクの二枚の絵を注意深く覗き込みました。そして、最後にオスカー・ワイルドの二枚の写真を検閲しました。これが終ると、彼は私の机の傍にあった余り坐り心地のよくない小さな肘掛け椅子に腰を下ろしました。

彼は、再度パウンドに勧められてパリにやってきたことを私に話しました。彼は現在三つの問題を抱えていました。その問題というのは四人の家族の雨露をしのぐ家と、四人の家族の食糧と衣服を確保すること、それに『ユリシーズ』を完成することでした。第一の問題が一番緊急な問題でした。サヴィッツキイ夫人は二週間もすれば彼女のアパートを引き払う予定でしたので、ジョイスも彼の家族のために別のアパートを捜し出さなくてはなりませんでした。

また、経済的な問題もありました。ジョイスはパリに移転するために貯金のすべてを使い果しておりました。彼は生徒を捜さなくてはなりませんでした。もし、私がレッスンを希望している人々の話を耳にしたら、その人たちをジョイス先生のところによこして頂けないでしょうかという訳でした。彼は教えることにかけては多くの経験を積んでいると話しました。彼は何年間もトリエステのベルリッツ（ヨーロッパ各地に支部を持つ語学専門学校）で教えていましたし、個人教授もしておりました。チューリッヒでも、彼は教えていました。「何語を教えていたのですか」と私が尋ねると、「英語です」と彼は答えました。「This is the table. This is the pen. といった次第です。それに、ドイツ語やラテン語、フランス語だって教えていました」。「ギリシャ語はいかがですか」と、私は尋ねました。ジョイスは、古典ギリシャ語は知りませんでしたが、現代ギリシャ語は流暢に話しました――彼はトリエステに滞在している時ギリシャ人の船乗りから現代ギリシャ語を教わったのです。

さまざまな言語を学ぶことはジョイスのお気に入りの娯楽だったようです。私は彼に彼が知っている言語の数を尋ねてみました。少くとも九か国語は知っていました。私たちはその数を勘定してみました。母国語の他に、イタリア語、フランス語、ドイツ語、ギリシャ語、スペイン語、オランダ語、それにスカンディナヴィアの三か国語を話しました。イプセンを読むために、彼はノールウェー語を学び、ノールウェー語に引き続きスエーデン語とデンマーク語を学びました。また、彼はイディッシュ語[*1]を話し、ヘブライ語も知っていました。彼は、中国語と日本語のことは口にしませんでしたが、おそらくこの二か国語はパウンドに任せてあったのです。[*2]
ジョイスは第一次世界大戦が始まった時どのようにして彼がトリエステを脱出したのか、その脱出の模様を話してくれました。危機一髪のきわどい脱出でした。オーストリア人たちはジョイスをスパイとして捕えようとしましたが、ラリー男爵という一人の友人がジョイス一家のオーストリア脱出にかろうじて間に合うようビザを手に入れてくれたのです。一家は、どうにかチューリッヒまで辿り着くと、ここで戦争が終るまで滞在したのです。
私は、ジョイスは一体いつ小説を書くのか不思議に思いました。夜ですよ、それもレ

＊1　高地ドイツ語方言にバルト＝スラヴ系の言語が混じったものでヘブライ文字で書く。ロシア、中部ヨーロッパ、およびこの地方から移住したアメリカのユダヤ人などに用いられる。

＊2　パウンドはフェノロサを通じ、中国の詩や日本の俳句や能に強い興味を抱き『中国』（*Cathay*, 1915）や『能楽集』（*Noh, Or Accomplishment*, 1916）などの作品を発表している。しかし、中国語や日本語がどれだけ読めたかは不明である。

ッスンの終った後ですと彼は言うのでした。彼は眼の過労を感じ始めていました。チューリッヒに行くまでに、既に彼は眼に障害を感じ、チューリッヒでは一層ひどくなりました。緑内障だったのです。美しい名前のつけられているこの病気について、私が耳にしたのはこれが最初でした。「芸術の女神、灰色の梟《ふくろう》の目」とジョイスは言っていました。

彼は右眼を手術していました。おそらく、私が気づいた右眼にかけられた部厚いレンズはそのためだったのでしょう。彼は、この手術の模様を極く分りやすく私に説明してくれました（私のみるところ、彼は私のような出来の悪い生徒に対して説明することに慣れていたようです）、そして、一層はっきりさせるために小さなスケッチさえ描いてくれました。彼の意見によれば、虹彩炎に罹っていた最中に手術したのが間違いだったのです。この結果、右眼の視力が弱くなったと彼は考えていました。

このような眼の病気に罹っていては、小説を書くのが無理ではないのですか、時には書き取らせることがありますか、と私は尋ねました。「そんなことは絶対ありません」と、彼は大きな声で言いました。彼はいつも原稿を手書きにし、ペンの速さが抑制されるほうを好んでいました。そうでないと、速く書き過ぎてしまうのです。彼が作品を構成する際は、一語一語検討しなくては気がすまなかったのです。

私は、『ユリシーズ』のことを聞きたくて、うずうずしていました。そこで、私は彼がこの作品を書き進めているかどうかを尋ねてみました。"I am"（アイルランド人は決して"yes"とは言いません)。彼はこの作品に既に七年間取り組んでいて、目下書き上げようとしていました。パリに落ち着けばすぐに続けるつもりだと語りました。

ニュー・ヨークのアイルランド系アメリカ人で、優れた弁護士であるジョン・クィン氏が『ユリシーズ』の原稿を少しずつ買い取っているようでした。ジョイスが一回分の原稿を完成し、清書してクィンのところに送れば、代わりに、彼はあらかじめ約束してある金額をジョイスに送っていました。この金額は少額ではありましたが助けになっていました。

私は〈リトル・レヴュー〉誌に触れ、マーガレット・アンダソン[*1]が苦労して、『ユリシーズ』を出版できるようになったのではないですか、まだまだ発刊に対する抑圧がありますか、と尋ねてみました。ジョイスは気掛りな面持ちでした。ニュー・ヨークから入ってくるニュースは予断を許さず、これからも続けて状況を知らせましょう、と彼は言いました。

ジョイスは、店を出る前に、私の貸し出し文庫の会員になる方法を尋ねました。『海に騎《の》りゆく者たち』[*2]を棚から取り出して、この本をお借りしたいと言いました。彼は、

＊1　アメリカの編集者で一九一四年にシカゴで〈リトル・レヴュー〉誌を創刊。『ユリシーズ』の最初の部分はこの雑誌に掲載されていた。

＊2　アイルランドの劇作家John M. Synge（一八七一〜一九〇九年）の戯曲。

彼がチューリッヒで組織した小さな演劇グループの公演のために、一度この芝居をドイツ語に翻訳したことがあったと話してくれました。

私は、「ジェイムズ・ジョイス、パリ、ラソンプション通り、五番地、一か月の登録、七フラン」と記入しました。そして、互いに挨拶を交して別れました。私は、ジョイス自身からこの数年間の彼の仕事の様子を聞き、大層感激したものでした。

ジェイムズ・ジョイスとシェイクスピア・アンド・カンパニイ書店

ジェイムズ・ジョイスは、今やシェイクスピア・アンド・カンパニイ書店の一家のメンバーであり、しかも、最も輝かしいメンバーでした。彼は、しばしばこの書店でみかけられるようになりました。みるからに彼は、私の同胞たちとのつきあいを楽しんでおりました。われわれアメリカ人や米語が好きだと打ち明けたことがありましたが、確かに、彼は彼の作品のなかに米語特有の表現を数多く使っております。

書店で、ジョイスは彼の友人になる数多くの若者に出会いました。ロバート・マッコールマン、ウィリアム・バード、アーネスト・ヘミングウェイ、アーチボールド・マックリーシュ[*1]、スコット・フィッツジェラルド[11]等々——それに、作曲家のジョージ・アンティールもそうでした。勿論、ジョイスはこうした若者たちの神様でした。しかし、彼らのジョイスに対する態度は崇拝の態度というよりは、寧ろ友情から生れる態度でした。

ジョイスについていえば、作家、子供、給仕を問わず、また、王女であろうが雑役婦であろうが、彼は誰かれを問わずすべての人間を彼の同等者として扱いました。誰であろうと、その人間が口にするすべての事柄が彼に興味を抱かせました。彼は決して退屈な人物に会ったことはないと私に話していました。ときどき、私は、門番の長い話に注意深く耳を傾けながら、書店で私を待っているジョイスを見ました。彼がタクシーでやってくる時などは、運転手がジョイスに話しかけている話が終るまで、彼は決してタクシーを降りませんでした。ジョイス自身も、すべての人間を魅了しました。つまり、誰も彼が持っている魅力に逆らうことができなかったのです。

私は、帽子を阿弥陀に被り、アッシュプラントのステッキをくるくる回しながらやってくるジョイスを眺めるのがとても好きでした。「憂愁のキリスト」、アドリエンヌと私は、彼のことをいつもそう呼んでいました。この表現を私が学んだのはジョイス自身からでした。また、「腰の曲ったキリスト」という表現も教わりました（彼はこれをアイルランド人訛りの英語で発音していました）。彼は顔にしわを寄せる癖があって、この癖は私を楽しませてくれました——彼が顔にしわを寄せた時には、まるで類人猿のようでした。彼が椅子に腰を掛けている時のあり様といえば、もう「体がばらばら」という

＊1　一八九二〜一九八二年。アメリカの詩人。初期の作品『象牙の塔』（*Tower of Ivory*, 1917）を出した後パリに渡り、一九二八年まで滞在した。この間彼はパウンドやT・S・エリオット、フランス象徴派詩人たちによって影響を受けた。

表現しかありませんでした。

ときどき、ジョイスは大声を上げる習慣がありましたが（彼の娘が彼のためにつけた名前は“l'esclammadore”《レスクラマドール》（絶叫者）でした）、彼の言葉遣いには、常に節度がありました。ばち当りな言葉や、少しでも下品な言葉を口にすることは決してありませんでした。彼が好んで口にした叫び声はイタリア語の“Giá!”《ジイア》という言葉でした。そして、彼は頻繁に吐息をつきました。彼自身の表現方法は大げさではありませんでした。彼は最上級の表現を用いることがなかったのです。最悪の出来事を述べる時でさえ、“tiresome”（うんざりだ）、と表現する程度でした。“very tiresome”（ひどくうんざりだ）、と言わず、単に“tiresome”と言うだけでした。私は、彼が“very”という言葉を嫌っていたと思います。一度、私はジョイスが、「なぜ“very beautiful”（とても美しい）と言うのだろう、“beautiful”だけで十分ではないだろうか」と、不満を洩らしているのを聞いたことがありました。

ジョイスはいつも変わらず礼儀正しく、他人に対しては極めて思い遣りがありました。がさつな私の同国人たちが、まるで私の書店が停車場でもあるかの如く、誰にも挨拶せずに出入りしていたし、もし、彼らが誰かを呼び止めようとすれば、「おい、ヘム」、あるいは、「おい、ボブ」といった調子でした。このように打ち解けた雰囲気のなかで、ジョイスだけはきちんとしておりました——それも、法外に礼儀正しかったのです。フランス文学界では作家たちを姓で呼びすてにするのが習慣です。また、テスト氏あるいはシャルリュス氏と呼ぶ代わりに、その著者を「ヴァレリー氏」あるいは「プルースト氏」と呼ぶことは思いもよらなかったことでしょう。もし、弟子である場合は、「先生《メートル》」と呼びかけるのです。ヴァレリーは、私たちの他のフランス人の友人と同様に、アドリエンヌを「モニエ」、私を「シルヴィア」と呼びました。私は、こうした習慣がジョイスにショックを与えたことを知っています。彼は、私たちを「ミス・モニエ」、「ミス・ビーチ」と呼んで良き手本を示そうとしましたが、結局無駄でした。しかし、誰にも彼のことを「ジョイス氏」以外の呼び名では呼ばせませんでした。

また、「ジョイス氏」は、婦人《レディ》のいる前で話題がある種の事柄に及ぶと、奇妙な癖を持っていました。アドリエンヌの書店で、レオン＝ポール・ファルグが、女性の混じった聴衆に向ってよく話していた話にジョイスは顔を真赤にさせました。男性だけが出かけたりすることのない国では、婦人《レディ》たちはこうした話題に少しも困惑しないのです。ジョイスは彼の素敵な婦人《レディ》の出版者がこうした話題に曝されていることを、きっと残念がっているに違いないと、私は思いました。だが、私自身は数々のこうしたファルグばりの会合にすっかり慣れ切ってしまったのではないかと心配です。しかし、ジョイスは

＊1　ヴァレリーには『テスト氏との一夜』という作品があるところからヴァレリーのことをテスト氏と呼び、他方プルーストの小説『失われた時を求めて』の主人公シャルリュスから、プルーストをシャルリュス氏と呼んだわけである。

『ユリシーズ』を婦人《レディ》に見せたり、婦人《レディ》がこれを出版したりすることにはなんの反対もしませんでした。

ジョイスは毎日書店にやってきましたが、私が彼の家族に会うためには、彼らの家まで出かけて行かなければなりませんでした。私はジョイスの家族のみんなが好きでした——無愛想で、自分の感情を隠し、あるいは隠そうとするジョルジオ、ひょうきん者のルシア[*1]、彼らのうちどちらも彼らが成長しているこの異国の環境の中では幸せではありませんでした。そして、妻であり母親であるノラ、彼女は、夫をも含め、家族全員をだらしないと言っては叱っていました。ジョイスはノラに、ろくでなしと叱られることを楽しんでおりました。ろくでなしと言われることは、他人の尊敬に満ち溢れた彼に対する態度から逃れ、彼に一種の安堵感を与えたのです。彼はノラに突っつかれたり押されたりすると、喜んでいました。

ノラはどうしても書物に関わり合いを持とうとしませんでしたが、このことがまた彼女の夫を楽しませました。彼女は、『ユリシーズ』を指差しながら、私は「あの本」の一頁だって読んだことがないと宣言しました。彼女にこの本を開かせようとする誘因は何もなかったのです。私自身は、ノラが『ユリシーズ』を読む必要は全くないことがよく理解できます、つまり、彼女はジョイスのインスピレーションの源泉ではなかったでしょうか。

ノラは「私の夫」について不平をこぼしました——彼ったら、訳の分からないことを書き散らすのを決して止めようとしないのですよ……朝など、まだ目がはっきり醒めてもいないのに傍の床から紙と鉛筆を取り上げて……一体、いま何時か全然知らないのですから、全くあきれたものですわ。食卓に丁度昼食の準備が整った時に、彼ったら出かけるのですから、女中を長く雇っておくことなどとてもできない相談ですわ。「そら、見てやってくださいよ、ベッドにへばりついて訳の分らないことを書いているのですよ」。子供たちだって同様です、手助けのために指一本だって動かそうとしないのですからね、と彼女は語りました。「ろくでなし一家」、この言葉が発せられるや否や、ジョイスをも含め、ろくでなしの家族一同がどっと笑いこけるのです。誰も、ノラがぶつぶつ叱るのを真剣に受け取っているようにはみえませんでした。

彼女はよく私に、作家の代わりに百姓か銀行家、あるいは、おそらくバタ屋とでも結婚しなかったのが残念でしょうがないと話していました――こうした他人をさげすむような事柄に触れる際には、彼女は口をゆがめました。だけど、私の考えでは、彼女がジョイスを選んだということは、ジョイスにとって何と幸運だったことでしょう。もし、ノラがいなかったなら、彼には一体何ができたのでしょう。ノラとの彼の結婚は、ジョイスの身に起った最良の幸運のひとつだったのです。彼の結婚は、私の知っているすべ

＊1　ジョイスがとても可愛がっていた娘だったが、後に精神病になり療養所に入れることになり、ジョイスの心を酷く痛ました。

ての作家のなかでも、最も幸せな結婚であることに間違いありません。

　良き家庭の一員であり、尊敬される市民であろうとするジョイスの努力はいじらしい程で、シャーウッド・アンダソンは、彼を“Burjoice”《ブルジョワス》[*1]と呼んでいました。これは『若き芸術家の肖像』に現われる「芸術家」のイメージにそぐわないのですが、『ユリシーズ』を理解する上で助けになります。ブルームの姿[*2]が現われ、徐々に輪郭を際立たせ、最後にはすべての物語を引き継ぐことになる一方で、スティーヴンの姿が後退し、徐々に影を薄くして行く経緯を観察することはとても興味深いことです。私は、ジョイスはスティーヴンに対する興味を急速に失い、彼らの間に入ってきたのがブルーム氏だと思います。要するに、ジョイスにはブルーム的な要素が多分にみられます。

　芸術に関することで、ジョイスが何も恐れなかったことに対する埋合わせとして、一つには生じたものと思いますが、ジョイスが非常に多くのことを恐れていたことは真実です。彼は、全能の神から「罰を食う」ことを恐れていたようでした。神父たちは神の恐ろしさを彼にうえつけるのに成功したに違いないのです。[*3]雷が鳴ると、私はジョイスが雷の鳴り終るまでアパートのホールで震えているのを見たことがありました。また、彼は高い所や海、伝染病を恐れていました。さらに、彼はいろいろな迷信を持っており、この迷信を家族一同が共通に信じていました。街で二人の尼を見掛けることは縁起が悪い（二人の尼を見掛けた時、彼の乗っていたタクシーが他の自動車に衝突したことがあったのです）、数や日付は吉と凶に分れている、家のなかで傘をさしたり、ベッドの上に帽子を置くことは縁起が悪い等々といった類のものです。これとは反対に、黒猫は幸運を呼ぶとされていました。ある日のこと、私がジョイスのホテルに着くと、ノラが夫の寝ている部屋に一匹の黒猫を誘い込もうとしているのに出会いました。一方では開いた窓からジョイスが彼女のそうした苦心を気懸《きがか》りそうに観察していました。猫は単に幸運を呼ぶものというだけでなく、ジョイスは猫を飼うのがとても好きでした。そして、一度彼の娘の飼っている子猫が台所の窓から落ちた時などは、娘と同じ様に彼自身も動転していました。

これとは反対に、犬については彼はいつも獰猛ではないかと疑っていました。私は、ジョイスが書店に入ってくる前に、私の飼っていた何の危害も与えない小さな白い犬を、急いで店から連れ出したものです。ジョイスに英雄オデッセイを想い起させ、オデッセ

＊1　アンダソンの造語で、ジョイスとjoiceをかけ、さらにフランス語流の発音ではjoiceをジョワスと発音するところからブルジョワス、つまりジョイスの小市民的側面を揶揄したもの。

＊2　『ユリシーズ』の主人公。ダブリンに住むユダヤ系のアイルランド人。新聞の広告取りで善良な凡人。ブルームがダブリンの町を一日じゅうさ迷う姿と『オデュセイア』のオデュッセウス（ユリシーズ）の冒険とが皮肉な対照をみせながら『ユリシーズ』の中に描写されている。あらゆることに挫折させられている彼は、白昼夢を通してのみ彼の社会的な人間存在を確認する。

＊3　ジョイスの自伝的小説『若き芸術家の肖像』のなかで、主人公スティーヴンを通し、ジョイスがジェズウィットの学校で神父たちから受けた厳しい教育の模様が描かれている。

イの忠犬アルゴスが主人が帰宅したことを喜ぶ余りへたばって死んでしまったことを想い起させても、全く無駄なことでした。ジョイスは笑いながら、ただ“Gia!”《ジイア》と叫ぶだけでした。

ジョイスは、彼の家父長主義的考え方から、十人の子供を持たなかったことを後悔していました。彼は二人の子供に一所懸命に尽し、自分の仕事に熱中し過ぎて子供たちの勉強を励ますのを怠るようなことは決してありませんでした。彼は、母親は「ジョージイ」と呼んでいましたが、息子のジョルジオのことをとても自慢していましたし、ジョルジオの美しい声も自慢していました。ジョイス一家は家族揃って歌が上手でしたし、ジョイス自身は職業として歌手の代わりに作家を選んでしまったことをいつまでも悔んでいました。「歌手になっていたなら、もう少しましなことをしただろうに」と、彼は口癖のように私に話していました。「そうかもしれません、だけど、あなたは作家としてかなりお仕事をなさったのではありませんか」と、私はいつも答えていました。

6

シェイクスピア・アンド・カンパニイ書店、救出に立つ

この時期におけるジョイスのおもだった関心は『ユリシーズ』の運命でした。この作品は、〈リトル・レヴュー〉誌に掲載されていましたし、あるいは、引き続き掲載されようとしていました。しかし、この作品が一冊の本になるという見通しも、この雑誌そのものの将来もともに暗いものでした。

イギリスでは、ミス・ハリエット・ウィーヴァー[*1]がすでに『ユリシーズ』出版のための闘いを始め、失敗していました。彼女の雑誌〈エゴイスト〉で、新進のアイルランド作家ジェイムズ・ジョイスが初めて名声を獲得することになる『若き芸術家の肖像』を

＊1　一八七六〜一九六一年。イギリス人の出版者で Egoist Press をおこし、ジョイスやエリオットなど当時の重要な若い芸術家の作品を発表した。

出版したミス・ウィーヴァーこそ、ジョイスを世に送る開拓者でした。ジョイスはエズラ・パウンドによって見出されていました。パウンドは偉大なショーマンであり、またリチャード・オールディングトン、[*1] H・D、[*2] T・S・エリオット、ウィンダム・ルイス、[*3] その他の同様な悪者たちを含め〈エゴイスト〉誌のまわりにたむろしていた連中の首領格でもありました。

『若き芸術家の肖像』は、イギリスに強烈な感銘を与えました。H・G・ウェルズでさえこの作品を賞賛することになり、ミス・ウィーヴァーは、彼女の雑誌の定期購読者たちに「ジョイス氏」の二番目の小説『ユリシーズ』を掲載する計画でした。一九一九年、〈エゴイスト〉誌に五回にわたって連載されましたが、ワンダーリング・ロックスの挿話（『ユリシーズ』の第十挿話）以後は掲載されませんでした。ミス・ウィーヴァーは、印刷上の問題を抱えていた上に、定期購読者から『ユリシーズ』は家庭向き読物と一緒に居間のテーブルの上に場所を占める定期刊行物に掲載するのは適当でないという不満を表わす幾通もの手紙を受け取っていたのです。何人かの購読者は購読予約を取り消すという状態にまで到ったのでした。

『ユリシーズ』を定期刊行物に掲載することに反対がある以上、ミス・ウィーヴァーはこの反対意見に届するよりは、彼女の雑誌そのものを犠牲にしてしまいました。〈エゴイスト〉誌はエゴイスト出版社に変わりました。彼女の言うように、まさに「一夜にして」変身したのです。こうした転向を行なった彼女の唯一の目的は、ジェイムズ・ジョイスの全作品を出版することにありました。彼女は、「『ユリシーズ』近々発刊」と宣言したものの、彼女はこの計画を完成することができませんでした。

ミス・ウィーヴァーは、『若き芸術家の肖像』を一冊の本の形で出版しようと計画しましたが、イギリスの印刷者たちはジョイスという名前に極めて用心深い態度をとっていたので、この作品を活字に組む印刷者を見つけることができませんでした。彼女はニュー・ヨークのジョイスの出版者であるヒューブッシュ氏と契約を結び、この契約に従って、彼はエゴイスト社印刷という名で刷られた彼の刊行物を彼女のもとに送り届けてきたのです。

ミス・ウィーヴァーは、私にイギリスの印刷者が何故これほど気むずかしいのかその訳を説明してくれました。彼らの慎重さにもそれなりの十分な理由があったのです。も

＊1　一八九二～一九六二年。イギリスの詩人、小説家、伝記作家。イマジズム運動を紹介したグループの一員。有名な伝記は『天才の肖像　D・H・ロレンスの生涯と作品』、『アラビアのロレンス』。

＊2　ヒルダ・ドゥーリトル Hilda Doolittle（一八八六～一九六一年）のペン・ネーム。アメリカの詩人。一九一一年にヨーロッパに渡り、イマジズム運動に参加。前記訳注のリチャード・オールディングトンと結婚以後アメリカを離れて暮す。

＊3　一八八二～一九五七年。イギリスの小説家、画家。諷刺小説『ター、神をまねる人間たち』で著名。パウンドと一緒にリトル・マガジン *Blast*（1914–1915）を編集。

しある種の書物が当局によって好ましくないとされると、その発行者と同様に印刷者も責任をとらされ、罰金を払わなくてはならないのです。勿論、印刷者は自分が面倒にまき込まれそうな些細なあらゆる言葉を綿密に調べるのです。一度、ジョイスは、私に『若き芸術家の肖像』を刷ったジョナサン・ケープ氏の新しい印刷の校正刷りを見せてくれました。そこで、私は校正刷りの余白に書き込まれた印刷者の数多くの疑問点に吃驚《びっくり》仰天したのを憶えております。

ミス・ウィーヴァーは、もし彼女が『ユリシーズ』の出版を果そうと固執してみても、困難が余りにも大き過ぎるだろうということを知っていました。そして、彼女は少くとも、現在のところ、この作品の出版に成功する望みがないと考えていました。その上、彼女は友人たちにこれ以上関係すると多くの不愉快な事柄にはまり込むことになるだろうと警告されていました。そこで、『ユリシーズ』は海外にさ迷い出て、〈リトル・レヴュー〉誌に掲載されることになったのですが、ここでもまた再度ごたごたに出会うことになったのです。大きな争いが、〈リトル・レヴュー〉誌とアメリカ当局との間で進行中でした。ジョイスは、この戦場から伝えられる気懸《きがか》りなニュースを私に報せていました。

〈リトル・レヴュー〉誌が、猥褻のかどで三回にわたり、合衆国郵政省の官憲によって押収されましたが、この押収もマーガレット・アンダソンとジェーン・ヒープの二人の編集者の心を挫くに到りませんでした。しかし、悪徳抑制協会のジョン・S・サムナーに唆された第四回目の押収によって、この雑誌は終止符を打つことになりました。ミス・アンダソンとミス・ヒープはともに猥褻物発行ということで裁判を受けさせられました。しかし、ジョン・クィンの見事な弁護のお蔭で、百ドルの罰金で釈放されました。だがこの頃になると、彼女たちは財政的に破産していたのです。当時の最も活気に溢れたこの小雑誌が消え去ってしまったことは、なんと悲しいことだったでしょう。

ジョイスがやってきてこのニュースを報せました。このニュースは、彼に大きな打撃を与えたし、私は彼の自尊心が傷つけられてしまったと思いました。全く意気銷沈した語調で、彼は「これで、私の本は決して世に出ることはないでしょう」と語りました。

少くとも当分の間は、英語を母国語とする国でこの作品が発行されることに関しては、あらゆる希望が消え去りました。ジョイスは、私の書店で大きな吐息をつきながら腰を下ろしました。何かできるかもしれないという考えが、突然私の頭のなかにおきました。そこで、私は「シェイクスピア・アンド・カンパニイ書店であなたの『ユリシーズ』を出版させて頂けないでしょうか」と尋ねてみたのでした。

ジョイスは私の申し入れを即座に、しかも嬉しそうに受け入れてくれました。私は彼がこの偉大な『ユリシーズ』をこんな変てこで小さな出版社に任せるということは、彼としては無分別ではないかと思いました。しかし、彼はとても喜んでいるようにみえたし、私も喜びました。要するに、私たち二人はとても感激し合って別れたのです。翌日、ジョイスは、彼が「シェイクスピア・アンド・カンパニイ書店の顧問」と呼んでいたアドリエンヌ・モニエが私の計画をどのように考えるか聞こうと、再度店にやってきました。私は、いつも重要なことを行なう前には彼女に相談していました。彼女はとても賢明な相談役であったし、その上、彼女はこの出版社の一種のパートナーでもあったのです。

アドリエンヌは私の考えをすっかり認めてくれました。彼女は、ジョイスのことを私からいろいろと聞いていたのです。それで、私としては『ユリシーズ』を救出することの重要性を彼女に納得させることは苦もないことでした。翌日ジョイスが店にやってきた時、私はとても朗らかな彼をみて嬉しくなりました。私といえば、突如として、何よりも私が賞賛している作品の出版者になる自分を考え、どれほど幸せであったか想像してみてください。私は自分が幸運だと思いました。

資金や経験の欠如をためらうこともなく、また、出版者としてのその他あらゆる必要条件の欠如にためらうことなく、私は真直ぐに『ユリシーズ』に向っていきました。

ディジョンのダランティエール

アドリエンヌ・モニエがお得意にしている印刷者、モーリス・ダランティエール氏が私に会いにやってきました。彼と彼の父親も、ともに「優秀な印刷者」でした。ユイスマンス（一八四八〜一九〇七年。フランスの小説家）や、その他同世代の多くの作家たちの作品がディジョン（パリの南東約三〇〇キロのところにあるコート・ドール県の県庁所在地）でダランティエール氏によって印刷されてきたのです。

私が彼に、英語を話す国で『ユリシーズ』が発行禁止になったことを話すと、彼は強い興味を持ちました。そして、私はフランスでこの作品を発行したいという私の意向を伝え、彼が印刷する気があるかどうかを尋ねました。それと同時に、私はこちらのとぼしい財政的状況を示し、かりにお金が入るとして、購読予約によって収入があるまでは印刷費用の支払いは到底不可能なことを、彼に警告しました。こうした了解でこの仕事が進められなくてはならないということも話しました。

ダランティエール氏はこうした条件で『ユリシーズ』の印刷を承知しました。本当のことを言えば、彼にとって、この仕事は友情の表われとしての仕事であり、冒険的な仕事でもあったのです。

それからというものは、ジョイスは、ひとつひとつ出版の仕事と接触を保つために足繁く書店にやってきました。私は彼にいろいろな忠告を求め、その忠告を、たいがいは受け入れていました。もっとも、いつも受け入れるという訳ではありません。例えば、彼は、たとえ十二部かそこらの印刷部数でも、きっと売れ残りがでるだろうと考えていました。私は一千部は刷らなくてはいけないと断固彼に主張しました（残部は一冊も出ませんでした）。

次のような説明書が印刷されました。「ジェイムズ・ジョイスの『ユリシーズ』が、一九二一年秋、パリのシェイクスピア・アンド・カンパニイ書店から〈原文どおり〉（これは最も重要な点でした）出版される予定である」。さらに、この説明書には次のようにも説明されていました。「この版は発行部数を千部に限定、百部はダッチ・ペイパーに印刷し著者の署名入り、定価三百五十フラン。百五十部はすかし模様入りアルシュ紙に印刷、定価二百五十フラン。残り七百五十部は並紙に印刷、定価百五十フラン」。郵便切手くらいの大きさの鬚を生やした著者の写真――チューリッヒで撮った写真――や、『ユリシーズ』が〈リトル・レヴュー〉誌に最初に登場した際、この作品を評した批評家の文章からの抜萃《ばっすい》も説明書に掲載されていました。説明書の裏側には、購読予約者の名前と購読者が希望する版種が選択でき、書き込めるような空欄がありました。既に出版事業を手がけていたアドリエンヌは、私に限定版の持つ不思議な要素や、私が全く与り知らない事柄などの秘密を伝えてくれました。私の説明書が、それなりの外観を整えることができたのも彼女のお蔭でした。知らない人は私がこの種の事業の経験者だと考えたかもしれません。ダランティエール氏は、極上紙や彼が印刷に使用する有名な活字の見本などを私のところに持ってきました。そして、初めて私は豪華版を決定する様々なきまりを学びました。

　これまでのところ、私は書籍販売の見習いの段階に過ぎません。それに、貸し出し文庫も経営していたのです。書店には若い作家たちが大勢集まっていましたし、また、芽を出し始めたばかりの彼らのいろいろな計画が溢れていました。その上、いま突如として、私は出版者になったのです。それも、なんという素晴しい本の出版者になったものでしょう。助手を捜さなくてはならなくなりました。私の文庫の会員で、マドモワゼル・マーシンヌ・モスコスという可愛らしいギリシャ人の娘さんが私を手伝いたいと言いだしたのです。この仕事の給料は余りよくないだろうし、私は他の仕事を捜した方が彼女のためにより良くはないだろうかと話し、彼女がこの仕事を引き受けないように極力説得しました。しかし、彼女は既に決心していて強く希望しました。これは、シェイクスピア・アンド・カンパニイ書店にとって幸運なことでした。

ジョイスは、このギリシャ人の助手の話を聞きとても喜びました。彼は、これを『ユリシーズ』の吉兆と考えたのです。吉兆であろうがなかろうが、私はいま私を手伝ってくれる人、それも素敵な助手ができたことを喜びました。マーシンヌは私と一緒に肩を並べて九年間働きました。マーシンヌは掛けがえのない助手であり、あらゆる出来事に私と同じように興味を持ち、手仕事を厭いませんでした。また、書店で処理しなくてはならない多くの仕事、あるいはお客を扱ったり文庫の会員たちの要求をよく理解するといったとてもきつくて、気をつかう仕事を彼女は少しも厭がりませんでした。

マーシンヌの貴重な財産のひとつは、大家族の彼女の姉妹たちでした。私たちは、必要な時にはいつもこの姉妹の協力に頼ることができたのです。モスコス家の姉妹のなかで、一番年下のエレーヌは、ジョイスと書店との間のメッセンジャーとして働いてくれました。朝、彼女は書類鞄に手紙、本、劇場の切符その他いろいろなものをいっぱい詰め込んで出発し、これと同じ位重いものを鞄に入れて帰ってくるのでした。ジョイスは彼女のことを「どっしん、どっしん」と呼んでは待っていました——彼女は小柄な人にしてはどっしりとした足取りでした。彼女のメッセンジャーの仕事がひと通り終ると、ジョイスは彼女を引き留めて、彼女に雑誌にでている記事を声に出して読んでもらっているようでした。多分彼は、記事そのものよりも、例えば「ドゥブルヴェ・ベェ・ヤッツ」（W. B. Yeats のフランス語読み）といった、エレーヌの発音に強い興味を抱いたことでしょう。

マーシンヌの父親、モスコス博士は放浪癖を持った医者でした。彼はまるでオデッセイと同じように放浪し、放浪した国々と同数の九人の子供を持っていました。モスコス博士は、悪賢いことではユリシーズをしのいでいるが結局その悪賢さがわが身にはね返ってしまった一人の男の話を、私に紹介してくれました。話の男はかなつんぼでしたが、昔からかなつんぼであった訳ではありませんでした。兵役に服さなくてはならなくなり、徴兵を避けるためにかなつんぼを装ったのです。男は徴兵を免除はされましたが、安全を確保するためにしばらくの間つんぼを装い続けました。その後、もはやこの策略を続ける必要がなくなった時、この男は自分が聴力を完全に失ってしまっていることに気づきました。しかも永久に。私はこのような驚くべき事件がいままで学会に報告されたことがあるかどうか、また耳鼻科の専門家がこの事件を信じるかどうかは知りませんが、事実なのです。

マーシンヌには東洋の国からやってきた数多くの友人がいました。この友人たちのなかには、カンボジアの王位継承者でパリの医学校に通っていた青年王子もいました。この若者は、ジョイスの傑作に敬意を表して彼の名前をリタラシからユリシーズに変えてしまいました。

失われた一人の購読予約者

『ユリシーズ』の購買予約の申し込みはどっと集まり、それぞれ購読者の国籍に応じて山と積み上げられました。私のお客のすべて、それにアドリエンヌのお客の多くもこうした購読予約者のなかに入っていました。誰も購読の予約をせずにオデオン通りから抜け出すことはなかったのです。アドリエンヌのフランス人の友人幾人かが、彼らの英語の語彙には限度があり、その語彙を少しでも豊富にする上で『ユリシーズ』を読むことに希望を託していると白状した時など、私は嬉しくなりました。私のフランス人の友人のなかでまっ先に私の書店に駆けつけて、購読予約者の欄に名前を書き込んだアンドレ・ジィドでさえ、いつもポケットに英語の本を持ち歩いていたとはいうものの、『ユリシーズ』を読むのには困難を感じたに違いありません。しかし、ジィドがすぐさま駆けつけたのは、『ユリシーズ』の購読予約をするためというよりは、オデオン通りで行なうどのような企画でもいつもそうしていたように、彼の友情のこもった関心を示すためだったと私は確信しています。一旦緩急あれば、いつでも、彼が必ず表現の自由を支持してくれたのです。それでも、ジィドの購読予約という行為は私を驚かし、私はとても胸を打たれました。アドリエンヌはそんなところが彼の人柄なのだと語っていました。

エズラ・パウンドは、ある日、私の机の上にW・B・イェーツの署名が記入されている予約カードを置いて私を興奮させました。アーネスト・ヘミングウェイは数部の予約を書き入れました。

それから、ロバート・マッコールマンが予約しました。彼は疲れを知らない人物でした。彼はナイト・クラブをしらみ潰しに回っては購読予約者を捜し出し、毎朝早朝、家に帰る途中私の店に署名入り予約カードの「急ごしらえの束」を残して行きましたが、何枚かのカードの文字は幾分みだれた文字になっていました。『ユリシーズ』が出版された時、私は、知らないうちに購読予約者になっていることを知って驚いた何人かの人々に出会ったのですが、マッコールマンが彼らに事情を説明するとみんな快く了承しました。

時がたつに従って、私はなぜバーナード・ショウ[*1]の名前が『ユリシーズ』の購読予約者リストにのっていないのか不思議に思い始めました。ショウが予約をするだろうと私が考えた理由が二つありました。まず第一に、『ユリシーズ』という作品が持っている革命的な要素が彼に訴えかける筈だという理由。第二に、ジョイスの窮状を知った以上、彼は確かそのままではすまされなくなり、購読予約という形で、同僚の作家援助に貢献しようと望むのではないかという理由からでした。私には、こうした状況に陥った時にはショウは親切だと考える理由があったのです。つまり、一時期ショウの秘書を務めた経験があるデスモンド・フィッツジェラルド夫人が、懇願されると彼の義侠心は異常なほどであるが、平素ショウはこの義侠心を極めて静かに保っていると私に話したことがあったからです。

私はジョイスに、ショウに内容見本を送るつもりであること、また、きっと彼はすぐ購読の予約をしてくれるだろうと話したことがありました。すると、この私の話に、ジョイスは声を上げ笑ったのです。「ショウは決して予約などしませんよ」と、彼は言いました。それでもなお私はショウは予約するだろうと考えていました。

「賭をしてみませんか」と、ジョイスが言いました。私は彼の賭に応ずることにしました。ジョイスが賭に勝ったらジョイスの好きな小さな葉巻の入っているヴォルティジゥールの箱、私が勝った時は絹のハンカチを獲得することになりました（私の涙をふくためでしょうか）。

やがて私はショウから次のような手紙を受け取りました——彼はこの手紙を活字にする許可を与えてくれました。

＊1　一八五六〜一九五〇年　アイルランドの劇作家、批評家。社会改革論者。ショウも、ジョイスと同じくアイルランド人であり、また作品が発行禁止処分や上演禁止になった経験を持っていた。

親愛なる御婦人

私は連載の形になっているいくつかの『ユリシーズ』の断片を読みました。これは文明のおぞましい側面に反逆する記録であり、真実に溢れた記録でもあります。私はダブリンの周りに網をめぐらし、その中に十五歳から三十歳までのすべての男性を囲い込み、彼らすべてに無理矢理この毒舌と邪心に満ちた愚弄と猥褻とを読ませたいくらいです。あなたには、あるいはこの作品が芸術として訴えかけるかも知れません（御承知のとおり、私はまだあなたを存じ上げませんが）。おそらく、あなたは、芸術が感情的素材で掻き立てる興奮と情熱の魅力にとりつかれたうら若き野蛮人でしょう。しかし、私にとっては、この作品は全くぞっとするような迫真性をおびているのです。私はこの作品に描かれている街を歩き、また、描写されている店をよく知ってもいます。作品に描き出されているような会話に加わったこともあります。この街から逃れて、私は二十歳の時イギリスにやってきたのです。それから四十年後、私はジョイス氏のこの本から、ダブリンはいまだに昔の儘であり、若者たちは一八七〇年の若者たちその儘に、たわけたくどくどしいお喋りをしては、無頼漢の所業に無為に時間を過していることを知りました。しかし、少くとも一人の人間が、深く感ずるところがあってこれらすべてを描写するという恐ろしいことに立ち向い、彼の文学的才能を駆使して、大衆にこの事実を直視させたということを知ることはいくばくかの慰みでありますアイルランドでは、猫の汚物で猫の鼻を洗って猫をきれいにしようとするのです。ジョイス氏は、人間を主題に、同じようなことを試みたのです。私はそれが成功することを願っております。

私は、『ユリシーズ』にこれとは別の内容と描写があることには気づいております。しかし、これについては、私から特に申し述べる必要はありません。

説明書によれば、購読をお誘いのようですので申し添えなくてはならないのですが、私は一介の年老いたアイルランド人であります。もし、あなたが、私同様に年老いたアイルランド人の誰でもがこのような本を買うために百五十フラン支払うだろうと想像されているのであれば、あなたは私の国の人々について何も御存じないのです。

敬具

G・バーナード・ショウ

こんなわけで、ジョイスの言うことは正しかったのです。彼は、ヴォルティジゥールの箱を私から勝ち取りました。

私は、ショウから受け取ったこの手紙は、彼の特徴を非常によく表わしたものであり、また、とても面白いと思いました。彼は私のことを「芸術が感情的素材で掻き立てる興奮と情熱の魅力にとりつかれたうら若き野蛮人」と述べております。これには私も大笑いしました。私には、彼は大変苦労して彼が『ユリシーズ』について感じていること、およびこの作品をなぜ彼が購入しないかについて意見を表明しているように思えました。彼はこうせざるを得なかったのです。しかし、正直なところ私はがっかりしてしまいました。

私は、とても忙しかったので、この件はその儘にしました。しかし、私がジョイスから聞いたところでは、エズラ・パウンドがこれを取り上げたようです。パウンドとショウの間で交された手紙を私は全然見ていませんが、ジョイスが私に見せてくれた絵葉書から判断すると、明らかにショウが最後の言葉を述べていました。それはキリストの周りを涙を浮べた四人の聖女が取り巻いているキリスト埋葬の絵葉書でした。この絵の下に、ショウは次のように書いています、「『ユリシーズ』の購買予約をG・B・Sが拒否した後、女性出版者たちによって墓に埋葬されるJ・J」。続いて、問題である「エズラ、君が好むものを何でも私が好きにならなくてはいけないだろうか。人はともかく、私としては自分の金の心配をし、パウンド一家には彼ら自身のお金の心配をさせることにする」という文章がありました。

ジョイスは、ショウのこの絵葉書を大いに面白がりました。ショウの手紙にもかかわらず、幾人かの「年老いたアイルランド人」が『ユリシーズ』のために百五十フランを払いました。そのほか何人かは、三百五十フランのダッチ・ペイパーに刷った署名入りの版を求めさえしたのです。

7

ヴァレリー・ラルボー

ジョイスは、ある日、フランスの作家たちに会ってみたいと言いました。シェイクスピア・アンド・カンパニイ書店は、フランスで最も評価されている作家の一人ヴァレリー・ラルボー（一八八一～一九五七年。フランスの小説家、批評家。本書にあるようにジョイスをフランスに紹介するのに貢献した）の教え子であることを誇りにしておりました。私は、ジョイスとラルボーは確かに知りあうべきだと、思いました。

多少自伝的な要素をおびたラルボーの『バルナブース』[12]は、若い世代を魅了し、若者たちは、自分たちが彼の描くバルナブースか、あるいは、ジィドの描くラフカディオ[*1]のような人物になろうかと迷っていたくらいです。若い世代はこのほかの彼の作品も愛読

＊1　ジィドの小説『法王庁の抜け穴』の主人公。いわゆる「無償の行為」という形で個人の自由を謳歌する代表であり、当時いっさいの破壊を企てるダダイストたちから拍手喝采を受けた。

していました。スペイン語のタイトルがつけられている彼の最初の小説『美しきフェルミナ』は、彼の学生時代を描いた小説です。彼は、たくさんのアルゼンチン人が通っていた学校に送られました。彼がまるで母国語のようにスペイン語を話せるようになったのも、この学校のお蔭でした。『幼なごころ』と呼ばれる彼の短篇集は、おそらくラルボーらしさが最も濃縮した形で表現された作品でしょう。多くの彼のファンたちは、Larbaldiens《ラルバルディアン》、あるいは英語の Larbaldians という名前で知られていました。同時に、ラルボーは素晴しい散文家でもありました。彼の文体は、シリル・コノリー（一九〇三〜一九七四年。イギリスの批評家。〈サンデイ・タイムズ〉誌の書評家としても活躍）が（彼が言った正確な言葉は忘れてしまいましたが）舌の上でころころ転がして味わった類のものでした。

　ラルボーがアメリカで余りにも知られていないということは残念です。南米では、彼は人気のある作家ですが、僅かな例外を除くと、私の同国人たちはラルボーという作家がいることを発見し始めたばかりでした。ジャスティン・オブライエン氏*1は早くからラルバルディアンでした。二か国語を解したユジーヌ・ジョラス*2も、ラルボーの繊細な風韻を賞賛していました。私は、ウィリアム・ジェイ・スミスが、『億万長者の詩集』というタイトルで、ラルボーの『ある富豪の好事家（バルナブースの意）による詩集』を翻訳、出版したという話を聞かされました。おそらく、いまでは私の国でも、より多くの人々がラルボーの作品を鑑賞できるでしょう。私にフランスの葡萄酒を想い出させる彼の「精髄」はとても翻訳は不可能にちかいと思います。この翻訳の困難さが、フランスではラルボーとして評判の高い一人の作家がアメリカで余り知られない理由の一つかもしれません。

ラルボーという名前は、ある泉に結びついているのです――ラルボー＝聖ヨールというヴィッシー（フランス中部の温泉地、第二次大戦中ペタン政権の所在地）の町では有名な泉のひとつで、ラルボーの父親が発見した泉です。ラルボー家の富はこの泉から生れたものです。彼の母親は古いブルボン王家の子孫だとかラルボーが私に話してくれました。しかもプロテスタントでした。

ラルボーの父親が亡くなったのは、彼がまだ小さな子供の頃でした。彼は母親と叔母に育てられたのですが、どちらも彼を理解していませんでした。彼女たちは、なぜ彼が他の少年たちのように野外で遊ばなくて、読書にふけり、また、ペンを持つようになればものを書いてばかり過すのだろうか、と言ってはこぼしていました。フランスにとっては幸運なことに、ヴァレリー・ラルボーは書き続けました。

ラルボーと私を結びつけたものは、彼がアメリカ文学を愛したことです。アメリカの

＊1　一九〇六～一九六八年。アメリカの著作家、翻訳者。ジィド、カミュなどの翻訳がある。

＊2　一八九四～一九五二年。アメリカの雑誌編集者。子供時代をフランスの地方で過し、その後アメリカに帰り新聞社の仕事をしていたが、前衛的な文学作品に興味を抱いていた。再度パリに渡り、一九二七年、有名な実験的雑誌〈トランジッション〉を発行。二〇年代、三〇年代の多くの重要な作家や詩人たちを大いに激励した。

新しい作家を彼に紹介することが私の仕事でした。そして、彼が私の書店を出る時は、いつもアメリカ作家の本を腕一杯抱え込んで出て行きました。また、この書店で新しい世代のなまの見本とも出会っていたのです。

　ある日、ラルボーはひとつの贈物を私に、私というよりは彼の名づけ子シェイクスピア・アンド・カンパニイ書店に持ってきました。彼は、塵紙の包みから、瀬戸物でできたシェイクスピアの生家を取り出しました。これは彼の子供時代からの所有物だったのです。これだけではありません。玩具の兵隊を作る有名な会社ルフェーヴルの名前が記されている箱からは、様々な色が彩色されている、駆ける馬に乗ったジョージ・ワシントンと彼の幕僚たちが現われました。それに、ウエスト・ポイント（アメリカ陸軍士官学校）の生徒たちの一隊も出てきました。ラルボーの説明によると、アメリカ陸軍のこの分遣隊はシェイクスピアの家を護衛するためだというのです。ラルボーはこの玩具の兵隊の製作を監督したのです。しかも、彼はパリ国立図書館で資料を予め調べていたので、玩具の兵隊はボタンにいたるまで、細部にわたって正確なものでした。そして、彼自らそれぞれの兵隊に彩色したのです。彼は、ボタンの彩色を他人に任せることはできなかったと話していました。私は、いつもこの私たちの軍隊を小さなキャビネットに入れて、店内のドアーのすぐ近くに飾っておきました。キャビネットのガラスの扉は、誰しもが欲しくなる気持を抑えきれないこの小人たちを、私の子供や動物の客たちが略奪するのを防ぐため、秘密のばね仕掛けによって堅固に鎖《とざ》されていました。

大変な平和愛好者であるラルボーにしては珍しく、彼は、玩具の兵隊の巨大な軍隊を持ち、その軍隊はますます大きくなっておりました。彼は、兵隊たちの数が多くなって部屋から彼が押し出され始めたと言ってひどくこぼしていました。それでも彼は、兵隊の数を抑制しようという努力は、していませんでした。彼と彼の友人であり、また競争相手でもあったピェール・ドゥ・ラニュックスの二人は、いつも珍しい兵隊を見つけようと鵜の目鷹の目でした。彼らに欠けているものを手に入れるためには、地球の果てまでも出かけて行ったことでしょう。彼らはお互いに同僚の蒐集家と品物の交換を行ない、蒐集品を競い合う会を計画したり、ときにはその道の専門家の友人たちを招いては軍隊を閲兵してもらっていました。私はこうした機会のひとつに出会《でく》わす光栄に浴しました。彼の居住状況を観察して、私は彼が心配するのも無理はないと思いました。軍隊が彼の小さな住居に侵入し、兵隊たちが部屋じゅうに充満していました。彼は大部分の兵隊は箱に入れてベッドの下においてあるので大丈夫だとも話していました。

　多分、この兵隊たちはラルボーのいまひとつ別の趣味を表わしていました――彼の色彩に対する趣味です。兵隊たちは、青、黄、白というように色とりどりで、彼のカフスボタンやネクタイもそうでした。また、彼は彼が田舎の家に居る時は、屋根から連隊旗をたなびかせていましたが、余りこの家には居ませんでした。というのは、彼はパリに居るか旅行するほうを好んだからです。ラルボー＝バルナブースは大変な旅行家であり、また秀れた語学者でもありました。彼は英語に非常によく通じていて、〈タイムズ〉のリテラリー・サプリメントでシェイクスピア学者とシェイクスピアの"motley"（昔宮廷の道化師が着た雑色の服）という言葉の使い方について議論することができた位です。

容姿の面においてもラルボーは魅力的でした。彼の大きな眼は美しく、やさしい表情を浮べていました。がっしりとした体つきをしていて、頭は直接肩にくっついていました。彼の手は彼の主要な美点のひとつでしたし、彼も大変手を誇りにしていました。また、足も彼の自慢で、とても快適とは言えないような小さな靴にこの足を無理やり押し込んでいました。彼の魅力のひとつは彼の笑い方です——声も立てずに身をゆすりながら、少しはにかむように笑いました。そして、彼が好きな詩から一節を引用する時にはひどく真剣な顔つきになったものです。

しかし、ラルボーに関する最高の描写は、アドリエンヌの散文集『アドリエンヌ・《レ・ガゼット・》モニエのお喋り《ダドリエンヌ・モニエ》』によってこそ初めて得られるに違いありません。

書店にやってくると、ラルボーはきまって、彼が英語で読まなくてはならない本を私に尋ねました。ある時、彼が訪れた際、私は彼にアイルランド作家ジェイムズ・ジョイスの著作をいままでに見かけたことがあるかどうかを尋ねてみました。彼は見かけたことはないと答えたので、私は『若き芸術家の肖像』を彼に与えました。彼はこの本を直ぐ返しにきて、とても興味深かったと言い、また、もしできれば著者に会いたいとも言いました。

私は、一九二〇年のクリスマス・イヴにシェイクスピア・アンド・カンパニイ書店でこの二人の作家が会えるよう取り計らいました。二人は、たちまち大の親友になりました。おそらく、私は、他の誰よりもヴァレリー・ラルボーの友情がジョイスに何を意味したのかを深く認識しました。ラルボーがジョイスに示したような、同僚の作家に対する寛大さと非利己的態度は全く稀なものでした。

ラルボーは、その後も『ユリシーズ』を読まなくてはなりませんでした。彼が風邪をひいて寝ていることを聞いて、私はいまがブルーム氏[*1]にとって自己紹介をする絶好の機会だと考えました。私は、『ユリシーズ』の断片が掲載されている〈リトル・レヴュー〉誌のすべてを一束にゆわえて、花と一緒にこの傷病兵のもとへ送り届けました。すぐその翌日、私はラルボーから手紙を受け取りました。その手紙で、彼は「『ユリシーズ』に心を奪われ気狂いのように読み耽っています」と述べていました。また、彼がホイットマンを読んだ「十八歳の時」以来、これ程夢中になった本はなく、「まさに素晴しく、ラブレー同様に偉大だ」とも述べていました。

ラルボーは、『ユリシーズ』讃美を続け、ジョイスの作品を後援する計画を立てました。彼はベッドを離れることができるようになるとすぐ「書物友の会」に駆けつけ、アドリエンヌと一緒に彼の計画をねりました。私宛の手紙のなかで、彼は『ユリシーズ』からいくつかの部分を翻訳して雑誌に発表すると述べていました。また、彼はジョイス

＊1　八七ページ訳注＊2参照。

に関する評論を〈ヌーベル・ルヴュー・フランセーズ〉誌[*1]に近く掲載すると宣言しました。さらに彼は、手始めに『ユリシーズ』について彼女の書店で講演をしてはどうか、というアドリエンヌの提案も受け入れました。また、具体的例を示すため、ラルボーが彼の翻訳の朗読や原本の英文から抜萃《ばっすい》した部分も同様に朗読されるべきだということで、二人の意見が一致しました。アドリエンヌとラルボーは、ジョイスを読む会、あるいは、“séance《セアンス》”（フランス語で文芸、美術などの催しの会）がジョイスのためにお金を徴収して催されるべきだということでも意見が一致しました。

ジョイスは、英語で朗読される『ユリシーズ』の抜萃を選ぶよう求められた時、サイレンの挿話[13]からの抜萃を選びました。私たちは、当時モンパルナスに居た〈リトル・レヴュー〉誌の一族の一人で才能に恵まれた若手の俳優、ジミー・ライトをつかまえました。彼はジョイスがこの朗読を指導するという条件付きで、作品の朗読を承知しました。それからというものは、私の書店の奥の部屋で「禿のバットは、余り耳が聞えない給仕だった……」という言葉を繰り返している二人の声が聞かれるようになりました。

一方、『ユリシーズ』は活字に組まれている最中でした。例の印刷者たちは、この偉大な作品に関係した他の人々同様、この作品が彼らの生活を侵害し始めていること、そしてこれに彼らが観念しているだけでなく、この作品の魂のなかへと彼らがますます深くはまり込んでいることを、ずっと以前から見抜いていました。彼らは、ジョイスが望む限り、すべての校正を彼にやらせて欲しいという私の指示に従っていました。また、ジョイスは校正に飽くことを知りませんでした。すべての校正刷りが新たに書き加えられた文章で、被われていました。その様子は、ジョイスの愛好家たちが、『ユリシーズ』の一連の校正刷りを保管しているエール大学の図書館で見かける通りです。この校正刷りは、いま私の友人マリアン・ウィラード・ジョンソンの所有になっています。校正刷りは、周りの余白に書き込まれた単語や文章に印刷者の注意を向けさすジョイス独特の矢印や星印で一面に装飾されていました。『ユリシーズ』の三分の一は、校正刷りの紙に書いたとジョイスは私に話していました。

最後の最後まで、ディジョンで長い苦闘を続けている印刷者たちは、どうにか挿入できる新たな部分や幾頁にもわたって組み直さなくてはならないパラグラフが書き加えられている校正刷りを持ち帰りました。ダランティエール氏は私に、このような校正刷りが出るようでは、超過費用を私が負担しなくてはならなくなると警告しました。彼は、ジョイスに対し、私を破産させる危険性があることを注意しなさい、そうすればおそらく彼の校正癖が止るでしょうと忠告してくれました。しかし、私はこの忠告に耳を貸すつもりはありませんでした。『ユリシーズ』は、あらゆる点でジョイスの希望通りになるべきだったのです。

＊1　一九〇九年、ジィドやジャック・リヴィエールらによって、新進の作家を発見激励するために創刊された文芸雑誌。第一次大戦前後を通じ、フランス文学界に強い影響を与えてきた。

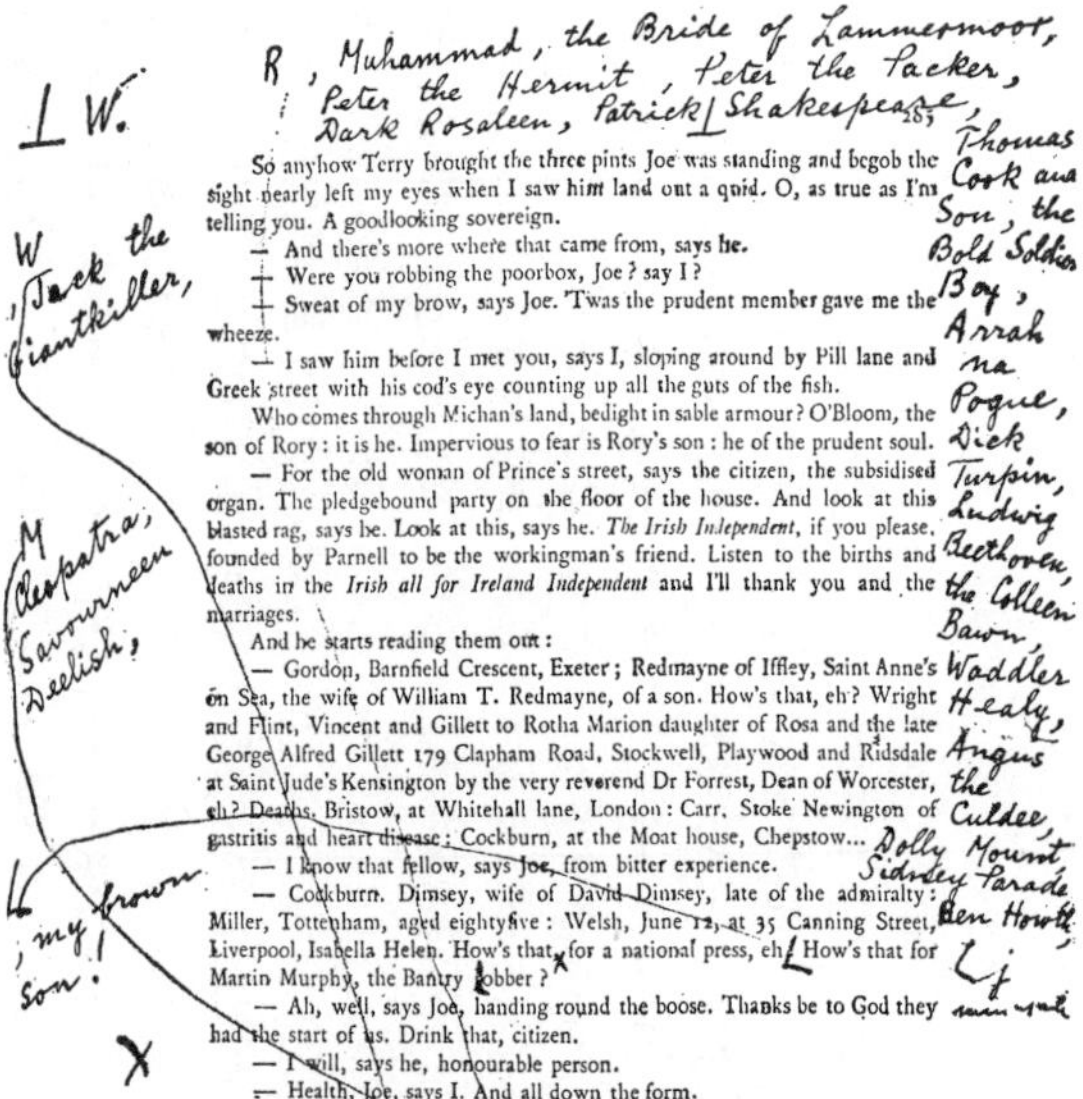

R, Muhammad, the Bride of Lammermoor, Peter the Hermit, Peter the Packer, Dark Rosaleen, Patrick Shakespeare,

L W.

So anyhow Terry brought the three pints Joe was standing and begob the sight nearly left my eyes when I saw him land out a quid. O, as true as I'm telling you. A goodlooking sovereign.

— And there's more where that came from, says he.

— Were you robbing the poorbox, Joe? say I?

— Sweat of my brow, says Joe. 'Twas the prudent member gave me the wheeze.

— I saw him before I met you, says I, sloping around by Pill lane and Greek street with his cod's eye counting up all the guts of the fish.

Who comes through Michan's land, bedight in sable armour? O'Bloom, the son of Rory: it is he. Impervious to fear is Rory's son: he of the prudent soul.

— For the old woman of Prince's street, says the citizen, the subsidised organ. The pledgebound party on the floor of the house. And look at this blasted rag, says he. Look at this, says he. *The Irish Independent*, if you please, founded by Parnell to be the workingman's friend. Listen to the births and deaths in the *Irish all for Ireland Independent* and I'll thank you and the marriages.

And he starts reading them out:

— Gordon, Barnfield Crescent, Exeter; Redmayne of Iffley, Saint Anne's on Sea, the wife of William T. Redmayne, of a son. How's that, eh? Wright and Flint, Vincent and Gillett to Rotha Marion daughter of Rosa and the late George Alfred Gillett 179 Clapham Road, Stockwell, Playwood and Ridsdale at Saint Jude's Kensington by the very reverend Dr Forrest, Dean of Worcester, eh? Deaths. Bristow, at Whitehall lane, London: Carr, Stoke Newington of gastritis and heart disease: Cockburn, at the Moat house, Chepstow...

— I know that fellow, says Joe, from bitter experience.

— Cockburn. Dimsey, wife of David Dimsey, late of the admiralty: Miller, Tottenham, aged eightyfive: Welsh, June 12, at 35 Canning Street, Liverpool, Isabella Helen. How's that for a national press, eh? How's that for Martin Murphy, the Bantry jobber?

— Ah, well, says Joe, handing round the boose. Thanks be to God they had the start of us. Drink that, citizen.

— I will, says he, honourable person.

— Health, Joe, says I. And all down the form.

Ah! Ow! Don't be talking! I was blue mouldy for the want of that pint. Declare to God I could hear it hit the pit of my stomach with a click.

And lo, as they quaffed their cup of joy, a godlike messenger came

W, Jack the Giantkiller,

M Cleopatra, Savourneen Deelish,

L, my brown son!

X

Thomas Cook and Son, the Bold Soldier Boy, Arrah na Pogue, Dick Turpin, Ludwig Beethoven, the Colleen Bawn, Waddler Healy, Angus the Culdee, Dolly Mount, Sidney Parade, Ben Howth

Benjamin Franklin, Napoleon Bonaparte, John L. Sullivan, M Julius Caesar, Paracelsus, sir Thomas Lipton, William Tell, Michelangelo Hayes, R Valentine Greatrakes, Adam and Eve, Arthur Wellesley, Boss Croker, Herodotus, W Gautama Buddha, Acky Nagle, Joe Nagle, Alessandro Volta, Jeremiah O'Donovan Rossa

著者ジョイスによって校正が加えられた『ユリシーズ』の初校

私は、「専門」の出版者たちが私の例にならったり、また、著者がジョイスの例にならったりすべきだと忠告するつもりはありません。そんなことをすれば、出版事業は死んでしまうでしょう。だが、私の場合は事情が違っていたのです。私が払う努力と犠牲は、私が出版しようとしている作品の偉大さに応じたものでなくてはならないことが当然のように思われました。

オデオン通り、十二番地

こうした状況のさなかに、シェイクスピア・アンド・カンパニイ書店は、オデオン通りの角に引越すことになりました。この新しい家屋は、前の家屋と同様アドリエンヌがみつけました。彼女は、十二番地にある骨董屋が彼の借家権を引き継いでくれる人を捜していることを知って、私に知らせようと駆け込んできました。私は十二番地に急行しました。オデオン通りの、しかもアドリエンヌの店の丁度真向いの場所を見つけるということは何という幸運でしょう。私はそんな場所を望んだことさえなかったのです。新しい店は前の店よりも広く、二階には店に附属した二つの部屋がありました。

それで、一九二一年の夏はマーシンヌと私はシェイクスピア・アンド・カンパニイ書店のオデオン通りへの引越しにとても忙しい思いをしました——すべての書籍、「至急《アージェント》」の印がつけられた未回答の手紙を入れたいくつかの箱、例の『ユリシーズ』とジョイスに関係する仕事、私が配っていた様々な出版物、小雑誌、現代作家を撮影したマン・レイ[*1]の写真、ホイットマンの原稿、それにブレイクのデッサン等々。

新しい店で私たちが整理を始めた時、叔母のアグネスが貰ったウォルト・ホイットマンの原稿が見当らなくなってしまい、私の気をとても暗くさせました。そして、妹のホリーが引越しの手伝いに来ていましたが、彼女があらゆる場所を確実に捜したかと私に尋ねた時、私はあちこちに散らばっているごみくずのなかでこの原稿を見つけ出す望みをほとんど放棄しておりました。妹たちはうるさいものです。勿論、私は捜しました。しかし、ホリーは、「私の方法ならたいてい見つかるわ」と言いました。「あなたの方法って、どのような方法なの」と、私は余り興味も示さずに尋ねてみました。「そうね」、とホリーが言いました。「あらゆる所にあるものをひとつひとつ全部調べてみるのよ、そうすれば捜し物はきっと現われる筈だわ」「そうでしょうか」と私は言って、彼女の言うことにはそれ以上注意も払いませんでした。私は、彼女独特の方法と称する捜し方で彼女があちこちと、そこらじゅう捜し回るのを眺めていましたが、時間の無駄だと思いました。それから、彼女は何枚かの紙片を取り上げて、「これじゃないの」と尋ねました。まさしくそうだったのです。私は大喜びでした。もし、ウォルトが私たちを見棄ててしまっていたなら、この新しい店は縁起の悪い出発をしていたことでしょう。シェイクスピア・アンド・カンパニイ書店は一九二一年にオデオン通りに移転し、店をすっかりアメリカ化しました。アドリエンヌにはいかにもフランス的なところがありましたが、私たちも彼女についていこうと最善を尽しました。

いわゆるサルトル＝ボーヴォワール時代の前には、サン・ジェルマン・デ・プレにあったカフェには物静かな文学者たちが出入りしておりました。もっとも、エズラ・パウンドはドゥー・マゴ、レオン＝ポール・ファルグは通りを隔てたリップスといった、それぞれのカフェでよく見かけられました。いつも何かが起っている私たちの二つの書店を除くと、サン・ジェルマン大通りから少し引っ込んだ私たちのオデオン通りは、田舎町の小さな通りのように落ち着いていました。オデオン通りが人の往来で混雑する唯一の時間といえば、この通りを登った一番端にあるオデオン劇場への行き帰りに観衆が通り過ぎる時ぐらいでした。この劇場で上演される芝居は、オデオン通りにふさわしく、どちらかと言えば田舎風な芝居でしたが、時には優れた演出家がこの劇場を一定期間借り切ることもありました。私が憶えているところでは、アントワーヌ（一八五八〜一九四三年。フランスの俳優兼演出者、自由劇場の創設者）が『リア王』を上演しましたし、コポー（一八七九〜一九四九年。フランスの俳優兼演出家）でさえ一度やってきました——彼の舞台はとても質素で厳粛なものだったので、レオン＝ポール・ファルグは彼の劇を「カルヴィンの漫劇」と呼んでいました。このオデオン劇場は、「はずれに公共の建物がある」通りに住みたいというアドリエンヌの夢を十分にみたしてくれました。

＊1　一八九〇〜一九七六年。アメリカの写真家、芸術家。ニュー・ヨークのダダ、パリのシュールレアリスムの運動に参加。モンタージュ写真の考案者。

私が『ユリシーズ』の出版を決意したすぐ後、原稿の所有者であるジョン・クィンが、シェイクスピア・アンド・カンパニイ書店の状況を視察するため訪れました。彼は容姿のすぐれた男性で、私に興味を持っておりました。私は彼の趣味に感心しました。彼はジョイスの原稿と同様にイェーツやコンラッドの原稿も集めていました。また、ウィンダム・ルイスのデッサンも蒐集していました。さらに、彼は印象派の画家たちの素晴しいコレクションも持っていて、これには後にパリで高い値がつけられていました。しかし、私は、彼が性急で癇癪持ちであることを見抜きました。彼が最初にやってきた時、私たちが仕事をしていたデュピュイトラン通りの小さな書店は彼に良い印象を与えなかったのではないかと思いました。事務用の家具や備品は嘆かわしいほど不足していましたし、その上、私が女性であるということが加わって、彼に疑念を起させたのです。私は、この『ユリシーズ』の出版事業について、彼が厳しく私を監視しようとしていることを見抜くことができました。また、彼は私のことを「想像とは異なった女性」と言っていましたが、これには責任が私にあるように感じさせられました。

ジョイスと私はデュピュイトラン通りにあった小さな書店がとても気に入っていたし、大変懐しく感じていました。しかし、ジョン・クィンが二度目に訪れた時までに、前よりはもっと広い部屋と大きな通りに越していたことも、彼に好感を与える上で良いことでした。そしてこの二度目の訪問は彼の最後の訪問となりました。クィンが私の責任についてお説教をしたり、あるいは、パウンドが彼に勧めて買わせたいろいろな芸術品、特に「ウィンダム・ルイスのがらくた」や「屑屋も見向ない――イェーツの駄作」などについて不平を言う時に、彼が歩き回るだけの場所が店にあったのです。彼は、『ユリシーズ』が「あのような掘立て小屋」、これはデュピュイトラン通りにあった書店のことですが、「掘立て小屋から出版されなかった」ことが喜ばしいと話していました。

　哀れなクィン！　彼はあれほどがんじょうで、心のやさしい人物だったのに。私は、彼と短いながら交際を持ったこと、また彼の不平を辛抱強く聞いてやったことを嬉しく思っています――後に私が耳にしたところでは、この頃彼はすでに重い病気に罹っていた筈でした。

ギリシャの青とサーシー

　何か月かが過ぎ去りました。遠く離れた購読予約者たちはだんだん落ち着かなくなり始めていました。「一九二一年の秋」がきて、そして、過ぎて行きました。しかし、『ユリシーズ』はクリスマス用の在庫さえなかったのです。シェイクスピア・アンド・カンパニイ書店は人々を詐欺にかけたかどで訴えられる危険にありました。購読予約者たちはお金を払い込んでいなかったので、お金の払い戻しを請求することはできなかったのですが、私は抗議の手紙を何通か受け取っていました。予約した『ユリシーズ』を請求して、T・E・ローレンス[*1]からも手紙を受け取ったと記憶しております。不幸にして私は、砂漠ではないけれど、私も彼と同様に戦闘中であることを彼に説明するだけの時間的余裕がなかったのです。

パリの購読予約者たちは、ほとんど毎日のように新聞に現われる報告によって、この出版の進捗状況を知らされていました。新聞関係の友人たちは世界的な重要性を持った出来事として、まるでスポーツの出来事でもあるかのように、『ユリシーズ』に注意を払い、然るべく見守っていました。事実、通称〈ピンク・アン〉として知られているイギリスの新聞〈スポーティング・タイムズ〉に『ユリシーズ』に関する記事が掲載されたことがありましたが、もっとも、これは『ユリシーズ』が出版された後のことでした。

私が抱えている問題のひとつは『ユリシーズ』を装幀する紙のことでした。ギリシャの青でこの本を装幀して貰いたいというジョイスの当然の願いが私たちの最も困難な問題の原因のひとつとなっていました。一体誰がギリシャ国旗のあの美しい青を発見できないなんて想像するでしょうか。何度も何度もダランティエール氏はパリにやってきて、私たちは青と取り組みましたが、結局新しい見本はギリシャ国旗の色とは違っていることを発見するだけでした。しかもこの国旗は、オデッセイに敬意を表してシェイクスピア・アンド・カンパニイ書店に掲げてありました。何ということでしょう。その旗を見上げるだけで私は頭痛がしました。

ダランティエール氏はこの色を捜すためドイツに出かけて行きました。そこで、彼はこの明るい青を発見し、捜索に終止符が打たれました。——しかし、この時は紙の質がよくありませんでした。彼はこの色を白い厚紙の上に石版刷りにすることによりこの問題を解決しました。これがなぜこの本のカバーの内側が白であるかを説明している訳です。

　ディジョンにあるダランティエール氏の素晴しい蔦に被われた古い印刷所では、仕事に馬力がかかり、一晩中燈がともされていました。有名な葡萄酒、芸術品、美味しい料理、液体漬けの甘い黒すぐり等々の地方。コート・ドール（ブルゴーニュ地方の一部で有名な葡萄酒の産地。県庁所在地がディジョン）にあるディジョン、それになんと言ってもディジョンの特産品は芥子です。これにいまでは「問題の」本『ユリシーズ』が付け加えられました。ダランティエール氏は特別料理をつくることや、この料理に合う葡萄酒をたしなむのが好きでしたが、いまは彼と一緒に印刷所を経営している若い印刷者の友人たちとともに、食卓でくつろいでいる暇がなくなってしまいました。また、彼は自分の古い陶器の蒐集や貴重な蔵書を眺めている暇もなくなりました。『ユリシーズ』がダランティエール氏を独占してしまったのです。

　やがて、ダランティエール氏は手元のテキストを印刷し終り、原稿の入稿待ちであることを通報してきました。私たちの進行を妨げていたのは魔女《サーシー》(14)の挿話でした。つまり、魔女サーシーが邪魔をしていたのです。

＊1　一八八八～一九三五年。イギリスの考古学者、作家。第一次大戦中エジプトでアラブ・ゲリラを組織してトルコと戦ったところから、アラビアのローレンスと呼ばれる。

ジョイスは、長いことこの挿話の原稿をタイプさせようとしていましたが徒労に終ったのです。九人のタイピストがこの試みに失敗しました。ジョイスが私に話したところでは、八番目のタイピストは絶望の余り窓から身投げしかねなかったということです。九番目のタイピストは、彼のドアーのベルを鳴らし、ドアーが開くやそれまで彼女がタイプした原稿を床に投げつけ、街路に走り出て以後永久に姿を消してしまったのです。「もし、彼女が私に名前と住所を知らせていてくれたなら、少くとも彼女の行なった仕事にお金を上げることもできたでしょうが」と、ジョイスは話していました。彼は友人が紹介してくれた彼女の名前を憶えていなかったのです。

こうしたことがあってから、ジョイスはサーシーの挿話をタイプさせることを諦めてしまいました。溜息をつきながら、彼はこの「断片」を持ってくると私の手に残していきました。私は、タイプの仕事を引き受けてくれる志願者を捜すことで心配なさらぬようにと彼に告げました。

サーシーのための奉仕を最初に志願した者は、私の妹のシプリアンでした。彼女は一日中映画のスタジオに詰めていなくてはならなかったのです。そして、彼女はいつも朝四時まで起きていました。そこで彼女は、この早朝の時間にサーシーのタイプを打つと申し出ました。シプリアンは『ユリシーズ』の賞賛者であり、判読の困難な手書きの文字についてはは権威ある判読者でした。というのも、彼女自身の手書きの文字も、これまた判読の困難な種類に属しました。ジョイス独特の記号のような文字を一語一語判読しながら、彼女はこの仕事をゆっくりと進めていたのですが、丁度この時、突然彼女は映画の仕事で別の場所に出かけて行きました。そこで私は他の志願者を見つけなくてはならなくなりました。

シプリアンの代わりは私の友人レイモンド・リノシエが引き受けました。私が陥っている窮状を聞くと、すぐに彼女はサーシーの挿話の清書を申し出ました。病気で寝ている父親の寝床の傍で彼女が夜の看病をする時、清書は時間潰しに役立つだろうということでした。

彼女がこの仕事を引き継ぎました。英語が彼女の母国語でなかったことを考えると、彼女が他の人々同様この仕事を諦めざるを得なくなった時には、彼女の仕事は驚くほどよくはかどっていました。しかし、すぐに彼女は彼女の代わりを見つけてくれました。第三番目の志願者、レイモンドのイギリス人の友人はとても親切にこの仕事の後を引き受けることに同意してくれました。レイモンドが私に話したところでは、この婦人の夫はイギリス大使館に職を持っているということでした。

私が、この婦人を見つけることができた幸運を喜んでいる間もなく、レイモンドが胆を潰して駆けこんできて災難を告げました。レイモンドの友人の夫が、たまたま妻の清書している原稿を拾い上げて原稿を一瞥すると、そのまま火の中に投げ込んでしまったというのです。

私はこのニュースをジョイスに打ちあけました。ニュー・ヨークにいるジョン・クィンに、連絡の届き次第、消失した頁にあたる彼の所有する原稿を貸してくれるよう頼むしかありませんとジョイスは言いました――その時すでに連絡は大西洋の真唯中を彼の所へと送られていました。

私はクィンに電報を打ち、また手紙も書きましたが、彼は彼の原稿の貸し出しをそっけなく断わりました。彼に電報を打ち手紙も書いたジョイス自身にさえ。プリンストンに居る母にもクィンと渡り合うよう頼んでみました。母が彼に電話したのですが、彼はたちまち激怒して、私の母のような婦人に対しては相応しくない言葉まで口にしたのです。クィンがあくまでも彼の原稿を手放すつもりがないことは明らかでした。

私は彼に必要な頁を誰かに写しとらして貰えないかどうかを尋ねてみましたが、彼はこれも許可しませんでした。しかし、遂に彼は原稿を写真にとらせることに妥協しました。やがて、私は複写を受け取りました。この複写は、私たちが苦闘を続けてきた読みにくい原稿とは違って、ジョイスが「清書」した頁だったので、すぐコピーされてダランティエール氏のもとへ急いで送り届けられました。

ジョイスの手書きの原稿は、かつては非常に読みやすかったのですが、省略符号やほとんど理解不可能な記号などで、まるでオガム文字（五世紀から十世紀にかけて、アイルランドで用いられた二十字からなる刻み目風の文字）のようにだんだん読みにくくなっていきました。このサーシーの挿話を書いている期間中に彼の眼の病気が徐々に進行したことが、この挿話の一部にみられる判読不可能な手書き原稿が生れ出た事情を物語っていると思います。

『ユリシーズ』は、ジョイスの他の作品と同様に、完全に手で書き上げられました。彼は芯の太い黒の鉛筆を使いました――彼は彼がお好みのこの鉛筆をパリのスミス商店で見つけました――そして彼の書いている個所を区別するのに、いろんな色鉛筆を使っていました。彼は万年筆というものを全然理解しませんでした。万年筆に彼は悩まされました。一度、私はジョイスが体じゅうインクだらけになって、万年筆にインクを入れようと悪戦苦闘しているのを見かけたことがあります。何年か後に彼はタイプライターを使うことを思いつき、私にレミントン社のノイズレスを手に入れて欲しいと頼みました。彼はこのノイズレスをすぐにアドリエンヌが持っていた騒がしい音のするタイプライターと取り替えてしまいました。しかし、私の知る限りでは、彼はこのどちらも使ったことはありません。

8

ジョイスの眼

サーシーの挿話をめぐるいざこざが解決した今、私は、事態が順調に進むこと——あるいは少くとも以前よりは順調に進展することを望んだのです。しかしそれとは反対に、いままでに私たちを襲ったことのないような一層重大な災害が起りました。ジョイスが眼を過労させ虹彩炎の激しい痛みに襲われ倒れてしまったのです。

ある日、ジョイスの子供たちが私を連れに駆け込んできました。子供たちは父親のことを「バボー」と呼んでいたのですが、バボーが至急私に会いたがっているというのです。私が、当時彼らが住んでいたユニヴェルシテ通りの小さなホテルに駆けつけてみますと、ジョイスは重症で、横たわっていました。彼は酷く苦しんでいました。ジョイス夫人が彼の看護に当っていました。彼女は、傍に氷水の入ったバケツを置き、彼の眼に当てた湿布を絶えず取り替えていました。彼女はこれを幾時間も続けて酷く疲れている様子でした。「痛みが堪えられなくなると、立ち上って床を歩くのですよ」と、彼女が話しました。

　彼の眼を襲う激痛もさることながら、私はすぐに、彼が他の考え事をしていて、これに酷く心を乱されていることに気づきました。そして、彼は彼の心を騒がしているものが何であるかを私に話しました。友人がジョイスを診察させるために連れてきたある有名な専門医が、すぐに手術をしなくてはならないと言い残して帰ったところで、この医者はジョイスを病院まで運ぶために救急車を寄こそうとしていたのです。これが、私が連れてこられた理由でした。ジョイスは、激痛に襲われている真最中に、チューリッヒで受けたような手術をもう一度受けることは絶対避けなくてはならないと決心しておりました。彼はこの種の過ちが二度繰り返されるのを許さないつもりでした。私は、私の知っている眼科医をつかまえなくてはならなくなりました――ジョイスは以前この眼科医のことを私から聞いていたのです――それも、例の専門医が彼を病院に連れて行く前に私の眼科医をこのホテルに連れてこなくてはならなくなりました。

　私はペェ通りに向って駆け出しました。ドレスメーカーたちの店が立ち並ぶこの通りに私の知っている眼科医が診療所を開いていました。私は彼を突如訪ねることになったのです。私と同国人のルイス・ボーシュ博士は、一度私が、学生や労働者のためにセーヌ河左岸《レフト・バンク》で開いていた彼の小さな診療所を訪れて診察を受けた際、とても親切でした。彼は、私からジョイスが陥っている恐ろしい状況についての説明を注意深く聞いていましたが、私がジョイスを往診してやって欲しいといくら歎願しても、彼は他の医者がみている患者のベッドに出かけて行くことは残念ながらできないと言いました。私の絶望をみて、彼はジョイスを診察してもよいが、ジョイスが彼のところまで出かけてこなくてはいけないと言いました。私は、ジョイスはとても重症でベッドを離れることができないと彼に言ったのですが、彼は譲りませんでした。「できるだけ早くここへ連れてきなさい」と彼は言いました。

そこで私はホテルに飛んで帰りました。「出かけましょう」と、ジョイスは言いました。ノラと私は哀れなジョイスをベッドから連れ出し、階下に下ろしてタクシーに乗せました。どうにか私たちは町を横切ってジョイスを運んで眼科医の待合室まで連れて行きました。待合室でジョイスは、痛みのためほとんど意識を失ったまま、大きな肘掛け椅子の中にくずれ込んでいました。

ああ、この待合室で待つ苦しいひととき。グランド・ピアノを引き立たせるように集まり、王冠を頭に頂き、何か有難そうな銘のある銀の額縁に収まった人々の注視の下で待つひととき。

ジョイスの順番が遂にやってきて、彼は看護婦に支えられながら入って行きました。ジョイスは病気が緑内障であることを知っていましたので、診断の結果には驚きませんでした。ただ、彼は手術を行なうのに相応しい時期についてのボーシュ博士の意見を知りたいだけでした。博士は、手術は必要でしょうが、同僚のなかには賛成しない者もいるが、彼としてはたとえ視力の回復が遅れても、虹彩炎の激痛が終るまで手術を待つ方を選びたいと言いました。眼が炎症を起している時行なう手術は、もし成功すれば視力を完全に回復するでしょうが、一方その眼の視力が完全に破壊されることもあり得るのです。そこで、ボーシュ博士はこの危険を冒したくないと言いました。

これは、まさにジョイスが望んでいた意見でした。彼は、すぐさまボーシュ博士の手にゆだねる決心をしました。手術は、彼が虹彩炎の激痛から十分に回復ししだい行なわれることになりました。

ボーシュ博士は、ウィーンの秀れた専門家のお弟子であり、彼自身も高く評価されていました。彼は、何年にもわたって最も献身的にジョイスの治療にあたることになりました。それに、彼の治療費は非常に低額でした。ジョイスはボーシュ博士の請求書を私に見せ、余り低額なため侮辱されたと感じていたようです。ボーシュ博士は、全力を尽してジョイスのこの酷い病気の進行を抑え、併発症の処置をしていました。それにも拘わらず、彼の視力は徐々に減退していきました。しかし、これはおそらく人々の言うように、ボーシュ博士にその責任を負わすのは不当でしょう。

最後に、残された少しばかりの視力を救いたいという願いからジョイスはヨーロッパの三人の権威者の一人と考えられているアルフレッド・ヴォクト博士という人物に相談するため、再びチューリッヒに出かけて行きました。この医者につきジョイスはいろいろなことを聞いていて、彼の発明した治療装置のことを私に話していました。この装置はベルリンで特別に作られ、しかも一度にひとつしか作られませんでした。それぞれの装置は、その患者専用の手術に合わせて作られ、一回以上使用されることはありませんでした。装置は一個百ドルもしました。それに、ヴォクト博士はもしこの装置に僅かな疵でも発見すれば投げ棄ててしまうということでした。

ジョイスは、ヴォクト博士が病気をどのように処置するか詳細に私に話してくれました。先ず最初に彼は手術を行なわなくてはならない眼の正確な図解を作り、その「配置」を暗記するまで研究するということです。ジョイスの病例のように、一種の不透明な膜で被われている場合には、この装置がある程度まで患者の視力が効くような突破口を開くように差し込まれるのです。

ジョイスが、チューリッヒでこの手術を受けた後、私に会いにやってきた時、物の輪郭を見分けることができ、動き回る際、物に突き当らなくなっているのに気がつきました。また、眼鏡をかけ、さらに二つの拡大鏡の助けを借りれば大きな活字のタイプを読むこともできることに気づきました。しかし、イァウィッカー氏[15]としては全く歎かわしいことでした。いつも音に対し異常なまでに敏感であったジョイスは、以後、ほとんど完全に彼の耳に依存しなくてはならなくなりました。

ラルボーの家で

ジョイスが虹彩炎の痛みから回復して手術を受けなくてはならなくなる前のこと、一か月ばかりパリを離れようとしていたラルボーは、ホテルは傷病兵にとって快適な場所でないと決心し、ジョイス一家を彼のアパートに引越してくるよう招待しました。これはラルボーの全くの親切心であって、当時の彼の寧ろ気むずかしい独身生活を知っている者にとっては驚くべきことでした（彼が結婚したのはずっと後のことです）。

彼はカルディナル・ルモワンヌという古い通りの七十一番地に住んでいました。この通りはパンテオンの裏にあったいくつかの通りの一つで、モンターニュ・聖ジュヌヴィエーヴ街を下りセーヌ河へと通じていました。大きな門口を抜けて長い通路を下って行くと、周りを大木に取り囲まれたイギリス風の一種の広場が開けていました。ラルボーの住いはこの大木の奥に並んだ家屋のひとつでした。ここは奥まった場所で、ラルボーが長期間にわたる孤独と仕事のため引っ込むのに好んだ場所でした。この場所について、彼がすべての友人に警告していたことは、この場所は“Clôture《クロチュール》”――つまり隠遁場所であるということでした。彼が隠遁している時には、彼の雑役婦を除いて誰も訪問を許されなかったのです。

さて、やっとジョイス一家は磨かれた床、古い家具、玩具の兵隊、美しい装幀の貴重な書物等々に飾られた、ラルボーのこの小ざっぱりしたいくつかの部屋に落ち着きました。

ラルボーのベッドに、眼に包帯をしたジョイスが横たわっていました。そして、彼は隣の部屋で彼の娘と雑役婦とが交す会話を耳にしては唇に笑みを浮べていました。家事に関するすべての連絡はルシアを通じてとられました——彼女のフランス語が一番流暢でした。そして、ジョイスと接触しようといつもの通り人々がやってきました。例の雑役婦はジョイスに極めて強い関心を抱いていました。「彼女はいつも私のことを『彼』と呼びますよ」と、ジョイスは話していました。「彼の具合はどうですか。彼は何をしていますか。彼は何と言っていますか。彼は立ち上れますか。彼はお腹が空いてはいませんか。彼は痛んでいませんか」等々。すべて低い声でしたが、ジョイスの敏感な聴力には全部聞きとれたのです。

　時どき、ボブ・マッコールマンがやってきてジョイスのベッドの傍に坐り、「常連仲間」に関する最近のゴシップを、彼の顕著な米語と、鼻にかける発音でもって話しては、ジョイスを楽しませているのを見かけました。この頃、マッコールマンはたびたびジョイスや彼の家族たちと一緒に過しておりました。アドリエンヌの義弟に当るポール＝エミール・ベカがジョイスとマッコールマンを一緒にデッサンに描いています。

スポンジで育てたニンニク

　ジョイスが手術を受けたセーヌ河左岸の診療所は、二つの通りが出会う街角に建っている二階建ての小さな建物でした。ジョイスが観察するところ、この二つの通りにはまことにふさわしい名前がつけられていました。つまり、リュ・ドゥ・シェルシュ＝ミディ（「南部＝探索通り」とでも訳しましょうか）とリュ・ドゥ・ルギャール（眼差し通り）でした。

通りのドアーを開くと一階の待合室がありました。この待合室で患者たちは長い木製の椅子に坐って待つのですが、たびたび長い時間待たされることがありました。というのは、この医者は午前中の往診を済ませた後、家に帰る途中にこの診療所に立ち寄っていたからです。可哀相にボーシュ博士は働き過ぎでした。私は、一体彼はいつ大急ぎの彼の食事をすませることができるのだろうかと不思議に思いました。ところが、彼はサンタ・クロースのように太っているので、彼が食事をする時はきっと大食だったに違いありません。待合室の奥に診察室がありましたが、それは外套の預け場所位の大きさで、辛うじて医者と彼の看護婦――彼女もどちらかと言えば太っていました――それに、普通の大きさの患者が入れる位の大きさでした。

二階には入院患者用の二つの寝室がありました。ジョイスはそのうちのひとつを占めていました。彼はノラなしにはどこにも居ることができなかったので、もう一方の寝室を彼女が占めていました。もっともなことですが、彼女は診療所に近代設備が欠けているとこぼしていました。確かにこの建物は奇妙な建物でした。反対に、ジョイスはこの建物を面白いと思っていました。彼はこの医者をとても気に入っていて、その「ヤンキー訛りの間のびした発音」をまねたり、医者が彼の上に身を乗り出し「こりゃいけないね、大変なものを眼の中にこさえたものだ」と、もぐもぐ口ごもる言葉をまねたりしていました。また、ジョイスは頑丈な婦人の看護婦も気に入っていました。彼女は診療所や患者たちの世話をし、食事を作り、医者の助手も務めていました。「彼女は、私たちの料理を調味するために窓に置いたスポンジでニンニクを育てるんですよ」と、ジョイスは私に話してくれました。彼女はしばしば他の患者に対しては腹を立てていましたが、ムッシュウー「ジョアス」には決して腹を立てることはありませんでした。彼は彼女のお気に入りの患者でした。さもありなんと思います。きっと彼は、少しも不平を言わない重症患者で、彼女がいままでに知っている患者のなかでも一番分別のある病人だったのです。

眼の手術は恐ろしい試練に違いありません。特に、ジョイスのように感受性の強い者にとっては。意識のあった彼は、手術が進行するのを眺めていました。彼が言うように、彼の眼前にボンヤリと浮び上った器具は大きな斧のように思われたのです。

手術から回復に向っている期間、彼は何時間もの間、眼に包帯をした儘で横たわっていました、決して堪忍袋の緒を切ることもなく。彼には退屈する暇などありませんでした。多くのいろいろな考えが彼の頭のなかへと入り込んでいました。実際、ジョイスのような無尽蔵の創造力を一体どうして持つことができるのでしょうか。その上、彼は素晴しい記憶力を持っていました。彼は子供の頃からこの記憶力を持ち続けていて、これは、彼がいままでに耳にしたあらゆる事柄をすべて記憶しているという事実を明らかにするものなのです。あらゆることが記憶のなかにはまり込むのです、と彼は語っていました。

ある日のこと、彼は私に「すみませんが、『湖上の美人』（イギリスの小説家ウォルター・スコット（一七七一～一八三二年）の作品。一八一〇年刊）を持ってきてくれませんか」と言いました。次に私が彼を訪ねた時、私はこの『美人』を携えて行きました。彼は、「その本を開いて、一行読んでください」と言いました。そこで私は随意に選んだ頁から一行読みました。最初の一行を読んでから、私は、読むのを止めました。すると彼はその頁全部と次の頁を一つの誤りもなく朗誦しました。私は彼が『湖上の美人』のみならず、詩や散文のほとんどの書物を暗誦していると確信しました。おそらく、彼は二十歳前にあらゆるものを読み、それ以後は、わざわざ本を開かなくても彼の必要なものを見つけることができたのでしょう。

私は、しばしば病院を訪れました。彼のところに彼宛の郵便物を運び、それを彼に読んでやりました。それに『ユリシーズ』の校正刷りも届けました。手紙のなかには私が返事を書けるものもありましたし、事実、ある期間私が返事を書いておりました。しかし、校正刷りは待たなくてはなりませんでした。彼のみが校正刷りを扱うことができたのです。それというのも、いつも彼はテキストに書き加えることを望んでいたからです。私は彼に印刷者からのニュースを伝え、彼の友人たちよりの伝言を伝えました。また、シェイクスピア・アンド・カンパニイ書店で起っている出来事を話しましたが、彼がいつも知りたがっていたのはこの書店での出来事でした。

ある日、私が診療所を訪れてみると、医者の指示によって何匹かの蛭が治療に使われていました。この蛭を一度眼の周りに吸い着かしてやれば――そう簡単なことではないのですが——血液を吸い出して、うっ血を治すのです。いつもの看護婦は外出していて、もっと若い看護婦が彼女の代わりを務めていました。この看護婦とジョイスは、このの
らりくらりする動物どもが、病人の目の周りで血液を吸い出す順番を待たないで、床の上にぼたぼたと落ちないようにと躍起になっていました。何の不平も言わず、ジョイスはこの不愉快な治療に従っていました。この蛭は、プリンストンにあったラッセル家のプールでよく私たちの足に吸い着いた蛭のことを私に想い出させました。

ジョイスとジョージ・ムーア*1

概して、ジョイスは人を避けたりすることはありませんでした。しかし、彼が手術を受けた後、初めて外出し書店に現われた時、彼は誰にも会いたくないと言いました。私は彼の気持がよく分りました。そして、大きな顔とピンク色の頬をした一人の背の高い男性が窓に陳列してある書物を眺めてから、店に入ってきた時も、私はジョイスの傍を離れ、私のお客様に話しかけました。

このお客は、ジョージ・ムーアだと自己紹介をしました。私とムーアの双方の友人であったナンシー・キュナードは、必ずムーアを私のところに連れてくると約束していました。しかし、ムーアは翌日ロンドンに帰ろうとしていたので、ナンシーを待ってはおれなかったのです。私はムーアが、時折、店の奥に立っている男性にちらっと視線をやるのに気づきました。しかし、私は約束を守って、ジョイスを紹介しませんでした。最

後に、この訪問者はジョイスの方向に最後の視線を投げた後、寧ろ不承不承に店を出て行きました。

「誰でしたか」と、ジョイスが尋ねました。私が説明すると、彼は、「私にイギリス国王の賞金を獲得してくれた彼の親切にお礼を述べたかった」と、叫びました。この賞金のことについてジョイスが口にしたのはこれが最初でした——彼は、数年前、イギリス王室の賞金百ポンドを受けていたのです。

ジョージ・ムーアはロンドンに帰るとすぐ、私が次にロンドンを訪れた時、イバリー街での食事に私を招待するという嬉しい手紙をくれました（イバリー街での昼食というのは例のいくつかの有名な招待のひとつです）。そして、彼が気づいた、店の奥で片方の眼に黒の眼帯を掛けていた男性はジェイムズ・ジョイスではなかっただろうか。もし、そうであったら、彼に会いたかったとも書いてありました。そこで、私はジョイスとの約束を私が守ったことは誤りであったことに気づきました。しかし、結局ムーアとジョイスの二人はロンドンで一度目の出会いを行なっています。ジョイスは何も話しませんでしたが、私は後で知りました。

私は、私自身ムーアにもう一度会いたいと思っていました。彼は素晴しく好意的でし

＊1　一八五二〜一九三三年。アイルランドの小説家、劇作家、詩人、批評家。ダブリン自由劇場の創立者。パリで絵画の修業をした経験をもつ。

た。私が書店でおかした無礼を長く根に持つことなどはありませんでした。それどころか、彼は、彼が近々出す筈の劇『アポロ』の訂正済みの校正刷りを私に送ってくれました。私は作家としてのジョージ・ムーアが好きでしたし、また彼の大の親友ナンシー・キュナードから彼の話を聞き、人間としての彼も好きでした。しかし、彼は、私がロンドンを訪れイバリー街で彼と昼食をする機会に恵まれる前に亡くなってしまいました。

A・モニエの書店でのジョイス朗読会

アドリエンヌの書店で催されるジョイス朗読会の日は、一九二一年十二月七日と決定されました――『ユリシーズ』が出版される二か月足らず前のことでした。ラルボーはペネロピーの挿話(16)からの抜萃《ばつすい》を翻訳していましたが、彼の翻訳が間に合わないかも知れないと心配し、アドリエンヌに彼の翻訳を助けてくれる人を捜して欲しいと頼みました。オデオン通りに足繁く通ってくる者のなかに、ジャック・ベノワ＝メッサンという若い作曲家がいました。彼とジョージ・アンティールは私の書店で出会って以来友情関係を結んでいました。この若いベノワ＝メッサンの英語は特に優れていました。アドリエンヌがラルボーの助勢を頼むと、彼は喜んで引き受け、ラルボーと一緒に『ユリシーズ』の翻訳をする機会が持てたことも喜んでいました。ただし、彼と父親との関係上、彼の名前は一切出さないという条件付きでした。男爵である彼の父親は保守的な考えの紳士で、『ユリシーズ』を認めようとしなかったからです。

驚くことに、ラブレーを生んだこの国でも、『ユリシーズ』は二〇年代のフランスにとって極めて大胆な作品だったのです。ジョイス朗読会の日が近づくに従って、ラルボーさえも悪い予感を持つようになり、プログラムに次のような警告を載せました。「朗読されるある部分には通常よりは大胆な表現があり、当然のことながら、聴者の気分を害するかもしれないということを予め皆様に通告いたします(17)」。全くあと一人といえども入れない程ぎっしりと聴衆が詰った書店にやってきて、ラルボーは舞台負けし、困惑してしまいました。アドリエンヌはラルボーが勇気を奮い起して小さなテーブルに坐ることができるようにと、ブランデーを一杯彼に飲ませなくてはなりませんでした。ラルボーは、アドリエンヌの書店で催す「セアンス」ではお気に入りの朗読者の一人でもあったので、この会場は彼にとっては初めてではなかったのです。しかし、実際には、残念なことに、彼はひとつか二つ抜萃の朗読を省いてしまいました。

この朗読会はジョイスにとってひとつの勝利でした。彼の人生で最大の試練を迎えていた時期に彼にとって大変な贈物でした。ラルボーの心温まる賛辞と、彼の『ユリシーズ』の翻訳の朗読、ジミー・ライトのサイレンの挿話の素晴しい演出——これらすべては、聴衆からややんやの拍手喝采を受けました。ラルボーがジョイスを捜し回って、奥の部屋のカーテンの裏にひそんでいるジョイスを見つけ、恥しそうに顔を赤らめている彼を引き出してきてその両方の頬にフランス式のキッスをした時にも、この喝采は一層激しくなりました。

アドリエンヌは彼女が企画したこの計画が成功したことをとても喜んでいましたが、私も同様でした。私は、このアイルランドの作家ジェイムズ・ジョイスにフランス人が示したこの親切な扱いには心を打つものがあると思いました。

助けの神、ハリエット

この頃、『ユリシーズ』の著者は家計の収支を合わせるのに悪戦苦闘していました。私自身も、正直なところ、なに不自由ないというわけではありませんでした。しばしばシェイクスピア・アンド・カンパニイ書店は財政的危険に脅やかされていました。それに、私は親切な妹のホリーの小切手、ペンシルヴァニアのオーバーブルックにいる私の親しい従姉妹メアリー・モリスやその孫娘マルグリット・マッコイらの小切手も払い戻しできない状態でした。パリでの賃貸料は少額でした。それに、私自身とマーシンヌだけしかいなかったので、生活費に関する限り心配するものは何もありませんでした。しかし、書籍ときたひにはとてもとても高くて、イギリスやアメリカの通貨で書籍の支払いをする時がくると、いつもシェイクスピア・アンド・カンパニイ書店はまるで岩に向って突き進んでいるように思えました——しかし、救命チョッキがどうこうと言われる程ではありませんでした。

さて、ジェイムズ・ジョイスは、いつも彼と彼の家族を語学教授で支えてきた人間です。当時、彼は『ユリシーズ』を完成するために一日十七時間もこの作品に掛りっきりで、彼の収入はありませんでした。貯金とか寄贈金とかいったものすべては、とっくの昔に使い果していました。『ユリシーズ』出版という私の仕事が、その間この著者が挫けるのを防いでいました。この四人の家族に、彼の小さな書籍販売兼出版社ができる援助と言えば、容易に想像がつくように極めて不十分なものでした。しかし、ジョイスが頼ることのできる者は他にいませんでした。

ジョイスは金銭に関しては極めてきちょうめんでした。その証拠には、コルネェユ・ホテルに泊っていた彼の学生時代の手帳をひと目見るだけで十分です。この手帳に、若い医学生[*1]は日付と借りた金額、それに貸し主の名前を細かく書きつけています。そして、このメモによると彼がたとえ飢えることになっても、この借金は翌日には返却されています——パリ時代に写したジョイスの写真を見てやって下さい。しかし、さらにその返却した翌日には彼は同じ金額を同じ友人から再び借りたことを記しています。これは悲痛な思いをさせる事柄ではありますが、何と面白いことではないでしょうか。

ジョイスはこの手帳を私に見せる時、恥しそうというよりは、寧ろ微笑しながら見せてくれました。そして、全く同じからくりでしたが、いまはその友人が変わっていました。小さな金額がシェイクスピア書店の金庫とジョイスのポケットとの間を行ったりきた。

＊1　ジョイスは一九〇二年パリに渡り、パリの医学校に入ったが、授業料を現金で先払いする余裕がなく辞めてボヘミアンの生活に入った。

たりしていました。「J・Jの金庫」再びからっぽと書いた紙の切れ端がいまだに私の書類の間から出てきます。借金の額はいつも少額でした。借り主が、その要求額を貸し主の資産の額に合わせて借りようとする努力は涙ぐましいものでした。

こうした状態がしばらく続きました。それも“va-et-vient”(行ったりきたり)を基にする限り、うまくゆきました。その後、ジョイスの出費が増すにつれて、私は、私たちのいつもの習慣が変化しつつあり、お金が出て行くだけで返ってこないことを知って驚きました。事実、ジョイス一家としては、『ユリシーズ』の前払いという形で受け取っていたのです。普通ならば、これ以上自然なことがありましょうか。私が『ユリシーズ』を大いに賞賛しているとはいえ、私には人間の方が芸術作品よりも重大でした。しかし、私の役割は出版者としての役割であり、この『ユリシーズ』という本を出版しなくてはならなかったし、書店も経営しなくてはなりませんでした。事態はまさしく、やがて私たちみんなが破産してしまうかもしれないと思われました。

惨事の瀬戸際に立たされたある日のこと、ジョイスが現われました。彼は自分の持ってきたニュースに大層興奮しながら、いま丁度、ミス・ハリエット・ウィーヴァーからの便りを受け取ったところで、彼女が彼に多額の金を送ってくれたと宣言したのです。その金額も、彼の言うのには、彼の今後の全生涯にわたる収益に相当する額だということでした。

私たち二人は、この奇蹟に歓喜しました。ジョイスにとっては、ミス・ウィーヴァーのこの義俠的行為が彼の難問題のひとつを取り除いてくれた訳であるし、私としては、ジョイスのためにも、また私自身のためにも喜びました。私は、『ユリシーズ』出版のため今こそ真直ぐに突き進むことができるようになったと考えたし、また、シェイクスピア・アンド・カンパニイ書店としては、いわば厄介な事柄から解放されたと考えることがこの上もない慰めでした。

ミス・ウィーヴァー――「助けの神、ハリエット」とは、ルシアが彼女につけた名前だとジョイス夫人が私に話していました――彼女は、一生涯暮すのに十分な金額をジョイスに与えました。しかし、相手がジョイスではそうはいきません。彼が再び困窮するのにはそれ程長くかかりませんでした。そして、ミス・ウィーヴァーが再び彼を救うことになるのですが。いずれにしても、私たちは安堵のひとときを過しました。

9

私の最良のお客様

私たちが愛し、少しの迷惑もかけないお客様であったのは、毎朝、シェイクスピア・アンド・カンパニイ書店の片隅で、雑誌類、あるいはキャプテン・マリアット[*1]やその他の本を読み耽っていた一人の青年でした。これがアーネスト・ヘミングウェイでした。彼は、たしか、一九二一年末頃パリに現われました。私の「最良のお客様」と、彼は自分で自分のことをそう呼んでいましたが、彼の場合、この「最良のお客様」というタイトルには誰も異論をとなえませんでした。定期的に訪れるだけでなく書籍購入のためにお金を使ってくれるお客様、これは小さな書籍販売店を営む主人にとっては大変有難いことでもあったのですが、こうしたお客様に対する私たちの感謝の気持は大変なものでした。

しかし、ヘミングウェイは、たとえ彼が一銭のお金も私の店で使わなかったとしても、私たちに同じように慕われることになったことでしょう。私たちが出会ったその日から、私はヘミングウェイに心からの友情を感じました。

シャーウッド・アンダソンは、シカゴで、彼の「若い友人であるアーネスト・ヘミングウェイ夫妻」に、私宛の紹介状を渡しました。私はこの紹介状を今でも持っております。それには次のように書かれていました。

この手紙で、僕の友人アーネスト・ヘミングウェイ氏をあなたに御紹介します。同氏は夫人とともにパリに滞在する予定ですが、パリ到着次第、この手紙を投函するよう同氏に申してあります。

ヘミングウェイ氏は、アメリカで発展させるだけの価値のある、あらゆる運動に本能的に携わっている作家です。ヘミングウェイ氏夫妻と知り合いになることは、きっと素晴しいことと存じます……。

しかし、ヘミングウェイ夫妻がこのアンダソンの手紙を思い出して私に見せたのは、ヘミングウェイ一家と私とが、互いに知り合ってしばらく時が経過した後のことでした。

＊1　一七九二〜一八四八年。イギリスの小説家。イギリス海軍の優れた船長であったところからキャプテン・マリアットの呼称が生れた。少年向けの作品を数多く書いている。

ヘミングウェイは、ある日ぶらりと店に入ってきたのです。

私は顔を上げて、一人の小さな口髭を生やした色の浅黒い長身の若者を見ました。そして、この若者が太く低い声で、アーネスト・ヘミングウェイですと言うのを聞きました。私は、彼に腰を掛けるよう誘い、そこで、彼からいろいろなことを聞き出しているうちに、彼の生れがシカゴであることを知りました。また、彼が陸軍病院に二年間も入院し足の治療をしたということも知りました。一体、彼の足がどうなったのでしょうか。そう、彼はまるで喧嘩を告白する少年のように、イタリアの戦闘で膝を負傷したのですよと、申し訳なさそうに私に話してくれました。見せていただけないでしょうか。勿論、どうぞ。そこで、彼が靴と靴下を脱ぎ、腿からくるぶしにかけて受けた痛ましい傷跡を私に見せてくれている間、シェイクスピア・アンド・カンパニイ書店の仕事は一時中断ということになりました。膝の部分が一番酷い傷を受けていましたが、彼は、くるぶしの部分も、りゅう散弾の炸裂で相当酷い傷を受けましたと説明してくれました。病院で彼は助からないものと考えられていましたが、最後の懺悔を行なうことも問題になりました。この懺悔は、彼の微かな同意を得て、洗礼式に変更されたのです——「病院の考える通りになった場合のために」と。

こうして、ヘミングウェイは洗礼を受けたのでした。洗礼を受けていようが、いまいが——彼は怒って私に発砲するかもしれませんが、あえて申し上げれば——私は、彼が信仰心の厚い人物であるといつも考えてきました。ヘミングウェイはジョイスの親しい仲間の一人でした。ある日、ジョイスは私に、ヘミングウェイが自分をたくましい人間だと考えていることも、また、マッコールマンが繊細なタイプの人間として我が身を通そうとしていることも、ともに誤りであると思うと述べたことがありました。ジョイスは逆に考えていたのです。ヘミングウェイよ、ジョイスはあなたを繊細なタイプの人間と考えていたのです！

ヘミングウェイは、私に次のような打明け話をしてくれたことがありました。ハイスクールを卒業する前、彼がまだ「ショート・パンツをはいていた少年」だった頃、彼の父親は唯一の遺産として彼に鉄砲を一梃残して突然、しかも悲劇的な状況の下で亡くなったというのです。そこで、彼は、自分が一家の主であり、母親や兄弟姉妹たちすべてが自分に依存していることが分ったのです。彼は学校を中退し、生活費をかせぎ始めなくてはなりませんでした。最初のお金をボクシングの試合でかせぎましたが、彼の話を総合すると、彼は余り長くこの職業には留まっていなかったようです。彼は、自分の少年時代について苦々しそうに話していました。

彼は、学校中退以後の生活についてはあまり多くを語りませんでした。私のみるところ、新聞の仕事を含め彼は種々様々な仕事で生活費をかせいでいたようでした。その後、彼はカナダに行き陸軍に入隊したと思われます。あまりに年少であったため、彼は入隊を認めてもらうためには自分の年齢を偽らなくてはなりませんでした。

ヘミングウェイは幅広い教養を身につけた若者でした。多くの国を知り、いくつかの外国語を修得していました。しかも、彼はこれを大学で学んだのではなく、実地に学んだのでした。彼は私の知っているどの若者よりも遥かに広く、早く、多くのものを修得したように思われます。ある種の少年らしさを残していたにもかかわらず、彼は稀に見る賢明さと独立独歩の精神を備えていました。パリで、ヘミングウェイはトロントの〈スター〉紙スポーツ通信員としての仕事を務めていました。勿論、彼はすでに小説を書く自己の能力も試みていました。

彼は、彼の若い妻ハッドリーを私に会わせに連れてきました。彼女は魅力的で、楽しく陽気な人物でした。無論、私は二人を連れてアドリエンヌ・モニエに会いに行きました。ヘミングウェイのフランス語の知識は素晴しいもので、彼はなんとか時間の都合をつけてはアメリカの出版物と同様に、フランスのあらゆる出版物も読むようにしていました。

スポーツ通信員としての職業柄、ヘミングウェイはスポーツ関係のあらゆる行事に出かけて行きました。そんなわけで、彼の語学能力は隠語まで修得しているほどでした。スポーツの世界は、ヘミングウェイの書店仲間であるアドリエンヌもシルヴィアも、今まで決して足を踏み入れたことのない世界でした。しかし、私たちはいろいろと教えてもらうつもりでいましたし、またヘミングウェイも私たちを啓蒙するつもりでした。

私たちの勉強はボクシングから始まりました。ある夕方のこと、私たちの先生であるヘミングウェイとハッドリーが私たちを迎えに立ち寄りました。そこで、私たちは一緒にメトロに乗り、労働者や運動選手、それにかなり多くの与太者たちが住んでいるメニルモンタンの丘に向って出発しました。ペルポール駅でメトロを降り、私たちは急な階段を上って行きましたが、ハッドリーは、バンビイ（ジョン・ハッドリー・ヘミングウェイ）がお腹にいたので微かに息をはずませ、夫に助けてもらいました。ヘミングウェイは私たちをリングへと案内しました。そのリングは、裏庭のようなところを通り抜けなくては行かれない小さなリングで、背もたれのない狭いベンチがありました。

ボクシングの試合と私たちの質問とが始まりました。前座試合で少年たちが腕を振り回し酷く出血したので、私たちは、彼らが出血して死んでしまうのではないかと心配しました。ところがヘミングウェイは、単なる打撲で鼻血を流しているだけですよと、私たちを安心させてくれました。また、試合のルールもいくらか教わりました。それから、リングを出たり入ったりぶらぶらしながら選手たちには一瞥もくれない様子でときどき互いに何かを議論し合っているわけの分らない人物たちがいるが、実はこの人物たちはリングに立ち寄って将来性のある新しい人材を捜しているマネジャーであることも教わりました。

最終試合《ビッグ・イヴェント》が始まると、私たちの先生はパンチを観戦するのが忙しくてこれ以上私たちの質問にかまっておれなくなってしまいました。生徒たちは先生なしで観戦しなくてはならなくなりました。

この最後の試合は観衆まで闘いに加わる別の闘いへと発展していきました。レフリーの下した判定をめぐって意見が分れたのです。観衆の一人一人がベンチの上に立ち上って互いに摑み合いを始めました――まさに正真正銘の西部劇でした。殴り合いと蹴り合い、喚き声と前後に揺れる人波などで、私たちがこのなかに巻きこまれるのではないか、ハッドリーがこの混雑のなかで傷つくのではないかと心配になりました。「警官《フリック》！警官《フリック》！」という警官を呼ぶ声が聞えました。しかし、この声は勿論警官の耳に達しませんでした。コメディ＝フランセーズ劇場でも、あるいはメニルモンタンの拳闘場でも、フランスのあらゆる娯楽場では警官の立ち会いが義務になっていました。「きっと、おまわりは公衆便所にでも入っているんだ！」(*"Et naturellement le flic est dans la pissotière!"*)私たちは、ヘミングウェイの憤りの声を喧騒のなかで耳にしました。

次いで、アドリエンヌと私はヘミングウェイの指導と影響を受け自転車競技を取り上げることにしました。自転車競技と言っても、何も私たちが自転車に乗るわけではなく、私たちは先生と一緒に「シ＝ジュール」(六日間)、つまり、ヴェル・ディヴェールという所で六日間にわたって行なわれるメリー＝ゴー＝ラウンド競技を見学に出掛けたのでした。勿論、これはパリ・シーズン中最も人気のある競技でした。ファンは競技が続行している間中この競技場に出かけ、背中を丸めて自転車に乗った小さな猿のような競技者たちを、だんだんと大儀そうな様子になりながらも観戦して過すのです。競技者たちは煙と埃、群をなす人気役者たちといった雰囲気の下で、あるいはラウド＝スピーカーの轟きのなかを、ゆっくりリングを走るかと思うと、突然疾走に移ったりしながら、夜に日をついで走り続けるのです。私たちは先生の言うことを聞こうと懸命でしたが、騒音のため彼の言葉はほとんど聞きとれませんでした。アドリエンヌと私はとても面白いとは思ったのですが、この競走を一昼夜だけしか観戦する余裕がありませんでした。ヘミングウェイにお伴をしていると、夢中にならないようなものは何ひとつないのではないでしょうか。

さらに心をときめかすような出来事が私たちを待ち受けていました。しばらくの間、私はヘミングウェイが一所懸命いくつかの短篇を書いているという印象を抱いていました。ある日彼はこのうちのひとつを書き終えたと言って、アドリエンヌと私にこの小説の朗読を聞いて欲しいと頼んできました。そこで、私たちはこの事件には重大な関心を抱きました。しかも、この事件は私たちにも大いに関係がありました。というのも、彼女も私も有望な選手を捜すためペルポールのリングの周りをうろうろしていた例のわけの分らない人物たちと共通するものを持っていたからです。多分私たちは拳闘については何も知らないかもしれませんが、作品を判断するということになりますと――これはまた別でした。アーネスト・ヘミングウェイが賭けたこの最初の勝負に、私たちがどれほど喜んだか想像してみてください。

ヘミングウェイは、『われらの時代に』[*1]から、ひとつの短篇を私たちに読んでくれました。彼の独創性、彼独特の文体、秀れた技量、整理された内容、ストーリー・テラーとしての天賦の才、劇的な構成を組む才能、創作力等々といったものに、私たちは強く印象づけられました。——そう、さらに指摘することができるでしょうが、アドリエンヌは、彼のことを、「ヘミングウェイこそは真の作家としての資質をそなえた作家」(*le tempérament authentique d'écrivain*) という言葉で要約していました。

勿論、今ではヘミングウェイは広く世間に認められている現代小説のおとうちゃんであり、フランス、イギリス、ドイツ、イタリア、その他いたるところで長篇小説あるいは短篇小説を開けば、必ずヘミングウェイが現代小説のおとうちゃんとしてとおっていることに気づくでしょう。ヘミングウェイは学校の教科書にも登場していますが、彼が登場する教科書は、子供たちにとって普通の教科書よりははるかに面白いし、それに、子供たちだって幸せでしょう。ある作家に誰が影響を与えたかなどという問題を思い煩ったりすることは、私にはありません。また、このおとなの作家も、夜遅くまで起きて一体誰が自分に影響を与えたのだろうかなどと思いをめぐらせることもないのでしょう。しかし、ヘミングウェイの読者たちは、彼に書くことを教えたのは他ならずヘミングウェイ自身であったことを知るべきだと私は考えています。他の真の作家たち同様ヘミングウェイは、彼の言う"good"(よい)なものを書くためには努力しなくてはならないことをよく心得ていました。

アドリエンヌ・モニエは、フランス人では、最初のヘミングウェイ愛読者でした。また、彼女はフランス語で彼の短篇集を出版した最初の人物でした。彼女の雑誌、〈ル・ナヴィール・ダルジャン〉誌に、『敗れざる者』*2が現われ、読者たちの間に大きな関心を惹き起しました。

ヘミングウェイの読者たちは、いつも最初の出会いですっかり彼に魅入られてしまいました。私は、ジョナサン・ケイプ（イギリスの出版者）が初めてヘミングウェイを読み、すっかり彼に情熱を燃やしていたことを記憶しております。イギリスでのローレンス大佐[*3]やジョイスの出版者であるケイプ氏はパリを幾度か訪れていましたが、ある時、どういったアメリカ人の作品を発行するほうがよいだろうと私に尋ねたことがありました。「それでは、ヘミングウェイをお読みなさい」と私は答えました——こうして、ケイプ氏はヘミングウェイのイギリスでの出版者となったのです。

ヘミングウェイは何をしても真剣で有能でした。幼児の世話をする時でさえそうでした。カナダに短期間の旅行をした後、ハッドリーとヘミングウェイは、もうひとりの「最良のお客様」ジョン・ハッドリー・ヘミングウェイを連れて帰りました。ある朝、

＊1　ヘミングウェイの十五の短篇を集めた短篇集。これは前年パリで出版された戦争や闘牛を描いた小品集 *In Our Time* をもとにした作品集で、第一次大戦を間にはさんだ時期のヘミングウェイの精神を理解する上で重要な作品。

＊2　ヘミングウェイの第二の短篇集 Men Without Women（一九二七年）のなかに収められている短篇。

＊3　一二一ページ訳注参照。

たまたま彼の家に立ち寄って、彼が赤ん坊を入浴させているのに出くわした私は、彼が巧みにこのバンビイを扱っているのに驚いてしまいました。パパ・ヘミングウェイはさも得意げで、子守りとして有望と思わないかなどと、私に尋ねたものでした。

バンビイは歩けるようになる前、既にシェイクスピア・アンド・カンパニイ書店によく出入りしていました。用心深く息子を抱きながら、もっとも、時にはさかさまに抱いていることもありましたが、ヘミングウェイは最新号の雑誌を読み耽っていました。これにはある種の技術が必要とされたことは是非申し添えなくてはなりません。バンビイについて言えば、彼が大好きなパパと一緒に居る限りは、万事御満悦でした。彼が歩き始め、最初に足の向く方向は「シルバー・ビーチのおうち」と彼が呼ぶ方向でした。私は、父親と息子の二人が手を取り合って通りをやってくるのを見かけました。背もたれのない高い腰掛けの上に持ち上げられているバンビイは、決して癇癪を起すことなく、高い止り木からおろして貰うのを待ちながら、父親を真剣に観察しておりました。時にはきっと長時間待たされるように思えたことでしょう。それから、私はこの二人が店を出ると、家に向ってでなく街角を曲ったところの小さな酒場《ビストロ》に向っていくのをよく見かけました。というのは、二人とも家事が終るまではハッドリーの邪魔をしてはいけなかったからです。そこで、彼らはテーブルに向い、飲物を前にして――バンビイの飲物はグルナディンでしたが――その日一日のいろいろな出来事を話し合っていました。

当時は誰もがスペインに行った経験を持っていましたが、その印象は様々でした。ガートルード・スタインとアリス・B・トクラスはこれを大変興味深く思っておりました。ある人は闘牛見物に出かけて強いショックを受け、闘牛が終らないうちに帰ったりなどしておりました。闘牛は道徳や性的観点から、またあざやかな色彩に富むスポーツ、壮観なスポーツなどと盛んに書き立てられていました。スペイン人自身も、外国人が闘牛《ロス・トロス》についてとやかく言うことにいつも困惑しておりましたし、それに外国人の言うことは技術的に根拠のないことだと考えていました。

ヘミングウェイは他の人とは違い、いつもの真剣で有能な方法で闘牛を学び、これを書くために出掛けていきました。こうして、『午後の死』[*1]のなかで闘牛についての完全な論文を見ることができる訳ですが、私のスペイン人の友人たち、それも最も気難しい友人がこの論文を特に優れたものとして評価しております。ヘミングウェイの最も美しい描写のいくつかがこの本のなかにみられます。

優れた作家というものは極めて稀なもので、もし私が批評家であったなら、私はその作家を信頼させるものは何か、また何がその作家を読むことを楽しくさせているのかを指摘することにとどめるでしょう。と言うのも、一体どのようにして創造の神秘を説明できるというのでしょう。

ヘミングウェイは、どれほど多くの批判があろうともその批判を受け容れることがで

＊1　ヘミングウェイの闘牛案内書。なかに独特の文学論が含まれている。

きました――彼自身の下す批判すらあったのです。彼は彼自身に対する最も厳しい批評家でした。しかし、同僚の作家たちと同じく、彼も他人の批判に対しては極めて神経過敏でした。

確かに、ある種の批評家たちは鋭いペン先を犠牲者めがけて突き立てるのに恐ろしく熟練していましたし、また犠牲者がのたうちまわるのを楽しんでいました。ウィンダム・ルイスは、ジョイスをのたうちまわらせるのに成功しました。そして、『物の言えない哀れな雄牛』と題する彼のヘミングウェイに関する批評は、この話題がたまたま私の書店で持ち上った時誠に残念なことですが、ヘミングウェイを酷く怒らせてしまい、彼は誕生日の贈物である三十六本ものチューリップの花を全部摘み取ってしまったほどでした。結局、花瓶がひっくり返って中に入っていた水が書物の上にこぼれてしまいましたが、その後で、ヘミングウェイは私の机に坐り、損害の倍以上に相当する額のシルヴィア・ビーチ宛小切手を書いたものでした。

書籍販売者兼貸し出し文庫の経営者として、私は入口で呼び鈴を鳴らすこともなくいとも簡単に書物の入口を通り過ぎる他の人々より遥かに書物のタイトルに注意を払っていました。私の考えでは、ヘミングウェイのタイトルはどのようなコンテストでもきっと一等賞を獲得したことでしょう。彼のタイトルのどれひとつをとっても一篇の詩であり、タイトルが読者に与える不思議な力はヘミングウェイの成功に大いに貢献しております。彼がつけるタイトルは、タイトル自身の生命を持っており、アメリカの語彙を豊かにしてきました。

10

『ユリシーズ』の初版本

『ユリシーズ』が直ぐにも発行されるかもしれないという噂が立ちました。ペネロピーの挿話に至るすべての校正刷りが今私の手許に届いていました。

二月二日のジョイスの誕生日が近づいておりました。私は、彼が『ユリシーズ』出版記念のお祝いをこの誕生日にしようと心に決めていることをよく知っていました。

私はダランティエールと話し合いました。彼は印刷者としては最善を尽しているものの、『ユリシーズ』の発行は今少し待ってもらいたいと言いました。二月二日までに発行準備を整えることは不可能だったのです。私は彼に不可能なこと――ジョイスの誕生日に少くとも一冊の『ユリシーズ』を彼の手に渡して彼を喜ばしてもらえないものかどうかを尋ねてみました。

彼は何も確約しませんでしたが、私はダランティエールをよく知っていました。それで、二月一日に、翌日朝七時にディジョン発の急行列車を出迎えて欲しいという彼からの電報を受け取った時にも、私は驚きませんでした。電報によると、車掌が『ユリシーズ』を二冊私に届けることになっていました。

ディジョンからの列車がゆっくりと入ってきて停止した時私は心臓を機関車のように轟かせながらプラットフォームに立っておりました。そして、車掌がひとつの包みを抱え、誰かを捜してあたりを見回しながら――勿論私を捜しながら、列車から降りてくるのを見つけました。その直後には、私はジョイス家の呼び鈴を鳴らし、『ユリシーズ』の初版本第一号を一家に渡しました。一九二二年二月二日のことでした。

初版本の二冊目はシェイクスピア・アンド・カンパニイ書店のものでした。私は、これを窓に展示するという過ちを犯してしまいました。このニュースはたちまちモンパルナスやその界隈に広まってしまいました。翌日、書店が開く前から、『ユリシーズ』を指差しながら購読予約者たちが店の前に列を作りました。二冊を除いて、『ユリシーズ』はまだ発行されていないと説明してもなんの役にも立ちませんでした。彼らは窓から私の『ユリシーズ』の本をひったくりかねないように思えました。もし私がこの本をもっと安全な場所にいそいで移さなかったならば、彼らはおそらく本をひったくり、みんなに行き渡るように粉々にして分けてしまったことでしょう。

ジョイスは、この誕生日の贈物に対する彼の感謝を、一通の短い手紙で表現していまず。彼は、「私は今日というこの日を、昨年あなたが私の本のために払われた苦心と心労とに感謝せずに過すことはできません」と綴っています。それから彼は、『ユリシーズ』の発行者に戯れ歌を書き送って、この本の出版を祝っております。その歌というのは次のようなものです。

シルヴィアとは何者でござる、彼女は何してござる、
われら文士がみな誉め讃える彼女は。
ヤンキーで、若くて、勇しいむすめ、
ありとあらゆる書物が出版されるようにと、
西欧の輩がこの調子で彼女に力を添えたことよ。

彼女は、彼女の勇気同様に金持ちでもござろうか、
と申すも、金はたびたび向う見ずな勇気をおこすものなれば？
彼女の大言壮語と激賞に人々は群がり、
『ユリシーズ』を求めて購読予約、
されど、予約はしてみたものの、彼らとて思案顔。

されば、シルヴィアのために、われら歌おうではないか、
嘘八百の本売りの彼女の勇気を讃えて。

彼女こそ人々にこの恐ろしきものを売ることができよう、
言語に絶するこの退屈なものを、
さあ、彼女のところへ連れてござろう、買い主たちを。

J・J
W・Sにならって[*1]

ついに、『ユリシーズ』は、ギリシャの紺碧のジャケットに包まれ、タイトルと著者名が白い文字で装幀されて出版されました。七百三十二頁におよぶ本書は「削除なしの完全無欠」な姿で現われました。もっとも、一頁につき平均一個から六個までの誤植がありました——発行者はこれをお詫びし、誤字訂正の小さな頁を挿入しました。

本が発行された直後は大変な興奮状態に陥ったため、何か見落としをするのではないかと心配で、ジョイスは出版者のもとを離れていることができないほどでした。彼自身も私たちを助けて（助けになったかどうか疑わしいものですが）小包の包装をすると申し出ました。彼は本の重量が一冊一キロ五百五十グラムであることを発見したりなどしました。街角を回ったところにある郵便局に本の小包を届け始めた時、私たちも彼が推

＊1　これはW・シェイクスピアの『ヴェローナの二人の紳士』の第四幕、第二場に現われる楽士たちの歌をもじったもの。

測した重量が正しいことに気づきました。彼は、小包のラベルだけでなく床や髪の毛までニカワを塗りたくりながら、まるで支払いもすっかり終っているかのように、あそことここには直ぐ本を発送するようにと私をせき立てるのでした。彼は、「新しい郵政大臣や坊主の手に握られている自警団などが、あすには何を起すか分ったものではないので、アイルランドからの注文に対しては早く発送しなくてはならない」と考えていました。

私たちは、持っていた「ニカワとり」でやっとジョイスの髪の毛からニカワを取り除くことができましたし、また当局が気づく前に本は安全にイギリスとアイルランドのすべての購読予約者の手に送り届けることができました。アメリカでは、クィンとその他一、二の者が本を先ず受け取りました。そこで私は出来る限り急いで他の人にも発送しました。最初の荷が送り出され、その後も続々発送される予定でしたが、私はすべての本がニュー・ヨーク港で没収されていることを発見しました。私は船積みを中止しました。気の毒な購読予約者たちは、私が助けを捜している間じゅう、じっと待っていてくれたのでした。

知恵の女神《ミナァーヴァ》——ヘミングウェイ

さて、ユリシーズというヒーローには優れた友人たちがいること、あるいは一人の優れた友人——女神ミナァーヴァがいることは、もはや秘密でも何でもありません。この女神は、その時々に姿を変えて現われるのです。この時はアーネスト・ヘミングウェイという男性の姿で現われたのです。

私は、次のような秘密を暴露したとしてもヘミングウェイと当局との間の面倒を惹き起すことにはならないよう望んでいますが――確か、当局としてもノーベル賞の受賞者をとやかく言うこともないでしょう――『ユリシーズ』の本がアメリカに忍び込むことができたのはヘミングウェイのお蔭だったのです。

私は知恵の女神＝ヘミングウェイに、本が税関で没収されているという問題を相談してみました。すると、彼は「二十四時間考える余裕を与えてください」と言い、翌日、一案を私のところに持ち込みました。そこで、私はバーナード・Bとか言うシカゴにいる彼の友人から連絡を受けることになりました。私はこの極めて親切な友人のことを、彼が救助活動にたずさわってくれるところから聖バーナードと呼びました。彼はこの仕事をどのような手筈で行なうかを私に知らせることになったのです。

この人物は私に手紙を寄こし、目下受け入れ準備を進めていること、近々カナダに移ることなどを知らせてきました。彼は私にトロントでの彼の下宿代を払ってもらえないだろうかと尋ねてきましたので、勿論私は直ぐに承知しました。次いで、彼は新しい住居の住所を私に知らせ、この住所宛に本を送るように言ってきました。私は早速、本を発送しましたが、カナダでは『ユリシーズ』の発行禁止令がなかったので、本はすべて安全に彼のところに到着しました。次に彼のする仕事というのは、大変な勇気と智恵とを必要とする仕事でした。つまり、何百冊にも及ぶこの大きな本を国境を越えて運ばなくてはならなかったのです。

後になって彼が手紙に書いてきたところでは、毎日、彼はパンツの下に本を一冊忍ばせてフェリーに乗り込んだとのことです。丁度、当時は酒類の密輸が盛んに行なわれていた時代でしたので、あやしげな格好をした人物がうろうろしており、これは取締りを受ける危険性を一層つのらせることになりました。

仕事がはかどり、彼が最後の二、三十冊というところまで漕ぎつけた時、彼は港の役人たちが何か疑わしげに彼を監視し始めたと思いました。やがて役人たちが毎日往復する彼の仕事の本当の内容を――表向きには彼は絵の売買をしているということでしたが――もっと細かく検査するのではないかと、彼は心配になったのです。彼は彼の仕事を快く助けてくれる友人を発見し、二人で、一人それぞれ二冊持って毎日フェリーに乗り込みました。というのも、急いで本を渡してしまう必要があったからです――一人が前と後に一冊ずつ本を忍ばせたわけですが、彼らはきっと妊娠でもしたような父親の二人組にみえたことでしょう。

私たちの友人が、この莫大な冊数の最後の一冊を国境の向う側に送り届けた時、彼は心身ともにさぞかし重荷を降したことだったでしょう。もし、ジョイスがこうした難儀を前以って予測することができておれば、おそらく彼はもっと小さな本を書いていたことでしょう。

いずれにしても、この本を受け取ったアメリカの購読予約者たちには、アメリカン・エクスプレスが彼らの戸口に届けた大きな小包が、ヘミングウェイや彼の親切な友人のお蔭であることを知ってもらいたいのです。

そのうち、ジョイスと『ユリシーズ』が、事実上オデオン通りの書店を引き継ぐような格好になりました。私たちはジョイスの手紙を読んだり、書いたりするのに精を出し、彼の金庫番であり代理人であり、使い走りとなってしまいました。私たちは彼のために会見の約束を決めたり、彼に代わって友人たちを説得したり、ドイツ、ポーランド、ハンガリー、チェコスロバキアなどで発行される彼の作品の翻訳の仕事を取り決めたりなどしました。ジョイスは毎日昼頃書店に現われました。彼も彼の出版者も昼食などにかまっておれませんでした。そしてどうしても処理してしまわなくてはならない仕事があるような場合、彼はしばしば夕方にもう一度店にもどりました。

ジョイスが有名になるに従い、ジョイスと会おうとする一層多くの友人や初対面の人々、ファンや新聞雑誌の関係者たちが、それぞれの状況に応じて励まされたり、落胆させられたり、歓迎されたり、そっけなく扱われたりされることになりました。書店ではこうした人々をなんらかの方法で扱わなくてはならなかったのです。また、必要な時には彼らがこの偉大な人物に近づくのを防がなくてはなりませんでした。

勿論、私はこうした仕事を断わることも自由でしたが、私がジョイスに関係する仕事を引き受けたのも、私がこの仕事をこの上なく楽しんだからです。

ブルーム氏[*1]の写真

『ユリシーズ』の作者自身から、私はブルーム氏がどういう容姿をしていたか教えてもらいました。ある日のこと、ジョイスは、私に〈トゥデイ〉と呼ばれるロンドンの小さな雑誌の編集者ホルブルック・ジャクソン氏に手紙を書いて、ジャクソン氏自身の写真を私宛に送ってもらうようにしてもらいたいと言いました。私はジャクソン氏の雑誌を知っておりました。この雑誌はアドリエンヌ・モニエの書店に関する記事を掲載したことがありましたし、ジョイスの作品についても好意的な記事を載せたことがありました。ジョイスは、彼とジャクソンとが前に会ったことがあるとは言いませんでしたが、私はジョイスが最初にロンドンを訪問した際二人が会ったものと想像しております。いずれにしても、彼らは互いに興味を抱き合ったように思われます。それも大分以前からのようでした。

彼の写真が届きました。私は写真をジョイスに見せました。彼は長い間写真をじろじろと眺めていましたが、失望したようにみえました。それから、彼は、写真を私に渡しながら「もしレオポルド・ブルームがどのような姿であるか知りたければ、ここに彼に似た人物がいるよ」と言いました。だが、彼は続けて「この写真は余りよく似ていない。この写真はそれほどブルームに似ていない」と語っていました。ともかく私はこの写真を大事に保存しました。つまり、この写真が私の会えた唯一のブルーム氏だったからです。

私のもらった下書き原稿

シェイクスピア・アンド　カンパニイ書店の便箋用紙に書かれていたところからすると、私が外出している時ジョイスが店で書いたに相違ない日付なしの一通の手紙があります。この手紙には次のように書かれています。

親愛なるミス・ビーチ、あなたは私の下書き原稿などに数百フランもの郵税（！）を払うほどの人ですから、おそらく『ダブリンの人びと』[*2] の原稿も欲しいのではないかと思います。そこで、この原稿が届き次第差し上げることにしましょう。私はこの小説の初版本のつか見本だけ売りたいと思っています。『ダブリンの人びと』の一部はダブリンでの仕事だと思います。また、私はトリエステに原稿を山と積んでありますが、これは、私が今まですっかり忘れていた千五百頁に及ぶ『若き芸術家の肖像』

＊1　八七ページ訳注＊2参照。

＊2　十五の短篇を集めたジョイスの短篇集。ジョイスはこれらの短篇で彼が逃れた、ダブリンのカソリック中産階級の麻痺した社会を描写している。

の最初の原稿です(18)（本となったものとはすっかり違っております）……。ところで、O・ジアンニィの音楽！　ヘイムズの言葉！　の後に、（フォブロシュットによって歌われたものとして）二、三言葉を活字の原版に入れてもらうことはもうできないでしょうか。

（二番目の感嘆符〈判読不可能〉は逆になっておりました）

以上、何分よろしく。

草々。

ジェイムズ・ジョイス

この手紙の日付はおそらく一九二二年一月だろうと思います。というのは、ジョイスは彼が『ユリシーズ』にさらに付け加えたい部分を「活字の原版に入れる」には遅すぎるかどうかを尋ねているからです。彼が述べている「トリエステに山積みにしてある原稿」のなかには、彼が「『若き芸術家の肖像』の最初の原稿」と呼んでいた『スティーヴン・ヒーロー』が含まれていて、この「『若き芸術家の肖像』のための下書き」は、彼の妹メイベルの習字帳に書き込まれていました。しかし、これは彼のすべての原稿のうちで私にとっては最も貴重なものです。

また、ジョイスは『室内楽《チエンバー・ミユジック》』*1の元原稿を私にくれました。この原稿は、イェーツに朗読して聞かすために彼が見つけることのできる最も大きく、最も上質の紙に書いたと話していました。少くとも、ジョイスは私にそのように語っていました。この原稿は不完全でした。つまり、この詩集のなかから三篇の詩が欠如していました。それは、二十一、三十五、三十六番目の詩でした。私はジョイスがこの原稿を私にくれたのを十月五日と丹念に記録しているのですが、この贈物をくれた年号や、これ以外の原稿をジョイスが私にくれた日付などは全然記録しておりません。しかし、彼が最も重要な原稿と見做していたもの、『若き芸術家の肖像』のための下書きとなる原稿には、彼が贈物として贈った日付や説明などと一緒に彼の署名も記入してありました。

ジョイスは、彼の手書きのこのつまらない紙切れを私が宝のように大切にすることに気づいていたのです。勿論、彼は誰も私ほどにこうした贈物を有難がらないだろうと考えていたのですが、私は彼が正しかったと信じています。

シェイクスピア・アンド・カンパニイ書店が残念に思うことは……

『ユリシーズ』が英語を母国語とする国で正常な販路を拒まれていたという事実にも拘わらず、ジョイスは『ユリシーズ』から安定した収益を上げ始めていました。勿論、発行禁止の本であるという評判がこの本の売れ行きを高めていました。しかし、このような本が、『ファニー・ヒル』[*2]、『芳香溢れる園』さらに、『鉄路の強姦』のような正真正銘

＊1　三十六篇のジョイスの詩集。エリザベス朝のスタイルを模した抒情詩集。

の好色本は言うにおよばず、例の永遠のカサノヴァ（一七二五〜一七九八年。イタリアの文人。『カサノヴァ回想録』で有名）等々と一緒に好色文学《エロチカ》の目録のなかに入れられているのをみることはとても悲しいことでした。あるアイルランド人の司祭は、『ユリシーズ』を買いながら、「他に下《しも》がかった本はありませんか」と、私に尋ねたものです。

多くの優れた作家たちが好色文学を生み出してきております。そのなかの極く僅かな作家、たとえばボードレールやヴェルレーヌはこの主題を興味あるものにつくり上げております。ジョン・クレランドはお金儲けにもなり、面白くもある『ファニー・ヒル』で彼の借金をすっかり返済してしまいました。言うまでもないことですが、ジョイスはこのような目的があって『ユリシーズ』を書いたわけではありません。彼は専門医ではなく極くありふれた一般医であって、身体《からだ》のあらゆる部分が『ユリシーズ』のなかに入り込んでいます。「私の本には一〇パーセントもそうしたものはありません」と彼自身が歎かわしげに語っているとおりです。

『ユリシーズ』が成功を収めた後、私が好色文学を専門に出版しようとしていると勝手に想像して多くの作家たちがシェイクスピア・アンド・カンパニイ書店に群がってきました。彼らは彼らの好色文学の労作を私のところに持ち込んできました。しかも、それだけではありません。彼らは、自分たちが勝手に想像した私の趣味からすれば、きっと気に入るに違いないと考えている一節を私に朗読すると言ってきかないのです。たとえば、馬車で書店に乗りつけたあご鬚を生やした男がいました——後でこの男が打ち明けたところによりますと、この馬車は二頭立ての大型四輪馬車で私の印象を強烈にしようと、この機会にわざわざ借りたものでした。男は長い腕を猿のように身体の前でぶらぶらさせながら店のなかに入ってくると、原稿とおぼしき包みを私の机の上に置き、フランク・ハリス[*3]ですと自己紹介をしました。私は彼の著書『人間、シェイクスピア』が好きでした。また、私はワイルドに関する彼の著作も好きでした。特にワイルドの巨大症についてのショウの序文が好きでした。ジョイスも同様でした。私はハリスになんの原稿かを尋ねてみました。彼は包みを解いて『わが生と愛』という一物を私に見せました。そして、彼はこれはジョイスのものよりは遥かに当ると私に念を押しました。彼は、彼こそは「女性を憤慨させる」唯一のイギリス人作家だと主張しました。

ワイルドに関するフランク・ハリスの物語は当時大分くたびれ始めていたし、ワイルドのものと同様に多かれ少かれ借りものでした。また、イギリスの政治家たちの花柳病は私に大した興味を呼び起しませんでした。ところで、ハリスは面白い詩の読み方をし

＊2　ジョン・クレランド（一七〇九～一七八九年）の作品。原題は『ある遊女の回想録』

＊3　一八五六～一九三一年。アイルランドに生れ十五歳でアメリカに渡る。再びヨーロッパに帰り記者を務めるかたわら、数々の伝記を書く。後出の *The Man Shakespeare*, 1909、*Oscar Wilde, his life and Confessions*, 1916、*Bernard Shaw*, 1931、*My Life and Loves*, 1922–7 の他にいくつかの劇や小説も書いている。

ました。彼は『わが生と愛』を私に聞かせるのを諦めて棚から『朝焼けの詩』という一冊の詩集を取り出して、その二、三行を読んでくれましたが、彼には全くいじらしいところがありました。しかし、私にはネリー・ハリスのような魅力的な女性と結婚するだけの良い趣味の持主である男性が、どうして『わが生と愛』を書くほどに堕落できるのか分りませんでした。

私は「好色ものの本」をいつも捜していたジャック・カーンに当ってみなさいと彼に言ってやりました。そして、『わが生と愛』は、幸運にも結局オベリスク出版社で出版されました。

私が彼の回想録に熱意を示さなかった結果、ハリスは私に失望しましたが、その後も好意的でした。私はジョイスを説き伏せハリスのシャタムでの昼食の招待を受けることにしました。シャタムはイギリス人たちがよく出入りしていたホテルで料理と酒蔵で有名でした。もう一人の客はハリスの友人でイギリスの新聞記者でした。ジョイスは、ハリスと彼の友人とがジョイスを罠にかけて、インタヴューに誘い込む企らみではないかと警戒しておりました――彼はいつもインタヴューを避けていました――そして、ジョイスは昼食の間じゅうほとんど口をききませんでした。ハリスと彼の友人の下《しも》がかった話に対しても、ジョイスは全然反応を示しませんでした。

これは私が悪いのですが、私はフランク・ハリスにちょっとしたわるさをしてみたいという誘惑に抗し切れなかったのです。一度、彼がニースに出かけるため汽車に乗ろうと急いでいた時のことでした。彼はこの長い旅行中に読む本を捜しに私の書店に立ち寄りました。何か面白いものを教えてくれませんか。そこで私はタウフニッツ叢書を数冊並べてある棚に、眼をやりました。私は彼に『若草物語《リトル・ウィメン》』を読んだことがあるかどうか尋ねてみました。彼はこの本のタイトルに飛びつきました。彼のような先入観を持っている者にとっては、このタイトルはフランス語の“petites《プチト》 femmes《ファム》”（可愛娘《こ》ちゃん）という意味しか持っていなかったのです。彼はルイザ・オルコット（一八三二〜一八八八年。アメリカの女流作家。『若草物語』の作者）の「熱い本」二冊をひったくるようにつかむと駅に向って駆け出して行きました。

私は、その後彼に会った時には、悔恨の念で一杯でした。彼は私の悪戯については何も言いませんでしたが、いつもはとても快活な彼が明らかに怒った様子をしておりました。私は自分の意地の悪さをつくづく悟りました。

私が止むなく断わらなくてはならなかった次の本は『チャタレイ夫人の恋人』でした。私はこの作品をそれほど評価していませんでしたし、この著者の作品のなかでも最も面白くない作品だと考えていました。しかし、ローレンスがこの作品の救済を訴えてきたのを断わるのはとても辛いことでした。

私にこの作品の出版を引き継ぐよう依頼にきたローレンスの二人の友人によると、『チャタレイ夫人の恋人』が陥っていた状況は絶望的でした。二人のうちの一人、リチャード・オルディングトンは私が既に知っておりました。しかし、私はオールダス・ハックスリーとは初めて顔を合わせました。彼は背が高く、彼の使命を話し合うために奥の部屋に入るため低い戸口を通る時には、背をかがめなくてはなりませんでした。彼は友人D・H・ローレンスのために大変な犠牲を払い、彼が好意を抱いていなかった『ユリシーズ』の著者ジェイムズ・ジョイスの本部にまで腰を低くしてやってきたのだと、私は思いました。『チャタレイ夫人の恋人』は、既にフローレンスでデイヴィス・アンド・オリオリ社から限定版で出されていました。この魅力的なイギリス人とイタリア人の二人組の名前は、優れた出版物の鑑識家たちの間では非常によく知られておりました。

不幸なことに、『チャタレイ夫人の恋人』は『ユリシーズ』やその他の祖国を追放された書物と同様、著作権によって保護されていなかったのです。海賊たちがわんさとこの作品に襲いかかっておりました。明らかに無制限で廉価な権威のない版が、著者に何ら利益をもたらすことなく、パリじゅういたるところに出回っているようでした。ローレンスはパリでこの本の廉価版を私に出版させ、海賊版の横行に終止符を打とうと熱心に望んでいたのです。

彼の友人たちのパリ訪問が不成功に終ったことが分ると、ローレンスは自ら私に会いにやってきました。彼は私たちお互いの友人であるミス・ベバリッジに伴われて店に現われました。彼女はイギリスの画家で、シシリー島でローレンスの隣人だったのです。ローレンスはシェイクスピア・アンド・カンパニイ書店に彼女の描いた彼自身の肖像画があるのに気づき、私のためにその肖像画に署名してくれました。また彼は私にスティーグリッツ（アルフレッド、一八六四〜一九四六年。アメリカの写真家）の撮った彼の写真を飾って欲しいし、彼に送らせるよう頼みましょうと言ってくれました。

背の高いブロンドの女性フリーダ・ローレンス夫人が、その後彼が訪問する際には夫に同伴してきました。しかし、彼女はローレンスと私が仕事の相談をしている間書物を眺めているだけでした。残念なことに、彼女と私は一言も言葉を交したことがありませんでした。

D・H・ローレンスは大きな個性的魅力をそなえた男性でした。これほど偉大な才能に恵まれた作家が、読者の期待するものを創り出す力を持っているようにみえないのがいつも私には不思議でした。人間として彼は極めて興味深く――魅力的でもありました。私はローレンスの友人たちが彼に尽すことも、また、なぜ幾人もの女性が国境を越え海を越えて彼の後を追いかけるのか理解できました。

ローレンスの『チャタレイ夫人の恋人』を断わることはとても悲しいことでした。私が最後に彼に会った時、彼は大層重い病気に罹っていて、病床を抜け出して書店まで出かけてきたため、赤らんだ熱っぽい顔をしていたので特に悲しく感じました。『ユリシーズ』以外の出版を企てるつもりがないという私のいろいろな理由を説明することはとても苦痛でした。資金が不足していました――しかし、シェイクスピア・アンド・カンパニイ書店がひと財産つくらなかったなどということは誰にも納得してもらえませんでした――さらに場所、人手、時間なども不足していたのです。私が好色文学専門の出版者であるとの名前をつけられたくないなどとローレンスにはとても言えませんでした。

また私が唯一冊の出版者にとどまりたいなどと話すことも到底不可能でした――それに、『ユリシーズ』の後で一体誰がどのような本を提供できるというのでしょう。

ローレンスは、再び私に私の決心が変わっていないかどうか手紙で尋ねてきました。私は彼が教えてくれた南フランスの住所に返事を書きました。しかし、彼は出版された彼の書簡集のなかで、私から何ら音沙汰がなかったと述べているところからすると、おそらく私の返事が彼に届かなかったのではないかと想像します。

私の友人でもありジョイスの友人でもあるフランク・バッジェン氏が、[*1] ヴァンス（南仏にある中世の古い都市。ローレンスは一九三〇年二月この地に移り、翌三月に死亡）のローレンスの埋葬式に出席し、仮墓地のスナップ写真を私に送ってきました。この写真によると墓地の上に置かれた墓石の上には「不死鳥《フェニックス》」ローレンスと刻まれていましたが、彼がタオスに移された今では、この墓石のすべての痕跡が姿を消してしまっているように思われます。私は何らかの標識が、彼の最初の安住の場所を記すべきだと思います。

この他訪問者が原稿を持ち込まない日は一日としてありませんでした。時には後援者が持ち込むこともありました。アレスター・クロウリー（一八七五〜一九四七年。イギリスの詩人）の場合は、ブロンドの女性でとても積極的な支持者でした。

アレスター・クロウリーは、彼に関するいろいろな噂や、勿論彼自身の作品『或る麻酔薬常用者の日記』のなかで窺えるように、特異な人物でした。粘土色の彼の頭には、帯状の黒髪が額から頭の頂きに、さらにうなじにまで一筋生えている以外は丸坊主でした。この帯状の髪の毛もニカワでぴったりと膚《はだ》にくっつけられているようで風が吹いても乱れそうもありませんでした。自らをミイラと化したような顔付きをした男性である彼には、ぞっとするような気味悪さがありました。私の彼との付き合いは短いものでした。彼を眺めながら、私はイギリス人の友人たちが仄めかしていたこと――彼が諜報機関で働いているということは本当だろうかと疑いました。諜報部員にはもっと目立たない人が選ばれるのではないだろうかと考えました。

アトス山（ギリシャの北部にある山）修道院の修道士たちや悪魔のミサ等々、こういったものすべてがクロウリーの書物に登場するものです。雄山羊とオックスフォードの学生といったものは他の人々の考え出したものだと思います。彼はこれについては何も述べませんでした。

例のブロンドの女性が折り鞄を開き、私が発行者となっている「『アレスター・クロウリーの回想録』近刊」という説明書と、署名だけが欠けているシェイクスピア・アンド・カンパニイ書店との契約書の草案を取り出すのを見ていると、全く危険きわまりないものでした。あらゆるものが前もって準備されていたのです。シェイクスピア・アンド・カンパニイ書店は、この本の売上げ高の五〇パーセントをクロウリー氏に渡すこと、また私たちの配布先のリストも彼に渡すという規定にいたるまで既に準備されていまし

＊1　批評家。ジョイスと『ユリシーズ』に関する評論がある。

た。

ある朝、帽子に「マキシム」（パリの最も高級なレストラン）というマークを付けた少年が書店の前で自転車をおり、私にメモを渡しました。それはかの有名なレストランの給仕頭からのメモでした。そのメモには私の出版社に彼の回想録を預けたいと書いてありました。彼は、当時のひとかどの人物はことごとく知っていたのです——王室の人々、有名な俳優たち、「麗しき姫君たち」(grandes cocottes)、政治家等々。この回想録は文学界で久しくお目に掛ったもののなかでも最も興味をそそる出来事となりかねない——『ユリシーズ』を凌駕するものと仄めかしていました。彼はシェイクスピア・アンド・カンパニイ書店がこのような機会を逃さないよう希望すると述べていました。

次いで、丁度その頃、私はミス・タルーラ・バンクヘッドと名乗る者から彼女の回想録を出版する気はないかという手紙を受け取りました。ミス・バンクヘッドは早熟であったに違いありません。というのも、この手紙の日付の時には彼女はまだ子供に過ぎなかったのです。このバンクヘッドの原稿は姿をみせませんでしたが、もし私が原稿に一寸でも目を通していたなら私は出版を断われなかったと思います。

しかし、私は書店業、私の唯一の作家の出版事業、小雑誌の世話、私の周りにぼこぼこと生れていた小さな出版社との協力等々でとても忙しい思いをしていました。それで、どのような原稿であれ、シェイクスピア・アンド・カンパニイ書店がもしその出版を引き受けたとしても、その原稿には大変な災難が降りかかっていただろうというのが実状でした。

『ユリシーズ』第二版

『ユリシーズ』が出版されて間もなくミス・ウィーヴァーから、初版本のタイプの原版を、版権料を支払って使わしてもらいたいので、私の同意を得たいという要請がありました。私は直ぐ同意しました。もっとも、私は、このように急いで第二版を出すことにいささか驚きました。私としては、ジョイスの後援者の申し出を拒絶することはできなかったのです。それに、この計画がジョイスの計画であるということも分っていました。彼は、『ユリシーズ』が出版されると直ぐにロンドンに駆けつけ彼のいつもの性急さでもってこの計画を準備したのです。一方、私は初版本をアメリカの購読予約者たちに届けるという困難な仕事をやり遂げようと一所懸命でした――既に述べたように、私の「最良のお客様」の助けを借りながら。かつて、私が一千部刷ろうとジョイスに話した時彼は反対しました。「こんな退屈な本は」と彼は言いました。「一部だって売れはしませんよ」。しかし、彼の言葉に反し、一千部の初版がこの本の需要を満たすのにほど遠いことを知って、初版を一千部以上刷らなかったことを彼は後悔したに違いありません。この本が高い値段で飛ぶように売れていることを耳にして、彼は新しく印刷すればこの投機的傾向に終止符を打つことができるだろうと考え、また、相場師よりも著者の方が利益に与ることができるだろうとも考えたのです。『ユリシーズ』は彼の大きな投資であり、彼ができる限りこれから利益を得ようと試みることも極めて自然なことでした。

第二版は、初版と同様にディジョンで印刷されました。第二版は、形式の上で初版と非常によく似ていましたしカバーも青色でしたが、「ザ・エゴイスト社のためにジョン・ロッドカー出版」という表示が記されていました。二千部が印刷されました。第二版の一部がドーヴァーに向って船積みされましたが、ドーヴァーに着くとすべてが没収され、「国王の焼却炉《キングス・チムニー》」で直ぐさま焼き捨てられてしまいました——ミス・ウィーヴァーによると、この「国王の焼却炉」という表現が使われていました。彼女は、没収されたことを聞いて直ぐドーヴァーに駆けつけたのですが、すでに『ユリシーズ』は灰と化していたと話してくれました。アメリカに送られた部数も同様に消えてしまいましたが、おそらく、港に投げ込まれる多くの子猫のように、ニュー・ヨーク港に沈んで行ったことでしょう。しかし、そのなかのいくらかは海岸に泳ぎついたに違いありません。というのは、時々私が受け取った手紙から判断しますと、この二つの版がよく似ていたためにある混乱が引き起されていたからです。この間、私はパリの書籍販売業者たちから数々の不満を訴えられていました。販売業者たちは、初版が出された数か月後に第二版が現われたということを聞きつけ、これは限定版の規則に違反すると考えて怒っていたのです。第二版は私が発行したわけではありませんが、勿論、彼らは私を責めたてました。

これは全く私の落度でした。私は彼らの不満は正当なものと考えました。これは私の経験不足のせいでした。最初の限定版のストックをさばく十分な時間が経過してもいないのに、第二版の出版が宣告される販売業者たちの立場を考えてやるべきだったのです。どうもミス・ウィーヴァーもジョイスも、この第二版を出版する手続きに差し障りがあるとは考えていなかったようです。というのは、ミス・ウィーヴァー宛の手紙で、ジョイスはパリの書籍販売業者たちが不満を訴えているということをミス・ビーチから聞き、驚いていると述べているようでした。

この第二版の運命は、『ユリシーズ』をイギリスで出版しようというあらゆる努力は、目下のところ無益であることを明らかにしました。また、私の母国でも、誰かが悪徳防止協会を黙らせるまでは、『ユリシーズ』を出版させる望みはないということも明らかにしたのです。こうして、ドーヴァー海峡や大西洋を越えようとするいろいろな試みがなされた後、シェイクスピア・アンド・カンパニイ書店の「迷い子」は再びオデオン通りに帰ってきたのでした。

『ユリシーズ』定住する

シェイクスピア・アンド・カンパニイ書店版は、再版に再版を重ねました――第四、第五、第六、第七版の『ユリシーズ』といった次第でした。ジョイスはこれはまるで歴代続いている法王を想い起させるなどと語っていました（法王の話と言えば、ローマに向う途中、『ユリシーズ』を買いに一人の青年が書店に立ち寄ったことがありました。

彼は私に、法王が図らずも『ユリシーズ』に祝福を与えたと手紙をくれました。彼が言うのには、ヴァチカンで拝謁を受ける際、彼は密かに上衣の下にこの本を忍ばせて行ったと言うのです)。ジョイスの驚いたことに、印刷された幾冊かはまるで給仕のような純白の上着になっていたのです。それと言うのも、ディジョンでは青色カバーを切らしてしまったのです。また幾冊かは倹約のため吸取紙のような紙に印刷されていました。

第八版の『ユリシーズ』を出す際、私は活字を組み替えました。初版の『ユリシーズ』で私がお詫びしておいた誤謬は取り除かれました。いずれにしても、私たちはそう思ったのです。ところが、確かフランク・ハリスだったと思いますが、彼は、〈デイリー・メイル〉紙に勤めている彼の友人に校正刷りを読ませた方がよいと勧めてくれたのです。この男は校正刷りを読む専門家で、数回にわたり注意深く校正刷りを読むということでした。私も幾度か校正刷りを読むのですが、専門家ではないため幾度読み返しても何の役にも立ちませんでした。第八版が届いたので、私はその一冊をジョイスに手渡しました。彼は彼の眼鏡にさらに拡大鏡の助けを借りて、第一頁を熱心に調べていましたが――もう、三箇所も誤りがある！　という叫び声が耳に入りました。

こうした活字の誤りにも拘わらず、『ユリシーズ』はよく売れました。主に最初はセーヌ河右岸の英米書専門の大きな書店に出ました。名声が高まるに従って、以前英書を扱ったことがあろうがなかろうが、そんなことにはおかまいなく、ありとあらゆるフランスの書店が『ユリシーズ』を捜し出しました——この本に対する需要はそれほど大きかったのです。町のいたる所からこの本を取りに寄こされた男たちがいつも私の書店に集まっていました。彼らの会話は相も変わらず本についてであり、また当然のことながらもっぱら本の重量に関するものでした。私にはとても興味深いものでした。私は、私の発行したこの本が重いことを申しわけなく感じました。しかし、彼らは私をベスト・セラーの発行者として褒めてくれました。彼らはきまって正方形の緑の布を床の上に拡げ『ユリシーズ』をおよそ二十冊ほど布の中に入れるとその四隅を結び、この重い包みを肩に担ぎ上げました。そしてさらに何冊かを抱え込みました。この仕事のお蔭で、彼らはたびたび酒場《ビストロ》に立ち寄って喉の渇きを癒やさなくてはなりませんでした。こうした仲間の一人はいつも大声を上げてUn Joylisse《アン・ジョリシース》（ユリシーズを一冊の意、ジョリシースはジョイスとユリシーズが結合した結果生れたもの）と注文していました。一度、I Lily by James Joyce《イ・リリイ・バイ・ジェイムズ・ジョイス》（ジェイムズ・ジョイス著ユリシーズの意。イ・リリイはユリシーズをフランス語の発音に従って不正確に発音し、さらにそれを勝手な英語に綴ったもの）という注文書を手渡されたこともありました。

　私たちは、この本をインド、中国、それに日本にも発送しました。また、かつてイギリスの植民地であった東南アジア地方にも読者がおりました。驚いたことに、サラワクの首狩り族のなかにも読者がいたのです。アメリカ人やイギリス人の読者に、私の書店で直接売る本は、読者の要請があれば、『シェイクスピア戯曲集完本』とか『子供向きの楽しい物語集』、あるいは適当なカバーを付け、この本の大きさにふさわしい他の書物に擬装されました。旅行者たちは、アメリカに『ユリシーズ』を密かに持ち込む技巧を上手にこらしていました。イギリスに持ち込むことはアメリカに持ち込むよりはさらに困難なことでした。

パリで盛んに売れていたとはいえ、この本がもし英語を話す国の正常な市場から締め出されていなかったなら、遥かに多くの利益をその著者と出版者にもたらしたことでしょう。

11

ブライアー[*1]

ブライアー、ブライアー。私はこの興味深い名前の持主が、はたして私の書店にやってくるかしらと怪しんでいました。私は既に彼女の夫ロバート・マッコールマンはよく知っていました。だが、ブライアーは都会が嫌いでした——彼女は都会を「商店の単調な羅列」というふうに呼んでおりました。彼女は人々を避け、カフェにも余り出掛けず、ひどく引込みがちでした。しかし、私は彼女がパリを愛し、フランスのあらゆるものを愛していることを知っていました。私は、私の店がこのいまわしい「商店の羅列」のひとつである事実を彼女が見過すことに同意してくれるよう願っていました。

＊1　一八九四〜一九八三年。イギリスの歴史小説家。彼女は数多くのギリシャやローマの神話を詩的な表現で、やさしい物語に書き直している。

その後、ある日のこと、この日はシェイクスピア・アンド・カンパニイ書店にとっては記念すべき日ですが、ロバート・マッコールマンが彼女を連れてきたのです——彼女は仕立て服を着て、水兵さんを想わせる二筋の飾りリボンのある帽子を被った、若くて内気そうなイギリスの少女でした。私は彼女の眼から視線をそらすことができませんでした——眼は素晴しい藍色をしていて、海よりも空よりも青く、カプリ島のブルー・グラトウ（青い洞窟）にさえ優っていました。それにもまして美しいのはブライアーの眼の表情でした。私はいまでも彼女の眼をじっと眺めているのではないかしら。

私の記憶する限り、ブライアーはひと言も喋りませんでした。彼女は物音ひとつ立てませんでしたが、これはイギリスでは特に変わっているというものではありませんでした。しかし、何ひとつとして話をしないこと——フランス人はこういうことを「他人に会話を負担させる」などと言っております。そこで、マッコールマンと私とが話をし、ブライアーはただ眺めておりました。彼女は静かにブライアーらしい物腰であらゆるものを観察しておりました。丁度それはロンドンが電撃的爆撃を受けている時期彼女が「ウォーミング・パン」の茶房を訪れいろいろと静かに観察しているのと同じようでした——彼女の作品『ベオウルフ』（八世紀末頃までに形成された同名の伝承叙事詩の英雄王）が示す通り、何ひとつとして彼女の眼にとまらぬものはありませんでした。

この彼女の様子は、多くの人々がまるで郵送のための小包のように自分自身の関心事のみに包み込まれて、風のようにぶらりと書店に入ってきては出て行く有様とは、ひどく違っていました。

シェイクスピア・アンド・カンパニイ書店に対するブライアーの関心は、心からのものであり――また温かく見守るといった種類のものでした。この日から書店に対する彼女の関心と保護がずっと続いてきました。

ブライアーという名前は、シシリー諸島のひとつの島の名でした。子供時代、彼女はいつもこの島で休暇を過しておりました。彼女の友人たちは、彼女をブライアー以外の名前では呼びませんでしたが、彼女の家族、それに少女時代の彼女を知っている者は皆彼女をウィニフレッドと呼びました――確か、彼女の正式の名前はアニー・ウィニフレッドだと思います。彼女は、財界の大立者で、ジョージ五世時代のイギリスでの著名人の一人ジョン・エラマン卿の娘でした。とりわけ若い頃の彼は著名な登山家でした。

ウィニフレッドが幼い頃、両親は彼女がとても気に入っておりましたが、同時に彼女の変わった性格に当惑しておりました。彼女は、ほかの少女のように可愛らしいフロックや飾り帯などの服装を身につけたり、髪の毛をカールしてもらったりすることをとても嫌いました。それにペティコートなんて、ペティコートをつけた人、それも冬にフランネルのペティコートをつけるなんてとても彼女には堪えられなかったのです。『ブバステスの猫』[*1] や海洋物語、歴史物語などに現われる面白い出来事を読む代わりに、彼女が附き添いの家庭教師や白い手袋をはめた男の給仕する際限のない食事を堪え忍ばなくてはならないなんて！　彼女の親切な両親が、子供が海へ逃げだすことを企らんでいること、この小さな「トム・ソーヤ」が窓から飛び出す機会をひたすら待ち望んでいることを知ってさえいてくれればよかったのですが！

ブライアーは、父親や母親と最初にパリを訪れた時のことを、『一九〇〇年のパリ』と題する小さな本に書いております。両親は彼女をかの有名なパリ博覧会に連れて行ったのです。彼女は五歳でしたが、年齢の割りには小さかったのです。だが、彼女は勇猛果敢なイギリスのちびっ子でした。フランス人が彼女の祖国や「ボーア人」について何か言うと、彼女はそのフランス人の眼に一撃を加えてやりたくて仕方がありませんでした――当時はボーア戦争（一八九九～一九〇二年。イギリスとトランスヴァール、オレンジ自由国との戦争）の時代でした。

両親が彼女をエジプトに連れて行った時も彼女はほんの子供でした。エジプトで彼女は象形文字にとりつかれてしまいました。他の子供たちが、一語一語字を拾いながら読む児童向きの本に描かれた猫や犬の話よりも、彼女はエジプトの物語のほうがはるかに面白いことを知りました。カイロはとても愉快でした。ある日、彼女の両親は駱駝に乗って出掛けて、彼女独りが家に残されました。彼女はベッドからありとあらゆるシーツや枕を引き出し、これで身をくるみました。そうして、彼女は召使いたちをびっくりさせました。彼女が彼らの前に現われた時、彼らは彼女を幽霊と間違えたのです――叫び声を上げて逃げ出してしまって、ホテルには一人の召使いも残っていませんでした。

ブライアーが成長するにつれ、彼女と彼女の家族との間の誤解が増していきました。彼女の自伝的小説で、結婚までの彼女を扱った連続物のひとつに、『成長』という小説があります。このなかで、彼女は自分に適しない生活に溶け込もうとして果せなかった悲劇的な失敗について語っております。彼女はフェンシングのレッスンを受けている時だけは幸福でした。勿論、読書にふける時もそうでしたが。十代の初めに、ヘンティ（ジョージ・アルフレッド、一八三二～一九〇二年。イギリスの児童用歴史文学作者）や海洋物語は、フランスの詩にとって代わられました。そして、マラルメがブライアーの崇拝する詩人となりました。

詩を通して、ブライアーは遂に彼女の絶望の的であった周囲の環境から逃れることができたのです。この時彼女は生涯の友となったヒルダ・ドゥーリトル[*2]に出会いました。そして、このH・Dを通して彼女自身の世界、つまり作家の世界に入っていったのでした。H・Dは、いわゆるイマジストの詩人たちのなかで最も賞賛された詩人の一人でした。この詩人たちのグループには、エズラ・パウンド、ジョン・ゴールド・フレッチャー（一八八六～一九五〇年。アメリカの詩人。イマジスト・グループの創設者の一人）等々が含まれていました。当時こうした詩人たちは皆ロン

＊1　ブバステスとは下エジプトのデルタで、十九世紀に発掘された古代都市。この都市にはバストの女神をまつった像があり、この像の頭部が猫の頭として知られている。猫の頭の代わりにライオンの頭の場合もある。ここでは、この像についての子供向きの面白い物語であろう。

＊2　一八八六～一九六一年。アメリカの詩人。ペンネームH・D。一九一一年ヨーロッパに渡り、イマジストの詩人たちと交わり、この運動に参加。イギリスの詩人リチャード・オルディングトンと結婚。

ドンに集まっていました。

一人のアメリカ人がブライアーの親友になってから、彼女は私の国に強い関心を持ち始めました。彼女はアメリカを訪れようと決心しました。こうしてブライアーと彼女のアメリカ生れのガイドH・Dは、「はるばるアメリカまで」出掛けて行くことになったと彼女はいつも話していました。

ブライアーにとって、この旅行での重要な出来事は、マリアンヌ・ムーア（一八八七〜一九七二年。アメリカの女流詩人）やその他の詩人たちと初めて会ったことを除くと、ミネソタ出身の若い作家ロバート・マッコールマンと彼女が結婚することになったということでした。二人は出会ったその翌日に結婚してしまいました。ブライアーは彼女が結婚したこの男性に彼女が何者であるかを話しませんでした。彼女は、自由な身分になりたいという彼女の計画が反対されるのを非常に恐れていました。それで、彼女は、夫をイギリスに連れて行って両親に紹介しても結婚に反対するには既に遅すぎるという時まで、両親に彼女の結婚を秘密にしておくつもりだったのです。しかし、新聞がこのニュースを知ってしまいました。翌日、マッコールマンは自分がジョン・エラマン卿の娘と結婚したことを知ったのです。

ブライアーの両親はこのニュースを気持よく受け入れました。そして彼らの婿を大層愛しました。ブライアーの弟ジョンも含め、家族全部が一斉に歓声を上げて心からロバートを迎えました。

ブライアーは「仲間連中《ザ・クラウド》」*1や都会から離れているほうを好みました。しかし、マッコールマンはほとんどパリで過しました。それも彼の作家仲間たちと一緒にセーヌ河左岸のカフェで過しました。彼の才能のお蔭で、彼は二〇年代の最も興味ある人物の一人となりました。また、彼の裕福な資産はボヘミアンの世界ではユニークであり、彼が人気者になるのに少からず貢献しました。飲み代はいつも彼が払っていました。それに、まったくのところ！　しばしば彼がほとんど飲みほしていました。今、ロバートは自分の思い通りになる資金ができたので出版者になりました。彼のコンタクト出版社から、彼は幾冊かの成功を収めた本を出版しています。マッコールマンは、彼の友人たちから非常に好かれましたが、彼は人格的にも文学的にも束縛されることを余りにもがまんできない性質でした。「私は唯の酒飲みに過ぎない」と、彼自身が私に語っていた通りの人物でした。

私たちがたまには出掛けてくるようにと誘いましたが、ブライアーは極く稀にしかパリにやってきませんでした——おそらく一年に一度位でしょうか。彼女が出かけてきてくれると、私たちは大変な喜びようでした。アドリエンヌは、私たちのフランス人の友人を幾人か招いては彼女に会わせました。ブライアーは私の書店を訪れると、シェイクスピア書店の常連たちが、自分宛の手紙を捜してマントルピースの上に山と積まれた手紙をひっかき回しているのを見ました。シェイクスピア・アンド・カンパニイ書店は

＊1　シェイクスピア・アンド・カンパニイ書店を根城にして集まった作家や芸術家たちを意味する。

左岸《レフト・バンク》に住む芸術家たちのアメリカン・エクスプレスでした。また私たちは時どき銀行のような役目をすることがありました。そこで私はいつも書店のことを「The Left《ザ・レフト・》 Bank《バンク》（バンクには岸と銀行の二つの意味が含まれている）」と呼んでいました。ブライアーは、私たちの重要な郵便業務には当然郵便箱が備えられるべきであると考えました。やがて、アルファベット順の文字がついた整理だなのある立派な大きな箱のようなものが備えられて、手紙の配布が快適に行なわれるようになりました。

シェイクスピア・アンド・カンパニイ書店に贈られたもののなかで最も喜ばれた贈物は、スタッフォード産の彩色陶器で作られたわれらの聖なるパトロン、ウィリアム・シェイクスピアの胸像でした。これはエラマン夫人が私たちのためにブライトン（イギリス、南サセックスにある町、海岸の保養地）でたまたま見つけたものでした。ボブ・マッコールマンが、ロンドンから新聞紙にくるんだ小包を持ってきて、この贈物をマントルピースの上に置いたその日から、これは私たちの最も価値ある飾り物となっています。私はこの胸像がいつも幸福を私たちにもたらしてくれたと思っています。

私がこういうことを述べるのをブライアーは好まないでしょうが、彼女は、戦争中国際的な接触を維持しようと誰よりも尽してきましたし、また多くの国に散らばっていた知識人の彼女の大家族をひとつにまとめるためにも尽してきました。彼女は戦時、平時にかかわらず彼らの面倒をみてきました。彼女の文通は厖大な範囲に及んでいました。

ブライアーは「博愛主義」という言葉をひどく嫌っていました。しかし、私は彼女が窮境に陥っている人々のために行なってきたことに対し、他の言葉を見つけることはできません。例えば、こうした分野での彼女の最も優れた功績のひとつは、数多くのナチの犠牲者を救済したことでした。彼女がこの犠牲者たちを迫害者から救い出し、最後には海を越えてアメリカに渡らして、彼らがこの新世界に落ち着くまでその面倒をみた彼女の巧妙な手口については私が証人です。ブライアーの生涯が明らかにされれば、きっと歴史的な物語になるでしょう。幸いなことに、彼女は今その生涯について語り始めています。

12

多種多芸

シェイクスピア・アンド・カンパニイ書店での生活は、片隅で独り夢想に耽り、読書や瞑想を好む者にとっては、むしろ騒々しいと言ってよいものでした。ある人々は実践活動から退いて思索の生活に入りました。私に関する限り、まるきり反対でした。まず黙想があって、次いで大騒ぎをしなくてはなりませんでした。「あなたは完全な外向性のタイプです」と、ウィーンから着いたばかりのフロイトの学徒が、観察の結果を語ってくれました。

まず何よりも書店という一定の決った仕事がありました。書店では処理すべき仕事が山ほどありました。『ナンシイ・ベルの歌』に出てくるように、私は、「コックであり、大胆な船長さん」でもありました。マーシンヌが私を助けにやってきてくれるまでは——私は、徒弟、主人、職員などを一緒にしたようなものでした。書籍販売や貸し出し文庫のほかに、書籍管理の仕事も想像してみてください！　私はアメリカ、フランス、イギリスという三つの異なった通貨で銀行勘定をしなくてはなりませんでした。ペンス、サンチーム、ペニーを使う計算は、私が最も頭を悩ます仕事のひとつでした。私は独特の算術をするので、商売にたずさわる者としては計算が一層ややこしくなりました。こんな調子で、私は多くの時間を失い、何枚もの大きな紙を無駄使いしました。一度、私は、たまたまこの私の苦心をプリンストン時代の古い友人ジェッシー・セイアーに話しました。ジェッシー・セイアーはウッドロウ・ウィルソンの二番目の美しい娘でパリに立ち寄っていましたが、私の書店に強い興味を抱きました。彼女は、私が一晩彼女のホテルを訪れてくれれば、かつて彼女が教えたことのある出来の悪い子供ばかり集めたクラスで大いに成功した算術の方法を教えてあげようと言ってくれました。夕食後、私たちは彼女の部屋に引き籠り、勉強を始めました。セイアー一家――彼女の夫は、とても不思議なことに彼女の父親にひどく似ておりました――は、翌日パリを離れました。ジェッシーは、私が彼女の算術をすぐ理解したものと確信して去って行きました。私はこんなよい友人に幻滅を感じさせたくなかったし、それに私自身も恥しかったので、すぐにまた例の大きな紙切れを使う私の計算方法に戻ったことを、彼女に決して話しませんでした。

アドリエンヌ・モニエの書店は平和に満ち溢れているような印象を人に与えました。

この店に入るや否や、人々はゆったりとした気分になりました。ともかく当時は、アドリエンヌは書店にジョイスに類する作家を抱えていなかったのです。私たちアメリカ人は騒々しい国民なのです。シェイクスピア・アンド・カンパニイ書店は騒々しいところでした。「多種多芸のビーチ」、これは私の父がプリンストン大学で学友たちにつけられたニックネームですが、この名前はパリに書店を開いた彼の娘にぴったりする名前でした。

ソルボンヌのアングロ＝サクソン系の教授、ユーション氏がイギリス人の彼の妻のために軽い読物を借りにくる九時に始まって、真夜中に至るまで、いつでも学生、読者、作家、翻訳者、出版者、出版関係の旅行者、友だちなどが、出たり入ったりしておりました。貸し出し文庫の会員のなかには、数多くの作家たちがまじっていました。また、勿論、この作家たちを読んでいる彼らの匿名の友人たちもいました。私はジョイスとエリオットを注文する人々を特に気に入りましたが、他の人々だって敬意を払ってもらう当然の権利を持っていた訳です。私はお喋りの七人の幼児を持つ母親のためにバインドル叢書の全てを揃えました。またフランス人がどうしても欲しいと言う時は、チャールズ・モーガン（一八九四〜一九五八年。イギリスの作家）の作品を整えさえしました。私は自分と同じように、極くありふれた読者が大変好きでした。私たちがいなかったら作家は一体どうしようというのでしょう。そして書店がなかったらどうでしょうか。

人々の好みに合わせて本を揃えることは、それぞれに靴を合わせるのと同じように難しいものです。私たちにはアメリカやイギリスに最も風変わりな本を注文するお客が何人かおりました――例えば、『ラファエルの天体暦』を年に一度注文するお客がいました。また、私に『ある少年の決意』[*1]はありませんかと尋ねるお客もいました。私の在庫にない本を注文する代わりに、こんな本はなぜさっさと買ってしまわないのでしょうか。

勿論私のお客の半数はフランス人でした。そこで、私の仕事には、アメリカ文学に関する非公式な講義を行なって、フランスの人々に最新の知識を授けるという仕事が含まれていました。

私の店の「若者たち《バニー》」の一人にベイコン[*2]の信奉者がいました。私の書店の名前がひどく彼を怒らせてしまい、彼はこの書店の名前をその儘にしておくことができなくなったのです。朝食のベーコンと卵を丸飲みにすると、彼は急いでシェイクスピア・アンド・カンパニイ書店へと駆け込んできました。彼は山と積まれたシェイクスピア・アンド・カンパニイ書店宛の商業上の手紙に私が返事ができないようあらん限りの狼藉を働きま

＊1　アメリカの詩人ロバート・フロスト（一八七四～一九六三年）の処女詩集。

＊2　一五六一～一六二六年。イギリスの哲学者、法学者、文人。ここでベイコンの信奉者がシェイクスピア書店に腹を立てた理由は、シェイクスピアの作品は実はベイコンが書いたものであり、シェイクスピアには優れた作品を書くような教育も素質もなかったとする論争が十八世紀なかばから提起されており、シェイクスピアを讃える書店が気にくわなかったものと思われる。

した。彼は書棚から『憂鬱症の分析』（一六二一年刊、ロバート・バートンの著書）やその他の書物を引き出し、ベイコンがシェイクスピアの幻影であることを証明した頁を開いてはよく残して行きました。この「若者《バニー》」はまことに狂暴でした。ある日のこと、私は彼が火かき棒をじろじろ眺めているのに気がつきました。疑いもなく彼はシェイクスピア・アンド・カンパニイ書店の主人をその店の床に叩きのめそうと決心していました。私はヘミングウェイが朝の訪問に店に立ち寄ってくれた時、本当に救われたような気がしました。

私は店に集まる子供の「常連」の方を好みました。子供たちは、店に入ってくると、長時間我慢しなくてはならない小さな肘掛け椅子に坐り、赤い円形のテーブルに向って、ブライアーの『地理の本』を読んでいました。ブライアーは、腰を掛けられるようにいろいろな本が大きくて平たくなくてはいけないと考えていたようです。私は余り重要でない仕事はいつも中断して、子供たちにラルボーがくれたウエスト・ポイント士官学校の生徒たちの人形を見せてあげるのが楽しみでした。この私の人形は、奥の部屋の食器棚の上に置いてありました。それで、子供たちがこの人形を眺めるには身を持ち上げてやらなくてはなりませんでした。

私の気に入りのお客の一人にハリエット・ウォーターフィールドがいました。彼女の父親ゴードン・ウォーターフィールドは、彼の母系先祖に当るダフ・ゴードン夫人について一冊の本を書いておりました。これはなかなか興味深い伝記でした。この読者を夢中にさせるような物語をまだ読んでいない人には、是非読むようお勧めします。

ハリエットは五歳でした。彼女は母親に、「シルヴィア・ビーチはね、私の一番のお友だちよ」と言っていました。私もハリエット・ウォーターフィールドには同じ気持を抱いておりました。彼女は、私をブローニュの森にある動物園に連れて行きました。その日は書店に沢山の仕事が待っていました。丁度春でしたので元気な子供たちがあたりをちょろちょろと駆け回っていて、足の下にまでもぐり込んできました。突然この子供たちが飛びつき、晴れ着の洋服のボタンを噛み取ってしまいました――それも、お母さんに汚してはいけませんよと言われた洋服であったりすると、ちょっとばかし困ってしまうものです。象に出会った時は安心しました。象は飛んだり跳ねたりする動物ではないのですから。ハリエットは、「今度は象のところに真直ぐに行きましょうよ」と言ったものでした。

白いドレスを着た髪の毛の美しい少女が、ある日、父親と一緒に書店に入ってきました。そして、彼女は小さくて赤い円形のテーブルに向って腰を掛け、子供の本を見始めました。この子供はヴィオレェーヌといって、クローデルが名付け親になっていました。彼女の名前はクローデルの戯曲『少女ヴィオレェーヌ』にちなんでつけられたのです。彼女の父親は詩人で、大使でもあるアンリ・オップノで、私たちの親友の一人でした。ヴィオレェーヌと母親のエレーヌ・オップノ、それに彼女の父親は北京から帰ってきたばかりでした。

フランス語よりも英語に通じていたこの少女は、その頃は私が彼女の父親と話している間じゅう、ケイト・グリーナウェイ（一八四六〜一九〇一年。イギリスの作家、童話の挿絵画家）を夢中になって読み耽っていました。しかし、彼女は二十歳になるとレジスタンス運動の最も危険な冒険のヒロインになっていました。

また、シェイクスピア・アンド・カンパニイ書店にはちょくちょく犬の常連が現われました。だがこの常連は、必ずしも私の飼い犬テディに丁重に迎えられるというわけにはいきませんでした。

このテディという犬について少し話しますと、もともとこの犬は、私のお客の一人でブルックリンからやってきた若くて魅力的な婦人に飼われていました。テディは針がねのような毛をしたテリアでしたが雑種の血がまざっていました。だが、とても可愛い犬でした。この犬は、ブルックリンの鑑札を付けた儘、時どき店にやってきていました。そして、この鑑札を誰にも取りはずさせませんでした。暫《しばら》くたったある日のこと、犬の飼い主が、私にテディをとても気に入っているけれど、これ以上飼うことができないので私に贈物として受け取って欲しいと言いました。私は、犬とジェイムズ・ジョイスと書店とを一緒に管理していくことはとても出来ないと彼女に言いました。それでは仕方がないので、テディを永眠させなくてはならないと彼女は言いました。

そこで、私は試みにテディを引き取り、この犬がムースにもし気に入られるかどうか少しの間飼ってみることに同意しました。ムースというのは、田舎に住んでいるアドリエンヌ・モニエの両親の家で飼っている大きな毛むくじゃらのシェパード犬でした。私たちは週末をこの両親の家で過していました。これを諒解した上で、テディの飼い主は犬を私に引き渡しましたが、同時に皮の紐、テディの健康や食事（モニエ一家の驚いたことには、缶詰の鮭が好きだと強調されていました）、テディの振舞いや大変苦労して教え込んだ芸と言葉などに関する細かい指示まで引き渡していきました。テディの芸は多くの子供たちを喜ばせました。この芸があれば、もしこの犬が自分で生活費をかせがなくてはならない時にはいつでもサーカスに働き口を見つけることができたでしょう。テディは、つま先で立ってぐるぐる回ることができたし、「三つ」数えるまで地面に伏したり、鼻の上に載せた棒切れのバランスをとり、その棒切れを投げ上げては落ちてくるのをくわえることもできました。

　私は、飼い主が変わることがテディに痛手になるのではないかと心配しておりました。しかし、この犬は新しい飼い主を受け容れただけでなく、その後、昔の飼い主が初めて店に戻ってきた時には立ち上ってこの飼い主に話し掛けようともしませんでした。多分、彼のプライドが許さなかったのでしょう。

　犬を引き取った次の週末、アドリエンヌそれにテディと私とが汽車に乗ろうとして改札口を通り抜けようとすると、駅員が私たちを引き止めました。「口輪をつけないで犬を連れて行くことはできません」と、彼は言うのです。私たちは口輪を持っていなかったし取りに戻る時間もありませんでした。それにこの汽車は私たちが乗車できる最後の列車でした。アドリエンヌは決して途方に暮れるということがありませんでした。彼女は大きなハンカチを取り出して、これをテディの顎の周りに結びつけました。そして、駅員がなんと言ったらよいのか考えている隙に私たちは改札口を走り抜け汽車に乗ってしまい、田舎へと出発しました。

ムースは山岳犬で、まだ小犬の頃私がサヴォワ（スイス、イタリアと隣接するフランス南東部）からアドリエンヌの父親に連れてきた犬でした。誰一人として、飼い主といえども、ムースの外套に勝手にブラッシュをかけることはできませんでした——山岳犬はその権威にかけて、そのような乱暴な行為に身を任すことは決してありませんでした。一度だけ、それもただの一度だけ、アドリエンヌの母親がこの犬のもつれ合った毛に櫛を入れようとしました。ムースはその櫛を奪い、身から抜き取られた毛を食いちぎってはその毛を飲み込んでしまいました。

私たちは、ムースがテディのような犬を必要としないということはよく分っていました。しかし、最初猛烈な顔合わせをした後、この二匹はすっかり仲良しになってしまいました。ムースは賢い犬テディをほめ、一方テディは真の雄犬ムースを称えました。アドリエンヌはテディを高度に変身した犬だと考えていました。つまりこの犬は数多くの輪廻を重ねてきたというのです。あるいは、モリー・ブルームならば、“met-him-pike-hoses”[*1]と言うでしょう。アドリエンヌは、この犬が次に人間の姿になる時は郵便屋さんになるだろうと話していました。アドリエンヌの父親は郵便業務に従事していたので、この彼女の言葉はテディに対する彼女の敬意を示したものです。私は、いまの犬の姿をしたテディが好きでしたし、犬も私が気に入っておりました――この犬は私のためにその一生をなげうってくれるだろうと確信していました。

勿論、ジョイスが書店にやってくる時、私はいつも急いでテディが邪魔にならないよう追っぱらわなくてはなりませんでした。可哀相なジョイス！　アドリエンヌと私が自動車を手に入れた時、ジョイスはこの車があまり好きではありませんでしたが――彼は役人だけが車の使用を許されるべきだと考えていました――今また、自動車に加えてこの“feerrce dog”《フィーアス・ドッグ》（猛犬の意 fierceを、ジョイスのアイルランド訛りの発音に従って示したもの）がシェイクスピア・アンド・カンパニイ書店に現われたわけです。

テディはジョイスに無用でした。だが、彼はシェイクスピア・アンド・カンパニイ書店の猫は高く評価しておりました。この猫は、ラッキーという名のインクのように黒い猫でした。ジョイスは決して手袋をはめることがありませんでしたが、手袋の指の部分がこのラッキーの好物でした。そのため、他の人たちが立派な手袋をテーブルに置き、手袋の指先が嚙み切られているのを発見し、びっくり仰天するように、ジョイスはこの

＊1　モリー・ブルーム、つまり『ユリシーズ』の主人公の一人ブルーム夫人は、ある朝彼女が読んでいた小説のなかの解らない言葉 metempsychosis（輪廻）を夫に尋ねるが、その際彼女はこの言葉がよく発音できなくて met-him-pike-hoses と発音してしまう。輪廻は『ユリシーズ』の大きなライトモチーフの一つである。

猫に驚かされるようなことはありませんでした。この仕業がどんなに悪いことであるか、ラッキーに納得させることはとてもできませんでした。私のできることといえば、お客に対して手袋に迫っている危険を、警告するサインを出す位のものでした。帽子も同じでした。ヘミングウェイの新調の素敵な帽子のてっぺんにこの猫が穴をあけた時など、私はとても恥しい思いをしました。それにアドリエンヌのところに友人がお茶を飲みに集まった時のことです。ラッキーが寝室においてあったありとあらゆる手袋の指先を噛み切ってしまったのです。ジョイス夫人は他の人の手袋が噛み切られているのをみてヒステリー状態になっていました。しかし、彼女は自分もまた犠牲者であることを帰宅するまで気づきませんでした。

訪問者と友人

あらゆる国から、訪問者がシェイクスピア・アンド・カンパニイ書店に立ち寄りました。二〇年代の初め、当時ロシアと呼ばれていた国から一人の訪問者が現われました――セルゲイ・エイゼンシュタイン[*1]、偉大な芸術家で、映画に関する様々な興味深い考え方に溢れた人物でした。確かに彼は私が今までに出会った最も興味ある人物の一人でした。エイゼンシュタインは文学界の動向を詳しく追っていて、ジョイスの熱心な賞賛者でした。できることなら、彼は『ユリシーズ』から映画を作りたいが、『ユリシーズ』に深い尊敬を払っているので映画のためにこの作品を犠牲にするようなことはできないと語っていました。

その後しばらくして、エイゼンシュタインはパリに再びやってきました。彼はアドリエンヌと私をロシアの大使館に招き、彼の新しい映画「ザ・ジェネラル・ライン」を観せてくれました。そしてこの新作の主題について彼のいくつかの考えを私たちに話してくれました。彼は余りにも多くの考えを持っていて、限られた時間では到底彼の考えの半分も話すことはできなかったし——また、おそらく制限された時間では映画を製作し終えることはとてもできなかったでしょう。

私は、現代のロシアの文学作品を送ってもらう代わりに、私の方から英語の新刊本を彼に提供するという約束をエイゼンシュタインと交しました。彼が私に送ってくれたもののから判断すると、当時ロシアでは、特にこれといった重要な作品が現われているとは思われませんでしたが、おそらく翻訳ものが欠けていたのかもしれません。

また、リトヴィノフ（一八七六〜一九五一年。ロシアの共産主義運動の指導者、政治家）の家族一同も書店を訪れました。リトヴィノフ夫人はイギリス人でした。彼女の夫は、ジョイスと同じダブリンの大学に通っていましたので、ほとんどアイルランド人と言ってもよかったのです。リトヴィノフ一家の子供たちの写真が、他の子供のお客たちの写真に付け加えられました。私は特にターニ

＊1　一八九八〜一九四八年。ロシアの映画監督。最も偉大な映画監督と言われ「戦艦ポチョムキン」などの作品がある。

ャをよく覚えています。

私のお客や友人には中国人の音声学の教授（双子の子供がいました）、カンボジア人、ギリシャ人、ヒンズー人、中央ヨーロッパ人、南アメリカ人等々が含まれていました。しかし、勿論その大半はアメリカ人やフランス人、あるいはイギリス人でした。

ジャネット・フラナー、[*1]後にジュネというペン・ネームを採用していた彼女は、私の最初のアメリカ人の友人の一人でした。彼女は、二〇年代に足繁く書店に出入りしておりました。一度、彼女はローマ行きの汽車に乗りに行く途中、タクシーでちょっと寄ってくれたことがありました。それもわざわざシェイクスピア・アンド・カンパニイ書店に二冊の豪華な美術書を贈物として届けるためでした。アドリエンヌ・モニエはこの美術書を借り出していきましたが、挿絵がすっかり気に入って二冊の本を返すのにかなり手間取りました。

ジャネット・フラナーは、ロンドンとかローマ、その他の場所にいつも出掛けておりました。移動記者としての彼女の職業のためにこうしたいろんな場所に出掛けなくてはなりませんでした。彼女は聡明で、大変な働き手でもありました。しかし彼女は時間を見つけては人の面倒をみていました。これは私が証明できます。彼女の数々の親切な振舞いのお返しに、私は彼女に一冊の『ユリシーズ』とこの著者のちょっとした原稿を本に挟んで贈りました。何年か後ジョイスの名声が高まった時、彼女はこの本をある有名な図書館に売ってもよいだろうかと、私に尋ねてきたことがありました。それもその本を売った利益を彼女ではなく私が受け取るというのです。ジャネット・フラナーというのはそういう人でした。

〈ライフ〉誌の一人の写真家が、一九四四年のパリ解放当時、オデオン通り十二番地の私の古いお客の二人、つまりジャネット・フラナーとアーネスト・ヘミングウェイの二人の写真を写しましたが、彼はよいことを思いついたものだと思いました。

開店したばかりの頃のもう一人のお客は、ジョン・ドス・パソス（一八九六〜一九七〇年。アメリカの小説家）でした。彼は絶えず活動的なように思えました。私が彼に会ったのは、彼の作品『三人の兵士』（一九二一年）と『マンハッタン乗換駅』（一九二五年）の間の時期でした。彼が急いで通り過ぎる際ちらっと見掛けるだけでした。ヘミングウェイと一緒にいるところをよく見掛けました。ある日、昼休みの後、店を開いてみると、ドアーの下に何かが差し込まれているのに気づきました。ジョン・ドス・パソスの写真でした。私はドスに、彼のことを私たちはそう呼んでいましたが、私の店に飾る肖像写真のギャラリーに彼の写真を一枚持ってこなくてはいけないと話してあったのです。

ソーントン・ワイルダー*2はヘミングウェイと同じ頃シェイクスピア・アンド・カンパ

*1　一八九二〜一九七八年。アメリカの記者、作家。『パリのアメリカ人』などの作品があり、また一九二五年から、Genêt というペン・ネームで『パリ便り』を〈ニューヨーカー〉誌に連載していた。

ニイ書店に現われました。彼は若いヘミングウェイ一家によく会っていましたし、書店にもたびたびやってきました。彼の礼儀作法は、私の友人のなかでも最高でした。彼は、どちらかと言えばはにかみ屋で、青年牧師のようなところが少しありました。彼の背景になっているものは、パリでの彼と同世代の人々のそれとは全く異なっているようにみえました。私は彼の『カバーラ』と、後に書かれた『サン・ルイ・レイの橋』が好きでした。私は、彼が数々の業績や成功にも拘わらず、非常に謙虚だと思いました。フランス人たちは彼の『サン・ルイ・レイの橋』を賞賛し、この作品がまるでフランス人たちの作品であると言わんばかりでした。それほどこの作品はフランスの伝統に深く根差していました。二〇年代の私の友人たちの間にみられるコントラスト、例えば、ワイルダーとマッコールマンとの対照などは、私たちの広大な国土にみられるコントラストと多様性を思い出してもらわなくては到底説明できないものです。

私はいつもソーントン・ワイルダーが気に入っていましたし、また彼を賞賛もしておりましたので、しばらくして彼がクリスティーヌ通りの方向にオデオン通りから多少なりと姿を消してゆくように思われるのを残念に思いながら見守っておりました。しかし、私は私たちの友情が冷却したとは少しも感じませんでした。彼にはただ他の場所に出掛けて行かなくてはならない仕事があったのです。シャーウッド・アンダソンもまたクリスティーヌ界隈、つまりスタイン界隈（ガートルード・スタインがサロンを開いていた住居のあった場所）に幾分片寄っていきました。

芸術家マン・レイと、しばらく彼の助手をしていた弟子のベレニス・アボットは、「仲間連中《ザ・クラウド》」の正式の肖像写真家でした。私の書店の壁は二人が撮った写真でおおわれていました。マン・レイやベレニス・アボットに「撮られる」ということは、ひとかどの人物として評価されることを意味していました。しかし、私が想像するところ、マン・レイ自身は自分の写真に余り興味を抱いていなかったようです。彼は既に前衛的な運動にたずさわる芸術家たちのなかに名を連ねていましたし、ダダやシュールレアリストたちのグループの一員でした。

一九二四年四月、アメリカの書籍販売者や出版者たちは、〈出版者週報《パブリッシャーズ・ウィークリー》〉に載せられたシェイクスピア・アンド・カンパニイ書店に関する記事に注目していました。そして、この書店に興味をそそられ、彼らがパリを訪問する際はきまって私の書店に立ち寄りました。私たちは、書店がこの正式な機関の目にとまったことを大変誇りに思いました。この記事の書き主はセーリル・コディで、彼はバーマンのジミーという極めて重要な人物に関する本を書いております。この本にはアーネスト・ヘミングウェイが序文

＊2　一八九七〜一九七五年。アメリカの小説家、劇作家。アイロニカルな小説とファンタジイと実験的演劇技法で成功を収めた劇で有名。彼の作品『カバーラ』はイタリア貴族に関する皮肉溢れる小説。また、『サン・ルイ・レイの橋』はピュリッツァー賞を受けた小説。

を付けています。二〇年代パリにおける私の他の友人たち同様、モーリル・コディはこの時期以後大変な成功を遂げ、フランスとアメリカとの文化的交流に大いに尽してきましたしまた現在も尽しつつあります。

「仲間連中《ザ・クラウド》」

デュナ・バーンズ、[*1]とても愛くるしくとてもアイルランド人らしく、それに才能にも恵まれていた彼女は、二〇年代の初めにパリにやってきました。彼女は〈リトル・レヴュー〉誌やグリニッジ・ヴィレッジのグループに属していました。そしてマッコールマンの友人の一人でもありました。彼女の処女作で、一九二三年に出版され、単純かつ極めて特徴的に『本』[*2]（*A Book*）と呼ばれる作品が彼女を一人前の作家として確立させました。風変わりで憂うつな調子をおびたこの作品は——彼女の歓びに満ちた微笑と対照的でした——当時のどの作家の作品とも似通っていませんでした。さらに、彼女は自分の仕事を宣伝するような人間ではありませんでした。幸いT・S・エリオットが、彼のいつもの鑑識力で彼女を発見し、彼女が当然占めるべき位置に彼女を送り出したのです。それでもなお、当時の作家たちについて書かれた書物のなかでは、彼女は、当然払われるべき評価を与えられていないように思われます。確かに、彼女は最も才能に恵まれた作家の一人であり、また二〇年代のパリにおいて、最も魅力的な文学的人物の一人であったと私は思います。

私の書店が開店した当初、カルティエ・ラタンの周りに一人のアメリカ人の芸術家がいました。それはマーズデン・ハートレイでした。面白い男性で、彼の『二十五の詩篇』はマッコールマンにより彼のコンタクト出版社から出版されました。彼はそれほど長くパリに滞在しなかった仲間の一人でした。二、三度彼を見かけ、私は、彼をなかなか魅力的だと思いました。もっとも多少憂愁の影をおびていたかもしれませんが。

メアリー・バッツ、彼女は軽やかな足どりで店に出入りし、二〇年代のパリでは独特の人物でした。赤味がかった頰と赤ら髪の彼女には、少くとも私が彼女に会った時には、少しも憂うつそうなところはみられませんでした。『不信者にかけられた罠』の著者を描いたコクトー（ジャン、一八八九〜一九六三年。フランスの詩人、小説家）のデッサンは、この当時のメアリー・バッツを見事に描き上げております。しかし彼女の生涯は悲劇的でした。そして、あれほど将来を約束されていた彼女の仕事は彼女の死によって突如中断されてしまいました。また、それ迄に出版されていた彼女のすべての作品も消え去ってしまいました。つまり、コンタク

＊1　一八九二〜一九八二年。アメリカの記者、小説家。長くヨーロッパで活躍。T・S・エリオットの序文がついた『夜の森』が最もよく知られている。シュールレアリスムに興味を抱いていた。

＊2　バーンズの戯曲、韻文等を集めた雑集。ビーチは発行年月日を一九二二年と記しているが、これは一九二三年の誤りではないかと思われる。

ト出版社からこれまでにいくつか彼女の小説――そのなかの一冊には『指環のもえがら』がありました――が出版されてはいましたが、彼女の死後はすべての作品が絶版になるように思われました。クレオパトラに関する本もありました。彼女はクレオパトラを知識人、ほとんどブルーストッキング（十八世紀中ごろロンドンの知識婦人たちが組織した会の会員）と見做していました。「仲間連中《ザ・クラウド》」には素晴しい三人の美人がいました。三人とも同じ家に暮しておりましたが、家は美しくはありませんでした。女流詩人のマイナ・ロイ、そして彼女の娘ジョウエラとフェイビイ（Joella, Faby　どうもこれは間違った綴りです）の三人はとても可愛かったので彼女たちの出掛ける先々でじろじろと眺められていました。彼女たちも眺められることには慣れてしまっていました。だが、もし美人投票が行なわれていたなら、私はマイナが三人のなかで最も美しい女性として選ばれていたと思います。他の誰もと同様、眺めたいと思う時はいつでも眺めることのできたジョイスは、ジョウエラがあらゆる基準に照らして、つまり彼女の金髪、眼、顔色、態度等々に照らして美人だと観察しておりました。どうやら彼女はジョイスの票を獲得しました。フェイビイはまだ少女でしたが、美人でとても面白い顔付きをしておりました。彼女から眼をそらすことなどとてもできませんでした。

マイナの住居に行くと、到るところに散らばっているランプの傘の間を縫って歩かなくてはなりませんでした。彼女は子供を育てるため傘を作っていました。また、彼女は自分の着る物は自分で作っていましたし、子供たちの着物も作っていました。彼女の帽子は彼女の作るランプの傘によく似ていました。あるいは帽子に似ていたのが多分ランプの傘だったかもしれません。

彼女は、時間の余裕があればいつも詩を書いていました。マッコールマンは、いかにもマイナ・ロイらしいタイトル、『月世界案内書』というタイトルを付した、彼女の小さな詩集を出版しました（Baedecker は“Baedeker”という綴りの誤りです――これはマッコールマンの誤りでした）。

マッコールマンは左岸に集まる人々のなかに一人の日本人の友人を持っていました――サトウ・ケン(19)という日本人でした。彼の作品『奇妙な物語』をマッコールマンが出版しております。どう猛なさむらいと稚児たちについてのこのあやしげな話が書かれている英語は、日本でジィドの先駆者たちを描いた物語以上に、奇妙きてれつなものでした。

私の書店やアドリエンヌの書店に大きな興味を持っていた一人に、私の同胞でもあるミス・ナタリー・クリフォード・バーニイがいました。レミイ・ドゥ・グールモン（一八五八～一九一五年。フランスの評論家、詩人、小説家）の『書簡集』に出てくる例の女傑《アマゾンヌ》です。彼女は毎朝ブローニュの森で馬を乗り回していました。ここから女傑という名前が生れたのでした。彼女は詩を書き、彼女のサロンはパリの文学界でも有名でした。しかし、彼女が文芸をどれほど真剣に考えていたかどうか疑問に思います。女傑にしては、ミス・バーニイは好戦的ではありませんでした。それとは逆に、彼女は愛らしく、全身にまとった白の衣装と金髪の色調とでもってとても魅力的でした。私は、彼女と同性の多くの女性が、文句無しに彼女は魅力的だと感じていたと信じます。金曜日になると彼女はヤコブ通りにある彼女のパヴィヨンでくつろいでいましたが、このパヴィヨンはその昔十七世紀にニノン・ドゥ・ランクロ（一六二〇～一七〇五年。文人のサロンを開いたフランス女性の才人）がくつろいだ場所でもありました。しかし、ランクロが金曜日にサロンを開いてくつろいだかどうか私は知りません。レミイ・ドゥ・グールモンは去っていきましたが、彼の弟はいつもミス・バーニイの家で見掛けられました。彼女のところにやってくる作家たちは、ほとんど〈メルキュール・ドゥ・フランス〉誌の作家たちでした。おそらく、こうしたことから彼女はエズラ・パウンドと知り合うことになったのでしょう。というのは、パウンドの友人たちの多くは〈メルキュール〉に属していたからです。ミス・バーニイが、彼女のサロンでジョージ・アンティールの演奏会を開いたのもパウンドを通じてのことでした。

　ある日、私はミス・バーニイが借りていった私の貸し出し文庫の本を一緒に捜すため、ヤコブ通りに立ち寄りました。彼女は私を書物がぎっしりと詰った戸棚に案内しました。この戸棚は余りにも本が詰め込まれていたので、彼女がその扉を開くとなかから一冊の本が床に落ちました。パウンドの『刺激的なこと』[*1]でした。彼女は、「もしあなたの本が見つからなければ、代わりにこの本を持っていってください」と言ってくれました。私はこの本はとても貴重な本であることを述べて反対しました。それに、私はこのパウンドの本は、著者から彼女に寄贈されていることも指摘しました。しかし彼女はパウンドの本を持って行くようにと言ってきませんでした。彼女は詩以外のものを決して読まないし、書庫には詩以外のものを置かないと言いました。

ミス・バーニイのところでは、華麗な色彩を身に纏い、片眼鏡を手にしたレディたちに出会いましたがミス・バーニイ自身はとてもしとやかでした。不幸にして、私は彼女のサロンで『孤独の源』を著わした女流作家と知り会う機会を逃してしまいました。その著者はこの作品のなかで性欲の倒錯した夫婦が聖さん台で結合すればすべての問題が解決するだろうなどと結論を下していました。私がドリー・ワイルド、彼女の叔父に当るオスカー・ワイルドにとても似ていましたが、彼よりは遥かに優れた容姿のワイルドに出会ったのも、ミス・バーニイのサロンでした。彼女がヴェニスで悲しい死を遂げた後、ミス・バーニイは真情溢れる追悼の詩を彼女に贈っていました。突然人生の幕を閉じたもう一人の彼女の友人は、確か悲惨な死を遂げたのですが、女流詩人のルネ・ヴィヴィアンでした。

しかし、ミス・バーニイは物事を悲観的にみる人物ではありませんでした。彼女は無上に楽しそうでした。そして彼女がお客たちに出すお菓子や飲物、特にコロンバンの店から取り寄せたチョコレートのお菓子などは極めて高級品でした。おそらくデュナ・バーンズだろうと思われますが、匿名の作者が著わした、余り知られていない傑作、『レ

＊1　パウンドの批評集。

ディの暦』[*1]はミス・バーニイを描いたものと言われています。

ミス・バーニイからの手紙を携えて一人の婦人が私の書店にやってきましたが、この御婦人はヤコブ通りを訪問し、余り恩恵にあずからなかったようでした。彼女は興奮し、私の耳に怒りを込めた声で「あの売春婦たちについて、あなたは何かもっと御存じではありませんか」と囁いていました。

＊1　バーンズの作品ではなく著者の名は不明。

13

フィッツジェラルド、シャンソン、プレヴォー

　私の書店に出入りするアメリカの作家たちに私が興味を抱くのと同じように、アドリエンヌも彼らに興味を持っていました。そして私たちは一緒に彼らを相手に楽しんでいました。従って、オデオン通りには地下道があってもよかったのです。

　私たちの大の仲好しの一人はスコット・フィッツジェラルドでした――シェイクスピア・アンド・カンパニイ書店の入口に坐っている彼とアドリエンヌを写した私のスナップ写真を見てください。私たちは彼がとても好きでした。もっとも、誰が彼を嫌いになるでしょう。彼の青い眼と美ぼう、堕落した天使の如き魅力、一瞬私たちを幻惑させるように彼はオデオン通りを素早く横切っていました。

　スコットはジョイスを崇拝しておりましたが、彼はジョイスに近づくことを大変恐れていました。そこで、アドリエンヌは美味しい夕食を準備して、ジョイス一家とフィッ

フィッツジェラルドが『偉大なるギャツビー』の本の余白に描いたデッサン。

ツジェラルド一家、それにシャンソン（アンドレ、一九〇〇〜一九八三年。フランスの小説家）と彼の妻リュシーを招待しました。スコットは私の持っていた『偉大なるギャッツビー』の本の余白にお客たちをデッサンしました——そのデッサンには、光輪を放つジョイスがテーブルに向って坐り、ジョイスの傍に彼が跪き、アドリエンヌと私は上手と下手に人魚（さもなければサイレン（ギリシャ神話に登場する半人半魚の海の怪物。航海者を美しい歌声で惑わし殺害する））として描かれております。

可哀相なスコットは、彼の数多くの小説から多額の収入を得たためこのお金を使い果そうと一所懸命になり、彼と妻ゼルダはモンマルトルで大量のシャンペンをがぶ飲みしなくてはならなくなりました。彼は、ある出版社が渡した小切手の金額をはたいて真珠のネックレスをゼルダに買いました。ところが、彼女はこのネックレスをナイトクラブで彼女が一緒に踊った相手の黒人女性に贈物として上げてしまいました。しかし、この黒人の少女は、翌朝早くこのネックレスをゼルダのところに返してきました。

スコットとゼルダは、付けを取りにきた者やチップを払ってもらうべき人間が、お金を自分勝手に簡単に持って行けるよう、彼らの住んでいた家のホールにいつも小銭を皿に載せて残しておきました。このように、スコットは彼が得た収益のすべてを後々の見境もなく使い果しました。

私がハリウッドのキング・ヴィダー（一八九四〜一九八二年。アメリカの映画監督兼製作者）に会ったのは、スコットを通してであったと思います。そして私を通じてスコットは、若いフランスの作家アンドレ・シャンソンに出会いました。

私が偶然にハリウッドと親しくなり、それから間もなく訣別することになったのは次に述べるようなことからでした。ある日のこと、キング・ヴィダーが書店にやってきて、映画化できるような小説を書いた若いフランスの作家を知らないだろうかと私に尋ねました。私は直ぐにアンドレ・シャンソンの処女作『道』を想いつきました。この作品は心をわくわくさせるドラマティックな物語で、セヴェンヌ地方(フランスの中央山岳地帯の東部)のレギュアルというシャンソンの故郷での道路建設に関する実話でした。彼が描いている山の麓にある村は、彼が生れ、育った村でした。これはセヴェンヌ出身の若者が語る心を打つ美しい物語であり、シャンソン自身の体験した物語でした。

そこで、私はキング・ヴィダーにこの『道』を勧め、どのような物語であるかも彼に話しました。「これはまさに私の捜していたものだ」と彼は言いました。次いでヴィダーの求めに従って、私はシャンソンに書店に立ち寄るよう連絡しました。

ヴィダーは、シャンソンと一緒にシナリオを書かせるためエリノア・ボードマンを伴って書店に戻ってきました。彼はフランス語を知らなかったし、シャンソンは英語を知りませんでした。しかし、私が二人の通訳を務め、シナリオがなんとか出来上りそうに思えた時には私は大変喜びました。ヨーロッパでのヴィダーの評判は当時最高でしたし、一人の人間としても、彼は私を失望させませんでした。つまり、彼は深みと理解力、それに素晴しい感受性を持っていました。

『道』の仕事が約一か月進行したある日、書店で私たちの会合が開かれることになっていましたがヴィダーの乗った大きな自動車は現われませんでした。私に宛てた走り書きによると、彼は突然アメリカに呼び帰されたということでした――これがすべてでした。そして、これが私たちが彼から受けた連絡の最後でもありました。

その後幾度となくシャンソンと私は、シャンソンを大金持ちにしてみせると言ったヴィダーの約束を大笑いしたものでした――もっとも、その時は、私たちもこれを変だと思いませんでした。ヴィダーはこの若いフランスの作家が、フランスでしていることが何であれ、その仕事を投げ出し、彼に従ってハリウッドまでついてくることを期待しておりました――つまり、ハリウッドでシャンソンは信じられないほどのお金を儲ける筈でした。幸いシャンソンは賢明で旧式な人種の出でした。そして片時も、彼は人々が「進路を見失う」(perdre le nord)と呼んでいるようなことをすることはありませんでした――つまり、彼は人生航路を外れることがなかったわけです。彼はヴィダーに尋ねました、「だが、私の仕事をどうすればよろしいでしょうか」。シャンソンは良い職業を持っていました――下院で、国務大臣の秘書を務めていました――彼にはこのポストを捨てる気はなかったのです。

それでもやはり、この事件で私は面目を失ってしまいました。さらに悪いことに私の祖国の面目もなくしてしまいました。スコット・フィッツジェラルドといえば、大変な腹の立てようでした。だがシャンソンはとても友情的で、彼を傷つけたことに対し私たちを直ぐ許してくれました。

シャンソン一家は私に、深夜パンテオンの裏手にある彼らの小さな住居にスコットが訪ねてきた時のことを話してくれました。スコットは、どこかのナイト・クラブで偶然手に入れたに違いないバケツに入れたシャンペンを持ってきたのです。友人たちと一緒にこのシャンペンを飲んだ後彼は長椅子に横になり――一夜を明そう――と思ったのです。それで、リュシーはひざ掛けを持ってきて彼の上に掛けてあげました。その後彼は気が変わりました。みんなは彼がバルコニーから通りに飛び降りようとするのを、止めさせるのに大童《おおわらわ》でした――六階もの高さだったのです。やっとのことでシャンソンは階段を一段一段下ろして、スコットをタクシーに乗せることに成功しました。また彼はスコットが彼のポケットにあるお金を残らず運転手に与えないように計らいました。運転手自身もこれを避けようと苦心していました。「そんな金を受け取ったらスキャンダルになるでしょう」(Ça ferait des histoires)と運転手は言いました。それに、タクシーの運転手たちはたいてい正直な人たちでした。

シャンソンの職歴は輝かしいものとなったため、彼が鬼火の後を追って行かなかったことを後悔する理由は何ひとつありません。彼はこれまでにヴェルサイユ宮殿に任命された最も若い館長となりました。現在、彼はプチ・パレと二つの国立博物館の館長であり、アカデミー・フランセーズの会員にも選ばれています。

二〇年代の中頃、アドリエンヌと私は、アンドレ・シャンソンとジャン・プレヴォー(一九〇一～一九四四年。フランスの小説家、評論家)の二人にかなり頻繁に出会いました。二人は互いに全く性格の異なった親友でした。シャンソンは堅実で勤勉、分別があり多才でした。一方、プレヴォーは寧ろ並外れで、気まぐれ、むら気な質でした。プレヴォーが文法学者で、哲学的性向を持っていたのに対し、シャンソンは美術の鑑識家、歴史家であり、政治的性向を持っていました。

　プレヴォーは、しばらくの間アドリエンヌ・モニエの雑誌の編集長補佐を務めていました。それで彼は多くの時間を私たち二人の書店で過しました。彼の偉大な親友はアンドレ・モロワ（一八八五～一九六七年。フランスの小説家）でした。彼はモロワに大いに熱中し、モロワの面倒をみておりました。彼はいつもモロワについて話していました。

　アドリエンヌとシャンソンには共通点として山がありました。シャンソンの山はセヴエンヌ地方のエギュアル山脈でした。アドリエンヌの山は、シャンベリー（フランスのサヴォワ地方の首都）とエックス＝レ＝バン（シャンベリーの近くにある温泉町。ローマ時代の遺跡が多い）との間にそびえるデゼェール山脈で、ルヴァール山脈とクロワ・ドゥ・ニヴォレ山脈の二つの山頂の丁度中間にありました。

　シャンソンの主張を実際に検証するため、私たちはセヴェンヌ地方に車で出掛け、彼のエギュアル山脈を一目見ることになりました。そして私たちはこの山に対する彼のご執心振りが正当なものであることを認めざるを得なくなりました。この山は高くそびえ、樹木に覆われ、文字通り流線形《スツリームライン》の姿をしておりました。それというのも幾筋もの渓谷《スツリーム》が山腹から弧を描いて流れ落ちていたからです。幸福の谷、ヴァレ・デュ・ボヌールが山麓を走っていました。シャンソンの山に曲りくねって上って行く道――彼の小説『道』を読んでみてください——は人間のなし遂げた一つの偉業の証であることを述べておかなくてはなりません。エギュアル山脈の嶺に着くと、セヴェンヌ地方の山々の向う側に地中海を見渡すことができます。しかし、アドリエンヌは、シャンソンの山はその美しさにも拘わらず、彼女の荒々しい故郷、サヴォワのアルプスに比較すると小山に過ぎないと考えていました。

プレヴォーは極めて固い頭をしていました。私が言うのは仕事をする上でという意味ではなく、文字通り固い頭であったという意味です。彼の頭はまさに岩と同じくらい固かったのです。いつも彼は私の書店の鉄のパイプに頭をぶっつけてこれを証明していました。これは鉄のパイプと私とを震え上らせましたが、彼自身は決して震え上りませんでした。彼は拳闘選手で、頭に受けるパンチは少しも彼を苦しめることはなく、パンチを感じることさえなかったと話していました。プレヴォーの頭にパンチを打つのは鉄棒にパンチを打つようなものでした。これが、私が企画したプレヴォーとヘミングウェイとの二人のチャンピオンの拳闘試合で、ヘミングウェイが親指を挫いた理由なのです。プレヴォーはがっしりした体格で力も強かったのです。彼はいろいろなスポーツに熱心で、土曜日がくるとフットボールをしておりました。

プレヴォーは高等師範学校《エコール・ノルマル》*1の卒業生でした。ある日のこと、私たち、アドリエンヌ、プレヴォー、そして私とがアドリエンヌの書店に坐っていると、一人の男が陳列してある本を見るため立ち止りました——中年の男性でとても面白い格好をしておりました。プレヴォーが、「エリオだ」と叫んで駆け出して行きました。彼はエリオ（エデュアール、一八七二〜一九五七年。フランスの政治家、作家）に、高等師範学校の学生特有の挨拶（余り猥褻過ぎて言えませんが）をしました。エリオはプレヴォーの後について書店に入ってきました。私はエデュアール・エリオが好きでしたし、最良のフランスの政治家の一人として彼を賞賛していました。その上、彼は常に私の国を愛していました。私はアドリエンヌの店からシェイクスピア・アンド・カンパニイ書店へと急いで道を横切ると、『ノルマンディの森のなかで』を持って戻りました。彼は私のためにこの彼の作品にサインをしてくれました。

風邪とか胃の痛みとかいった軽微な病気でも気にしていたくせに、プレヴォーは死を恐れてはいませんでした。彼はレジスタンス運動で死亡しました。

A・マックリーシュ*2

シェイクスピア・アンド・カンパニイ書店の一族で私がとても気に入っていた二人の

＊1　フランスの高等教育機関の一つで、この学校に入るのは大学に入るよりも難しいといわれ、秀才が学び、フランスの優れた作家や学者のほとんどがこの学校の卒業生である。

＊2　八一ページ訳注参照。後述の抒情詩『幸福な結婚』と詩集『大地の壺』はいずれも彼のパリ時代の作品。

アメリカ人の会員はエイダとアーチボールド・マックリーシュでした。この『幸福な結婚』と『大地の壺』の著者は一九二四年に書店にやってきました、いや、もっと後だったでしょうか。年については確かではありません。しかし、既に一九二八年に、アーチは最初のこのふたつの作品を私に献じてくれています。一九二六年には彼は、私の旧友になっていました。彼はまたジョイスの友人でもありました。彼とルドウィッグ・ルイゾン（一八八二〜一九五五年。アメリカの小説家兼批評家）は、『ユリシーズ』の海賊版に対する抗議文を作成しました。私はマックリーシュとヘミングウェイがハート・クレイン（一八九九〜一九三二年。アメリカの詩人）の救出作戦を練るために書店に集まったことを記憶しております。クレインは、この時、何かの理由でフランス警察との間で苦境に置かれておりました。こうした事態は、よくお酒を飲み、フランス語をほとんど喋れない私たち友人の間にたびたび持ち上る類のものでした。こうした非常事態が持ち上った場合、幸いにして、この人たちはマックリーシュとヘミングウェイという友人を持っていたのです。

アドリエンヌと私はある夜マックリーシュ家、小ぢんまりした優雅な彼らの家で晩餐を御馳走になりました。この家は、現在はフォッシュ大通りと名前が変えられているボワ・ドゥ・ブローニュ大通りに面していました。この家と白い手袋の下男とは、友人がマックリーシュ家に貸してあったものですが、彼らはこうした事情を、何か申し訳なさそうに私たちに説明しました。

晩餐の後で、アーチはほとんど完成していたひとつの詩を私たちに朗読してくれました。また、エイダは歌を歌ってくれました――彼女は美しい声の持ち主でした。ジョイス一家も招かれていました。ジョイスはエイダの歌をすっかり気に入ってしまいました。彼は彼女がコンサートを開く前、彼女のレパートリーのなかからアイルランドの歌を彼女に指導しました。彼女のコンサートには私たちみんなが出席したものでした。

バレー・メカニック

シェイクスピア・アンド・カンパニイ書店は、ある時、音楽に巻き込まれるはめになってしまいました。私たちがオデオン通りに移った後、ジョージ・アンティールとボスケも書店の二階に住んでいました――これはこれで結構なことでした。というのは、ジョージは読書欲が大層旺盛で、私の文庫の本を一冊一冊貪るように読んでいたからです。壁に掛けてある写真――マン・レイが写したアンティールの写真――を眺めながら、お客たちは皆一様にあの前髪を下ろした人は誰かと尋ねたものでした。丁度その時、図書室の横のドアーが開いて写真の本人が書物を両手に抱えて入ってきたものでした。ジョージは私の本を整理するのに貴重な忠告をしてくれました。また、彼は窓に陳列するためにもっと人々の関心を呼ぶタイトルの本を提供しようと申し出ました。そして彼の提供する本はとてもよく売れるだろうとも言いました。彼が提案した幾冊かの、とてもタイトルなど口にできない本を耳にした時、私はこうした本は売れ行きがきっとよいに違いないと思いました。

もしジョージが鍵を忘れ、ボスケが外出しているような場合には、彼は例のシェイクスピアの肖像の看板に摑まって建物によじ登ると、窓から中二階に這い込みました。通行人たちは立ち止って彼を見物していました。これは私のお客たちが興じていた西部劇のなかでの、今ひとつ別枠の西部劇といったものでした。お客たちは口笛を吹きながら街を右往左往しておりましたが、そのうちのある者はカーボーイのような服装さえしておりました。私の門番《コンシェルジュ》は四十年間忠実に仕事を務めた勲章を付けていましたが、アメリカ人が大好きでした。彼女は「われわれアメリカ人は」と言い、私たちアメリカ人はまるで競馬と同じ位面白いと思っていました。彼女が門番の職業につく前、彼女の夫はロンシャンの競馬場に客を運ぶ馬車に乗っていました。だが肩に靴袋の紐を掛け、馬車が揺れる度になにかに摑まりながら料金を集めていたのは彼女でした。「あのアメリカ人は」と、彼女はブルックリンの鑑札をつけている私の犬テディのことを話す時にはいつもそう言っていました。彼女は特にジョージ・アンティールが気に入っていました。しかし、彼が夜遅く帰ってきて、彼女が門を開いて彼を建物に入れてやらなくてはならない時はこの限りではありませんでした。

ジョージの趣味と私の趣味は、『ユリシーズ』に関する限り、類似していました。「よく作動する」作品だと、ジョージは、この作品をまるで機械の発明品でもあるかのように話していました。彼は『ユリシーズ』に着想を得たオペラの作曲を夢みていましたが、残念ながら、彼はこのオペラを作曲しませんでした。

アドリエンヌと私は、最初から「バレー・メカニック」に関わり合うことになりました。アンティールはこの作曲に取り組んでいた時、ピアノを持っていませんでした。そこでアドリエンヌは、一日じゅう書店にいるので、彼女の家にあるピアノを彼に使わせました。ピアノというのは打楽器の一つですが、ジョージがピアノを弾く時、いやむしろピアノを叩く時に受ける印象が、まさに打楽器という印象でした。アドリエンヌの部屋を掃除にきていた女性は、ほうきにもたれながら、彼女が「消防士たち」と呼んでいたこのピアノによく耳を傾けていました。彼女は、このピアノの曲はとても奇妙だけれど感動的な曲だと思いました。

私たちは大きな関心を払いながら、この作曲の進行を見守っていました。そして作曲が完成した時、私たちはプレイエル音楽堂で、ジョージが自動ピアノで演奏するこの曲を聞くよう招待されました。自動ピアノには三つのロールがついていました。アドリエンヌ、ジョイス、ロバート・マッコールマン、それに私自身とその他の人々も出席していました。勿論、ボスケもいました。彼女は一所懸命演奏した演奏者のからだを拭うためにどうしても必要だったのです――ジョージは汗をたらたら流していました。

アンティールは、「バレー・メカニック」は自動ピアノのために作曲された曲で、その訳はこの曲を人間の手で弾くことは不可能だからだと語っていました。しかし、彼は普通のピアノを弾くのとほとんど同じように演奏しました。ジョイスを含め私たち一人一人がこの「バレー」が大層好きでしたが、ジョイスは「ピアニスト的なこじつけ」がこのメカニカルなピアノ演奏によっても完全に取り除かれていないと残念がっていました。

ブライアーの母親、レディ・エラマンの援助により、アンティールはこの「バレー」を完成するまで持ちこたえることができました。その後ボック夫人がこの曲の演奏費用にあてる小切手を彼に送ってきました。巨大なテアートル・デ・シャン・ゼリゼが借りられました。ウラディミール・ゴルシュマン（一八九三〜一九七二年。フランスのオーケストラ指揮者）、彼はアンティールの音楽に強い関心を抱いていましたが、このゴルシュマンが「バレー・メカニック」と彼のシンフォニーとを指揮することに同意しました。この曲はプログラムの最初に演奏されることになっていました。

一方「エズラ・パウンド夫妻」が、パウンドとアンティールのいくつかの作曲を聞く、プライベイト・コンサートの招待状を私たちに送ってきました。二人の共同作曲者によるこのコンサートはプレイエル音楽堂の小室で開かれました。アドリエンヌと私とは、ジョイスと彼の息子ジョルジオと一緒に坐りました。ジョイスはジョルジオを現代音楽に改宗させようという望みを抱いて連れてきたのですが、パウンドとアンティールの作品は、この目的のためには最良の選択とはいえませんでした。マーガレット・アンダソンとジェーン・ヒープが出席していました。デュナ・バーンズとアーネスト・ヘミングウェイも出席していました。

このプログラムには次のような見出しがついておりました――「Musique Américaine:

(Declaration of Independence)：演奏、オルガ・ルッジとジョージ・アンティール」。

テアートル・デ・シャン・ゼリゼでの「バレー・メカニック」の公演は、二〇年代の大きな出来事の一つでした。まさに「民衆《クラウド》」が詰めかけ大きな劇場をぎっしりと埋めていました。私たちが着いた時はコンサートの時間までには少し間がありましたが、場内は満員で、なかに入ろうと競い合う群集が劇場の正面に溢れ出ていました。私たちはやっとのことで自分たちの座席に着きました。まるでトルコ帝国の壮大な「陵」のように、「内部は立錐の余地もない」状態でした。私たちは周囲を見回していました。開演まで時間がまだ十分ありました。それというのも、ジョージ・アンティールは友人のアラン・タナーが燕尾服の真正面にできた虫食い穴を繕ってくれるまでは服を着れなかったからです。コンサートは、チーフ・ピアニストなしには始めることはできません。ジョイス一家がボックス席にいました。私たちにはめったに見掛けないT・S・エリオットがとてもハンサムに、またとても優雅に盛装して席に着いていましたが、彼と一緒にプリンセス・バッシアーノがいました。最上段の桟敷席、モンパルナスの住人たちのグループの真中にエズラ・パウンドが、ジョージ・アンティールが公平な評価を受けるのを見届けようと陣取っていました。オーケストラ席では黒い衣装の一段と際立った様子の女性がとても愛想よくみんなに挨拶していました。こそこそと彼女が囁いていたのは公演料のことでした。「あれは、あなたのところの門番じゃなくて」とアドリエンヌは叫び声を上げげました。

聴衆は「バレー・メカニック」に異常な感動を受けました。音楽は場内の到る所から起る叫び声で聞き取れなくなりました。一階の抗議者たちは二階にいる擁護者たちから批難を受けていました。エズラの声が他の者の声より一段と優って高く聞きとれました。人が話すには、彼が最上階の桟敷席から頭を下に垂らしているのを見たということです。人々が互いに顔を殴り合っているのが見掛けられたし、叫び声も聞かれました。しかし、「バレー・メカニック」の音楽を聞くことはできませんでした。演奏者の身振りから判断すると、音楽はたえることなくずっと続いておりました。

しかし、楽譜のなかに登場する飛行機のプロペラが轟音をたて風を起した時、スチュアート・ギルバートの言によれば、頭のかつらを隣の人のところに吹き飛ばし、さらに劇場の後の端まで運んで行くような風を起した時には、それまで怒り狂っていた人々は突如として静まり返ってしまったのです。男性は上着の襟を立て女性は襟巻きを引き寄せました。とても寒くなったのです。

ところで、「バレー・メカニック」が鑑賞されたなどと言うことはできません。しかし少くともジョージ・アンティールは「大騒ぎ《シャユ》」を惹き起した訳です。ダダの観点からすれば、これ以上のことは望めませんでした。

私には、今こそジョージ・アンティールは自分の仕事に没頭すべきであると思われました。人々はあらゆる宣伝を利用して、そこからもっと多くの何かを得るべきであると熱心に彼に勧めていました。ジョージが私に打ち明けてくれたところでは、パウンドは彼に、彼の猫クレイジーを背中に乗せてイタリアじゅうを徒歩旅行したらと勧めていたようです。クレイジーと言えば、この猫は隣の牡猫の友人を訪ねてバルコニーをうろうろ歩き廻るほうが、イタリア旅行などよりよほど好きな様子でした。

遂に、ジョージ・アンティールは「リズムの探索」のため、アフリカのジャングルに姿を消してしまいました。そして、彼は音楽が「唯の棒切れ」に過ぎない場所を発見しました。私はかつて私の文庫に『アフリカの湿地帯』という本を置いてあったことが残念でならず、ジョージについていろいろと心配しました。彼の父親も同様でした。父親は新聞報道で事情を知り、私に、彼の息子についての情報を何か知らないだろうかと電報を打ってきました。私の店の電話はひっきりなしに鳴っていました。私がとても不安になり始めた丁度その頃、幸いなことにアンティールが姿を現わしました。

ヴァージル・トムソン（一八九六〜一九八九年。アメリカの作曲家、批評家）はジョージ・アンティールの友人であり、私の友人でもありました。彼は優れた才能を持つ若いアメリカの作家であるとともに作曲家でした。彼は、また、ガートルード・スタインの友人でもありました。彼の数々の作品はパリのいろいろな音楽サロンで、特に、有名なマダム・デュ・ボストのサロンで演奏されました。このサロンでは、ストラヴィンスキーや「ザ・シックス」――それにアンティール――などが聞かれました。

一九二八年、一人のアメリカ人が『ユリシーズ』を買うため、たまたまシェイクスピア・アンド・カンパニイ書店に立ち寄りました。このアメリカ人はジョージ・ガーシュインでした。ガーシュインはとても魅力的で人づき合いのよい男性でした。私が会ったこともない一人のレディがガーシュインのためにパーティを開き、私も招待してくれました。パーティの招待主の女性と握手を交すことはできませんでした。なぜなら、エレベーターを降りて彼女の部屋に流れるように入り、人を押しのけガーシュインの坐っているグランド・ピアノの方に突き進んでいる人だかりのなかでは、誰も招待主がどこにいるか教えてくれることはできなかったからです。ガーシュインの兄アイラと、妹で可愛らしい少女のフランシスが彼の傍に立っていました。彼の妹も彼が作曲した歌をいくつか歌いました。また、ジョージも歌を歌い、彼のピアノの作品をなん曲か演奏しました。

14

銀の船《シルバー・シップ》*1

二〇年代の中頃になると、フランスの読者たちはアメリカの作家たちに強い関心を抱くようになりました。こうした関心を呼び起すことについては、アドリエンヌ・モニエが大いに貢献しました。一九二五年、彼女は、彼女が発行していた〈ル・ナヴィール・ダルジャン〉誌に『プルーフロック』*2の最初のフランス語訳を載せました。私たちが共同でこれを翻訳しましたが、おそらく余り良い訳ではなかったでしょう。しかし、少く

*1　アドリエンヌ・モニエの発行していた〈ル・ナヴィール・ダルジャン〉誌がフランス語で銀の船を意味するところからこのタイトルが付されたもの。この文芸誌は当時フランス人にはそれまで馴染みの薄かったアメリカ文学をフランスに紹介するのに貢献した。

*2　T・S・エリオットの有名な詩。

ともこれは愛情の籠った仕事であり、私たちの翻訳の犠牲者である作者自身からはなんの批難も聞きませんでした。次いで、一九二六年三月、アドリエンヌは〈ル・ナヴィール・ダルジャン〉のアメリカ特集号を発行しました。この号は『第十八代の大統領職』*[1]というタイトルがつけられたウォルト・ホイットマンの未刊の政治演説から始まっていました。この未刊の作品は、ジャン・カテルという若いフランスの教授が発見したものでした。カテルは、これがホイットマンの未刊の作品だと信じていましたが、多分その通りだと思います。アドリエンヌと私とがこの演説を翻訳しました。この詩人は既に演説を印刷してありました――とても小さな活字のため、これを翻訳する際私自身めくら同然になってしまいました。私はジョイスが通っていた眼科医のところに行きました。丁度この日はジョイスの誕生日で私は彼の誕生日のパーティに出席しました。御覧ください、片方の眼に黒い眼帯を掛けたジョイスと彼の出版者の御両人を。

アドリエンヌの発行した全アメリカ特集号のなかで、彼女はこのホイットマンの演説に加えて、「四人の若きアメリカ人」（*Quatre Jeunes Etats-Uniens*）の作品――ウィリアム・カーロス・ウィリアムズ、*[2]ロバート・マッコールマン、アーネスト・ヘミングウェイ、E・E・カミングズ*[3]――の作品を掲載しました。これは、この作家たちのフランスへの初登場でした。『ユリシーズ』の翻訳者、オーギュスト・モレルの訳したウィリアムズの『偉大なるアメリカ小説』（*Le Grand Roman américain*）の抜萃《ばっすい》、ヘミングウェイの短篇『不敗者』（*L'Invincible*）、ジョルジュ・デュプレの訳したカミングズの「シプリス」（*Sipliss*）と題した『巨大な部屋』からの抜萃、アドリエンヌと私とが翻訳したマッコールマンの小説『広告代理店』（*Agence de Publicité*）等々が含まれていました。

また、この特集号にはアドリエンヌの『アメリカ文献目録』（*Bibliographie américaine*）の一部が掲載されていました。彼女は、なまやさしい仕事ではありませんが、これまでにフランス語に翻訳されているすべてのアメリカの書物のカタログを収集して作成するという仕事に取り掛かっていました。既に、彼女はイギリス文学について同類の文献目録を完成していました。誠に不思議なことですが、フランスにはこれまで翻訳書の目録を作成するなどということがなかったのです。彼女には個人的満足感以外にはなんらの報奨もありませんでした。

＊1　ホイットマンが一八五六年に書いた政治的エッセイ。
＊2　一八八三〜一九六三年。アメリカの詩人。ウィリアムズは早くからパウンドやH・Dと知り合った。彼らのイマジズム運動に対しては必ずしも全面的に同調することはなかったが、その影響はみられる。
＊3　一八九四〜一九六二年。アメリカの詩人、作家。ここに引用されている『巨大な部屋』は第一次大戦中フランスの収容所に入れられた時の彼の経験に基づいた小説。

パリのホイットマン

またこの頃、私はウォルト・ホイットマンに敬意を表して、彼の展示会を開きました。ホイットマンには、スタイルを除けば、ありとあらゆるものがありました。「仲間連中《ザ・クラウド》」はホイットマンにはがまんできなくなっていましたし、T・S・エリオットが、ウォルトについて彼の見解を発表してからというものは、特にそうでした。ただ、ジョイスやフランス人たち、それに私などは依然として旧来の考え方をもって、ホイットマンを認めていました。一瞥するだけで、私はホイットマンがジョイスに与えている影響をみることができました——いつか、ジョイスはホイットマンの詩をいくつか私に暗唱してくれたのではなかったかしら。

ジョー・デイヴィッドスンは、私がホイットマン展を近く開催するということを聞き、私を訪れました。彼は、私にニュー・ヨークのバタリー公園にウォルト・ホイットマンの彫像を建てる計画が進められていることを話してくれました。そして、この像に通じる並木道も作られ、その両側には人々が昼休みに散策することができるようベンチが備えられる筈だということでした。ジョー・デイヴィッドスンはこの像の制作を委託されていました——像は、この公道を象徴するよう散歩するウォルトといった像になる筈でした——そして、彼はこの彫刻の模型を私の展示物のなかに加えて欲しいと私に依頼しました。私はマンハッタン街がウォルト・ホイットマンに敬意を表そうとしていることを耳にして大変嬉しく思いました。また、私は展示会から上った入場料を、当時募集されていたこの計画の基金に奉納できることを喜びました。

ジョー・デイヴィッドスンは、彼の彫像の模型を私のところに持ってきてくれました——模型と一緒に何枚かの面白いウォルトの写真も持ってきてくれました。また旧版の貴重な数多くの著書、手紙、その他いろいろなものを借りることができました——フランスで、ホイットマンに関する資料がいかに多く蒐集できたか驚くほどでした。勿論シェイクスピア・アンド・カンパニイ書店にも、書店自身が所有権を持つホイットマンの資料がありました。つまり、私の叔母アグネス・オービスンがカムデンにホイットマンを訪問した際、屑籠から救った幾枚かの小さな原稿です。

展示会の準備がととのいました。欠けているものといえば、適当な大きさのアメリカの旗でした。私は本棚を覆う幕として——また愛国的色合いを加えるためにも——国旗が必要でした。ウォルト・ホイットマンはいつでも私の愛国心を表わしてくれました。私は旗はE・B・ホワイト（一八九九～一九八五年。アメリカの詩人）が歌っているような「並外れに大きな旗」でなくてはいけないと考えていましたところ、パリではおそらく一番大きなアメリカの国旗を偶然手に入れることができました。この旗を、私はルーヴルの商店街で値切って手に入れました。これは建物位の大きな旗で、第一次世界大戦の遺物でした。ウォルト・ホイットマン展にはとても効果がありました。

何年か後に私は二番目の大きなアメリカ国旗を手に入れることになりました。この旗は正直正銘、ある建物——パリにあるナショナル・キャシュ・レジスター会社の建物

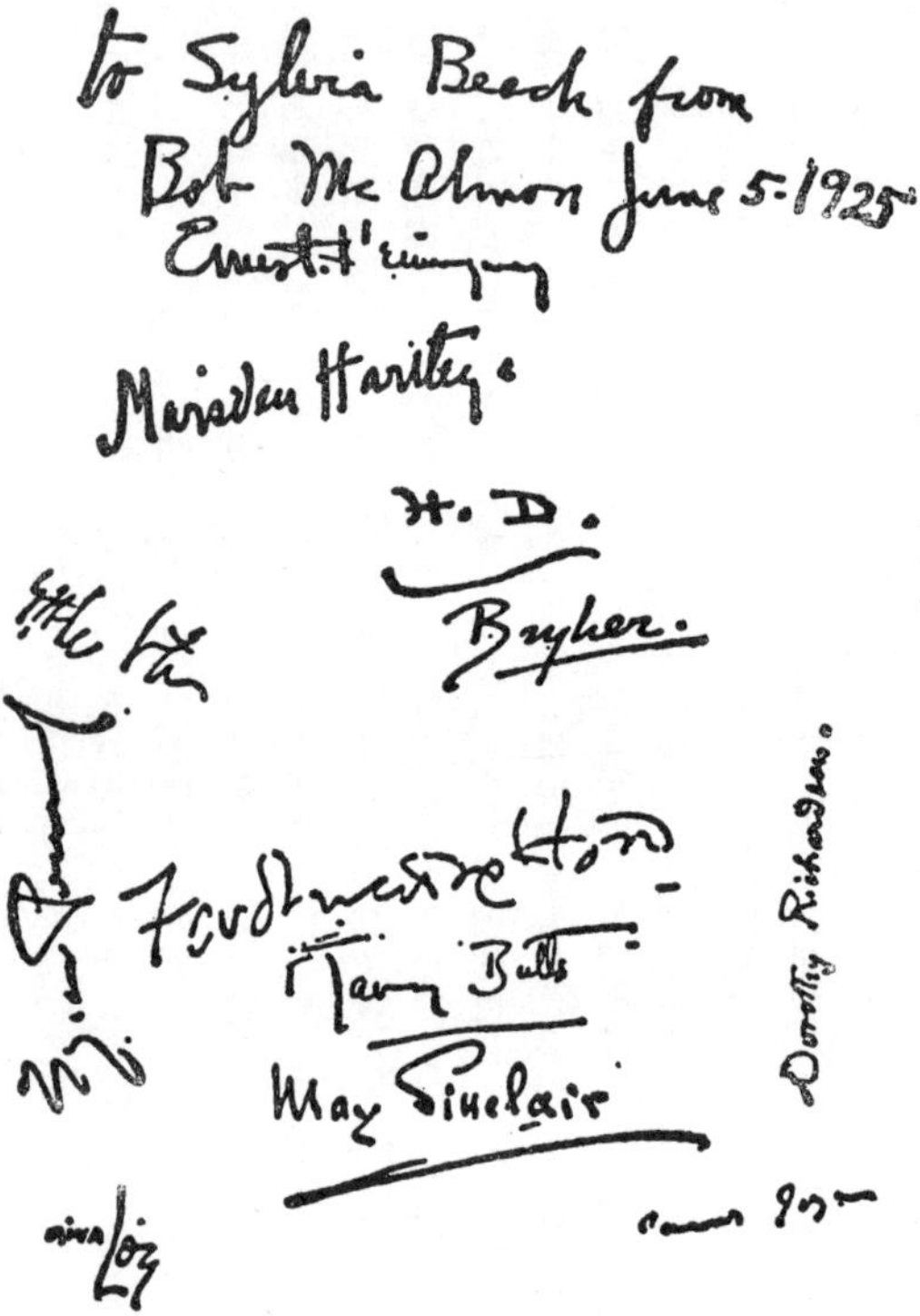

コンタクト出版社が集めたブライアー、H・Dなど同時代の文学者の署名。

──から取り外したものでした。これはパリ解放中のことでした。ドイツ軍がこの建物に爆弾を落としたのです。この惨事が起った翌朝、私が爆弾で吹き飛んだこの建物の傍にあったノートル＝ダム寺院から出てきた丁度その時、私は私が今までに見たうちで一番大きな二つの旗、アメリカ国旗とフランス国旗を運んで行く一人の男に出会いました。この男に尋ねてみると──こうした状況を考慮すれば当然なことでしたが──私は彼がナショナル・キャシュ・レジスター会社の雇用人であり、旗を安全な場所に運んでいく途中であることが分りました。彼は忽《たちま》ち彼のこの重荷を私の手に委ねました。そこで、私はこの二つの旗を持って家まで帰らなくてはならなくなりました。それにしても、風変わりなことが解放期のパリでは見掛けられました。

ホイットマン展に話を戻すと、この展示会は大成功でした。『ユリシーズ』の本の大きさのモロッコ皮で装幀したノートに、展示会を訪れた数多くの訪問者の署名を記入してもらいましたが、署名の最初にはポール・ヴァレリーの署名が記入されていました。

コンタクト社とスリー・マウンテンズ社

シェイクスピア・アンド・カンパニイ書店は、英語の書物を発行しているパリの小さな出版社と密接な関係を保っていました。こうした小さな出版社のパイオニアはロバート・マッコールマンのコンタクト出版社でした。彼は、F・M・フォード*1の雑誌〈トランスアトランティック・レヴュー〉誌の第一号に彼の計画を次のように発表しています。

「六か月間、あるいは六年間に二週間の間隔で、われわれは、商業的あるいは法的理由から他の出版者によっては出版されそうもない様々な作家の書物を出版する予定である……。各々の本は、部数を三百部に限って出版される。これらの本は、原稿が完成し、かつわれわれがこれを公にするだけの十分な作品であると認めるが故にのみ出版されるものである。

関心のあるむきはいずれを問わず、パリ、オデオン通り十二番地、コンタクト出版社に連絡されたし」

ニュー・ヨークでは、マッコールマンとウィリアム・カーロス・ウィリアムズとが「コンタクト運動」[*2]と呼ばれる活動に協力していました。二人は、マッコールマンがパリに移った時に〈コンタクト・レヴュー〉誌を一、二号出版しておりました。私は「コンタクト運動」がどのようなものかいまだに理解しておりません。しかし、マッコールマンがコンタクト出版社から出版した本は尋常なものではありませんでした。たとえば、アーネスト・ヘミングウェイという名前の新進作家による『三つの短篇と詩十篇』[*3]と呼ばれる青い本がありました。この本は忽ち売り切れて、ヘミングウェイとコンタクト出版社の双方を有名にしました。次に、マッコールマン自身の小説集もありました。この本のタイトルは、著者の特徴を表わすものとしてジョイスが勧めてつけられた『短気な同志』というタイトルになっていました。この本は、既にマッコールマンの詩集『探検』がエゴイスト出版社からイギリスで出版されていたものの、彼の散文の処女作でした。

コンタクト出版社は、ブライアーの『二人の自分』とH・Dの『パリンプセスト』を出版しました。いま一冊の本は、メアリー・バッツの小説、『指環のもえがら』でした。彼女の他の作品と同様に、この小説も今では盛んに捜し求められている作品です。いつの日かメアリー・バッツの作品の全集が出されることを望みましょう。ジョン・ヘルマンは、『できごと』と題する一人のドラマーに関する面白い物語を寄稿していました。テキサスの教師であるガートルード・ビーズリーの『わが最初の三十年』という作品は退屈どころかとても面白いものでした。そして、勿論のこと初期のコンタクト出版社の出版物の一つ、『あわただしい男』は、「仲間連中《ザ・クラウド》」が注目していた一人の詩人エマヌエ

＊1　一八七三〜一九三九年。イギリスの小説家、編集者。J・コンラッドと一緒に小説を書いたこともあり、独立しても数篇の小説を書く一方、雑誌の編集者としては〈イングリッシュ・レヴュー〉を一九〇八年に、また〈トランスアトランティック・レヴュー〉をパリで一九二四年に出版している。

＊2　詳細については不明であるが、おそらくマッコールマンとウィリアムズの二人によって一九二〇年にニュー・ヨークで創刊された同名の雑誌をめぐる文芸運動と思われる。この雑誌は一九二三年まで続いた。一九三三年には *Contact: An American Quarterly* として再発行され、ウィリアムズが編集したが同年廃刊となっている。

＊3　ヘミングウェイの処女作品。

ル・カルネバリによる作品でした。この詩人は、ミラノで病床に臥していました。コンタクト出版社が出したその他の作品は、サトウ・ケンの『奇妙な物語』、マーズデン・ハートレイ（一八七七〜一九四三年。アメリカの画家）の『二十五の詩篇』、ウィリアム・カーロス・ウィリアムズの『春やさまざま』、マイナ・ロイの『月世界案内書』（この作品はアメリカで近々再版される予定と諒解しております）、エドウィン・ランハム（一九〇四〜一九七九年。アメリカの小説家）の『船乗りたちは気にしない』、ロバート・コーツ（一八九七〜一九七三年。アメリカの作家）の『闇を食む男』、さらに二冊のマッコールマンの短篇、『伴侶の書』と『思春期を過ぎて』――この最後の作品は彼の作品のなかで私が最も好きな作品でした。最後に、『コンタクト現代作家叢書』というアンソロジーがありましたが、これは当時たまたま仕事をしていた作家たちを誰かれということなしに選び、その作家の作品の抜萃からでき上っていました。私がかつてみたがらくた集のなかで一番興味を惹く本でした。これには、『ワーク・イン・プログレス』[*1]というタイトルで『フィネガンズ・ウェイク』[*2]の最初に発行された部分が含まれていましたし、また名前を挙げるに足る当時のすべての作家たちから、寄稿されていました。

コンタクト出版社への原稿は、ドーム・カフェに陣取ったマッコールマンの手に渡されました。彼は私に彼の作家たちのほとんどは、一つか二つの決ったカフェにたむろしていると話していました。

マッコールマンの友人で同僚の出版者であったのはウィリアム・バードでした。ビル・バードはパリにおける出版の有力メンバーでした。彼は、余分の金と時間を、小規模で全く私的なスリー・マウンテンズ・プレスという出版に費やしていました。彼は同僚の作家からまだ使用できる掘出しものの手動式印刷機の話を聞き込みました。そして、これをイル・サン・ルイにある彼の小さな事務所に据え付けました。ある日のこと、私が彼に会いに行くと彼は一冊の本を印刷しているところでした。私に会うためには、彼は舗道まで出てこなくてはなりませんでした。それというのも、彼の説明によれば、彼の「事務所」には手動式印刷機と印刷者兼編集者が、入るのが精一杯だということでした。ビル・バードは珍本に実によく精通していました。彼は愛書家であり、彼の発行した本は、蒐集家ならすべて手に入れたいようなものばかりでした――彼の出す本は、素晴しい活字で大版の上質の紙に印刷されていました。発行部数は限定されていました。バードは、パウンドの『キャントーズ』[*3]と『無分別』[*4]、ヘミングウェイの『われらの時

＊1　ジョイスの最大の作品『フィネガンズ・ウェイク』が完成され一九三九年に出版されるまで、この作品に付されていた呼称。

＊2　ジョイスの最後で最大の作品。ジョイスの言語上の実験が大胆かつ自由奔放に試みられているため一般の読者には容易には読めない。ジョイスはこの作品を、シェイクスピア・アンド・カンパニイ書店から『ユリシーズ』を出版した一九二二年から書き始め、一九三九年に出版するまで、十七年間の歳月を費やして完成した。しかし、その間、この小説は『ワーク・イン・プログレス』として知られ、様々な刊行物にその断片が掲載発表されていた。

代に』、F・M・フォードの『女と男』といった作品を、その他諸々の作品にまじえて出版しました。また、ビルは葡萄酒の優れた鑑識家でした。彼が発行した本のなかで、大阪の紙に印刷されていない唯一の本は、『フランスの葡萄酒』と呼ばれる小冊子で、この著者がウィリアム・バードでした。

ジャック・カーン

いま一人の友人で、出版業にたずさわる同業者でもあったのはジャック・カーン氏でした。イギリスのマンチェスター出身で、毒ガス戦争の古つわ者でした。私は彼の秀れたユーモアのセンスや、また気取りに対する軽蔑などが気に入って、彼がとても好きでした。ヴァンドーム出版社とオベリスク出版社が彼の傘下にありました。そして、彼の時間とお金は、いかがわしい種類の書物以外にはいささかも浪費されることはありませんでした。「セシル・バー」といったシリーズ物の中に彼自身も作品を書いていましたが、こうした作品に彼は『水仙《ダホデイル》』などというタイトルをつけて「私の草花《フラワーズ》」と呼んでおりました。「草花」の他に、彼は『若芽を食む山羊』の著者でもありました。カーンはフランスの女性と結婚し、多くの子供をこの「草花」で養う、大家族をつくりました。

カーン氏は、いつもまわりをガラスで囲んだステーション・ワゴンのような、ほろつき自動車ボワザンを運転しながらやってきては、シェイクスピア・アンド・カンパニイ書店の彼の同業者とお喋りをしました。彼はたいてい「神様の御機嫌は如何ですか」

（神様とはジョイスのことでしたが）と尋ねました。彼は私が『ユリシーズ』のような「猥褻」な本を、彼はこの本のことをそう言っておりましたが、発見したことにつき「のべつまくなし」に私を誉めたたえていました。そして、彼はいつの日かこの本の出版をオベリスク出版社が引き継ぐことができるよう私を説得する希望を決して棄てませんでした。この間、彼はジョイスの『到る所に子供を持つ男』[20]という新作の抜萃を出版することで満足しなくてはなりませんでした。しかし、カーン氏は、この作品はセックスへの興味が欠けていると考えていました。カーンと彼の相棒のバーボゥ氏は、『H・C・E』[21]の素晴しい版を出版し、さらに後には、テキストにジョイスの娘ルシアのレタリングと装飾が入った『ポウムズ・ペニイーチ』[*5]の優れた版を出しました。この版は彼女の父親のお気に入りの本である『ケルズの福音書』[*6]を想い起させました。『ポウムズ』

＊3　パウンドの未完の叙事詩。この詩は継続して出版されたが、一九二五年にスリー・マウンテンズ社から出版された部分は *Cantos* I-XVI である。

＊4　パウンドの自伝的作品と言われる。

＊5　ジョイスの十三篇の詩集。

＊6　アイルランドのケルズという町の修道院で発見されたアイルランド最古のラテン語福音書の写本。現在ダブリンのトリニティ・カレッジに保管されており、その見事な装飾文字と美しい頁で有名。ジョイスはこの福音書の写本を讃嘆したと言われ、『フィネガンズ・ウェイク』でもこの福音書に度たび言及している。

のレタリングにもその影響がみられます。私が『ブック・オブ・ケルズ』を持っていることをジョイスが知った時、彼はとても喜びました。彼によれば、この本こそユーモラスな唯一の古い彩色本だということでした。

クロスビイ一家

ハリー・クロスビイ（一八九七～一九二九年。アメリカの詩人、出版者）、カレッシー・クロスビイは『ワーク・インプログレス』の一部を出版したがっていました。そこで、ある日、私は『シェムとショーンの二つのお話』[*1]の件について彼らに会うために立ち寄りました。彼らが経営するブラック・サン出版社は、サン・ジェルマン・デ・プレから数歩ばかり離れたカルディナル通りという小さな古い通りにありました。クロスビイ一家は、私がこれまで知っている人々のなかでも最も魅力的な人々でした。彼らは良書の鑑識家であり、優秀な作品に関しては特に優れた鑑識家でありました。彼らは他の書物にまじえて、ハート・クレインの『橋』とアーチボールド・マックリーシュの『アインシュタイン』を出版しました。ほとんどの人が気づいていないように思われる彼らの出版のひとつは、ヘンリー・ジェイムズの『ウォルター・ベリーへの書簡集』でした。これは、人生も終り近くなったヘンリー・ジェイムズの、彼が決して使用することはないだろう素敵なスーツケースの贈物を断わろうとする誠に興味深く、哀感に満ちた手紙です。ハリー・クロスビイはウォルター・ベリーの甥か、あるいは恐らく従兄だったと思いますが、彼自身興味深い人物でした。

クロスビイの出版した本には『シェムとショーンのお話』というタイトルがつけられ、私の気に入っている『ムークスとグリップス一家』と『オントとグレイスホパー』とが含まれていました。私は、この二つはその特異な詩的魅力はいうまでもなく、この言語の巨匠によってかつて演ぜられた、最も非凡な言語の饗宴であることは確かだと思います。

このムークスという男は、ウィンダム・ルイスの雑誌、〈エネミイ〉誌の攻撃に対するジョイスの陽気な報復だったのです。これは攻撃を受けた時、それに応酬するジョイスのおとなしいやり方の一例で、ちょっといたずらな考案のひとつでした。ほとんど囁きに近い、異様なジョイス的雰囲気のなかに半ば包み隠され――全く無害で、ほとんど愛情さえも込められていました。

第三番目の「お話」とすれば、次のような話があります。つまり、ジョイスの肖像画の話です。この肖像画は、例の本『シェムとショーンのお話』の口絵としてブランクーシが、クロスビイ出版社のために依頼されたものでした。ジョイスは肖像画を描いてもらうために椅子に腰を下ろしました。肖像画は本人にそっくりでしたが、出版者を酷くがっかりさせてしまいました。そこでブランクーシはもう一度描きましたが、彼が言う

＊1　*Two Tales of Shem and Shaun* 四〇三ページ訳注（20）参照。

ブランクーシが描いたジョイスの肖像画

のには、ジョイスをエッセンスまで凝縮したものを描いたのです。今度は成功でした——まさにブランクーシの面目躍如といったところでした。私は旧式な人間なもので、ジョイスそっくりの方の肖像画が好きでした。あまり前のことではありませんが、キャサリーン・ダッドレーとこの話を笑いながら話し合っていた、ブランクーシは、原画を私に贈物として贈呈したいとキャサリーンに語っていたそうです。『シェムとショーンのお話』に掲載した肖像画の方は、私には余りにもエッセンス過ぎるのではないかと思われます。

余暇の時間に、ハリー・クロスビイは飛行機の操縦を習っていました。彼は死の執念にとりつかれていました。もっとも、飛行機事故による死はどのような死にも優るものなのでしょうが。彼はエジプトの『死者の書』[*1]を好んでいました。そして、ジョイスにこの書物の立派な版を一冊贈りました——一冊とは言えないかもしれません。というのは、この書物は三冊の分冊になっていたからです。彼はとても神経質な男性で、私の考えるに、たとえ飛行機による死が彼を感動させるにしても、飛行機を操縦するためには彼は神経質過ぎました。彼はよく私の書店に駆け込んできたり、駆け出して行ったりしておりましたし、まるで花から蜜を吸う蜂どりのように、書架のなかへと飛び込んで行きました。また、彼は私の机の傍で一瞬ためらいながら、ある日のこと自分の妻の名前

＊1　古代エジプトで用いられた死者を黄泉の国に導くための祈りや悪魔払いの書物。

はカレッシーだと告げ、カレッシーと手と手を取り合って市役所に行き正式な結婚手続きを頼んだのは彼の方だったなどと、私に話してくれました。いつか彼は彼の飛行機の前で撮った二人の写真を持ってきてくれました——彼がパイロットの免許状を取る前日のことでした。彼は自分の詩を私には余り見せてくれませんでした——これは彼の内気な性質を示す証拠でした。彼はあらゆることに軽く頭を突っ込み、魅力に溢れ、大層親切な人物でした。

ジョイスに関することに彼は寛大でした、つまり、ジョイスに関する私の仕事には寛大でした。勿論、『ワーク・イン・プログレス』の抜萃を出版する人々と、いろいろなことを取り決めたり、この人々に私のできる限りのことをして上げるのは私の仕事でした。私はジョイスに関する仕事の場合は、実にがっちりしていましたし、取り引きでは頑固者との評判でした。しかし、私たちの周りでは、ジョイスに関する事柄については、誰も思い違いをすることはありませんでした。シェイクスピア・アンド・カンパニイ書店は、ジョイスから彼の仕事の代理人としての権限を任されていました。しかし、そのために利益を受けることはありませんでした。サーヴィスはすべて無償でした。このことを知っている出版社は、彼らの出版した本の特別豪華版をいつも私に贈ってくれていました。そして、ジョイスがたいてい、私の貰った版に「感謝をこめて」と、署名してくれました。

プレイン・エディション

第二次世界大戦に先立つこと数年、ガートルード・スタインとアリス・B・トクラスは、彼女たちの住所であるフルーリュ通り二十七番地で、プレイン・エディションという発行名でもってかなりの出版を行ないました。彼女たちは数冊のガートルードの本を出版しましたが、それには私の好きな作品のひとつである『愛らしきルーシイ・チャーチ』や、かの有名な『四人の聖者、三幕』が入っている『オペラと芝居集』[*1]というタイトルの一巻も含まれていました。ヴァージル・トムソン（かつてはシェイクスピア・アンド・カンパニイ書店の客でした）の音楽と一緒にこの芝居がニュー・ヨークで上演された時には、この本に対する需要は大変なもので、忽ち売り切れてしまいました。このプレイン・エディションの書物は大層人目を惹くように作られていて、私の仲間であるスタイン愛読者たちにも非常に人気がありました。印刷と紙が素敵で、この小型の書物は、二〇年代における私たちの先駆者ロバート・マッコールマンのコンタクト出版社を想い起させました。

パリにおけるアメリカ人の小さな出版社の最後としては、ミス・バーバラ・ハリソン

＊1　ビーチの説明によればこの作品集のなかに『四人の聖者、三幕』が含まれていることになっているが、発行年月日からすると後者が後に発行されている。

のハリソン出版社です。その道の専門家モンロー・ウィーラー[*1]の助けを借り、ミス・ハリソンはいくつかの素晴しい版を出版しました。そのなかには、キャサリン・アン・ポーター（一八九〇～一九八〇年。アメリカの作家）の『ハシェンダ』や彼女の『フランスの歌謡集』などがあります。後者は現在稀覯《きこう》本に違いありません。

〈ガーゴイル〉誌と〈トランスアトランティック・レヴュー〉誌

二〇年代における文学運動を跡づける最も良い方法は、小雑誌を調べてみることです。残念なことに多くは短命ではありましたが、常に興味深いものでした。シェイクスピア・アンド・カンパニイ書店は一冊も雑誌を発行したことはありませんでした。私たちは、友人たちが発行する、こうした雑誌の世話をするだけで十分過ぎるほどでした。

最初の雑誌はアーサー・モスの〈ガーゴイル〉誌だったと思います。フローレンス・ジリアムがこの雑誌の共同編集者でした。〈ガーゴイル〉誌は表紙に「シメール」（ギリシャ神話に登場する獅子頭山羊身竜尾の伝説獣）を載せていましたが、あるフランス人の建築家が私に指摘したところでは、これはガーゴイル（ゴシック建築に用いられている屋根の水の落し口となっている鬼の像）とは別の動物だということでした。フランス人はペットの身元が混同されることを好みませんでした。〈ガーゴイル〉誌は興味深い雑誌ではありましたが極くわずかしか続きませんでした。

次いで、〈トランスアトランティック・レヴュー〉誌が出ました。人々を興奮させた〈イングリッシュ・レヴュー〉誌のかつての編集者であるフォード・マドックス・ヒューファーが、誘われてパリにやってきていました。彼は自分の名前の「ヒューファー」の部分をイギリスに残し、この時以来、フォード・マドックス・フォードとして知られていました。彼は戦争中に毒ガスにやられたことがありましたが、これは彼の活動になんらの影響も与えませんでした。彼は陽気な人間で、同僚の作家たちに大変人気がありました。つまり、資金が自由にならない時には、彼は〈イングリッシュ・レヴュー〉の寄稿者たちに、彼のポケット・マネーから支払ったとの評判でした。[*2]

フォードは一隻の船から〈トランスアトランティック〉を考え出しました。これはパリのモットーの一部である"Fluctuat"（波に漂う）という意味でもあります――しかし、彼は思慮深く、"nec Mergitur"（そして、沈まない）という言葉は除きました。

彼と彼の妻ステラ・ボウエンが最初に行なったことは、彼らが借りている大きなスタジオでのパーティに「仲間連中《ザ・クラウド》」を招くことでした。アコーディオンの伴奏によるダンスもあり、また沢山のビールやチーズ、その他の飲物も用意されていました。フォードは、先ず私の靴を脱がせ、一緒にダンスをするよう誘いました――彼はとっくに素足になっておりました。フォードが相手では、踊るというよりは飛んだり跳ねたりでした。

＊1　一八九九～一九八八年。アメリカのイリノイ博物館館長、著作家、編集者。書物に関する著書が多い。
＊2　F・M・フォードの本名。二四三ページ訳注＊1参照。

私はジョイスが隅から大変面白そうに私たちを眺めているのに気づきました。

別の機会にフォードとステラは私を夕食に招いてくれました。その時には、彼らは屋根裏部屋のあるもっと小さなスタジオに落ち着いていました。そのスタジオにテーブルがひろげられていました。フォードは、自分でフライド・エッグやベーコンを料理したのですが、これがまた上手でした。夕食後、彼は行ったり来たり歩き回りながら、書き終えたばかりの詩を私に大声で読んでくれました。それは天国を歌った詩で誠に面白い詩でした、少くとも、私が聞いた部分は、面白いものでした。私は、私が居眠りしていたことにフォードが気づかなかったことを願いました。私は朝とても早く起きなくてはなりませんので、たとえどのような長さの詩であっても夕方に朗読されると、その詩は忽ち私を眠りに誘いました。これはまことに不運なことでした。というのは、彼はシェイクスピア・アンド・カンパニイ書店がこの詩を出版することに望みを託して、彼の新しい詩を私に朗読したようでしたから。もっとも、彼はそれを匂わすようなことはありませんでした。ある作家たちは、私がジョイスの作品のみを発行するという私の排他性を好んでいなかったのではないかと私は心配しています。だが、彼らは、私がすでにこの一人の作家を抱えて忙殺されていたことにおそらく気づかなかったのです。

〈トランスアトランティック・レヴュー〉誌の第一号に、フォードは、T・S・エリオットからの極めて興味深い手紙を載せました。ジョイスの「四人の古老」[*1]は第四号に載せられました。私の記憶するところでは、やがて、資金が欠乏し始めました。編集者は、彼の船を沈ませないようにしようと、お金を集めに大西洋を横断しました。彼は留守をヘミングウェイに任せて行きました。フォードが帰ってくるまでこの雑誌は元気に生きておりました。

しかし、興味深い編集者と寄稿者たちにも拘わらず、〈トランスアトランティック・レヴュー〉誌は消えてしまいました。この雑誌は読者や当時海外で原稿を出版していた数多くの作家たちによって大いに惜しまれました。

アーネスト・ウォールシュと〈ジィス・クォーター〉誌*2

ある日のこと、クラーリッジ・ホテルから一通の手紙が私に届けられました。アーネスト・ウォールシュという青年からの手紙でした。なかにはシカゴ在住者からの紹介状

*1 『フィネガンズ・ウェイク』に現われる主人公H・C・Eを裁く四人の古老を指すと思われるが、はっきりしない。この作品には「四人の闇屋」、「浮れた四人の監視人」、「四重の胃袋」、「四人の歴史家」というように、四という数にまつわる様々な人物が登場し、それが単に人間の次元のみでなく、たとえば東西南北を代表する地誌的次元とか様々な次元での意味と重層的に組み合わされている。

*2 一九二五年、E・ウォールシュとE・ムーアヘッドを編集主幹としてミラノで創刊された国際的季刊文芸雑誌。後パリに移り、ブラック・マニカン出版社から刊行されたが、一九三二年廃刊。

が同封されていました。ウォールシュは、彼自身が出掛けて来なかったことを詫びていました。彼は病気が重すぎて床を離れることができなかったのです。彼は、自分の置かれている状況を私に語っていました。彼の資金は枯渇してしまい、援助が得られなければクラーリッジ・ホテルから立ち退かざるを得なくなるだろうということでした。

私は、こうした状況の下で、シェイクスピア・アンド・カンパニイ書店が一体どのようなことをするよう期待されているのか分らなかったのです。それに、忙し過ぎて、とても店を離れることはできませんでした。だが、私は、私の代わりに友人をやって、ウォールシュに何をして上げられるか調べさせました。その友人は、この詩人がホテルの最高級の部屋にあるベッドに臥していることを発見しました。彼は酷い病気に罹っていて、医者と昼夜に分れた二人の看護婦たちの看護を受けておりました。動かすのにはまだまだ病気が重過ぎました。

私の友人は、ウォールシュは、彼が船で出会った素晴しい二人の若い女性と一緒にやって来たことをさぐり当てました。彼の病気は、ブローニュの森をこの二人の女性たちとドライブしている時罹った風邪のせいだったのです。この二人の娘は姿をくらましていましたが、おそらく、もっと沢山お金を持っている人を捜しに行ったのでしょう。ウォールシュは、彼の持っているすべてを使い果していました。私の友人は、金色の栓のついたウィスキーの壜がテーブルの上に置かれていることや、椅子に投げ掛けられている立派なドレシング・ガウン、扉が開かれた儘の衣装ダンスのなかの素敵な衣装などに気づきました。

クラーリッジ・ホテルの扱いは親切でしたが、しつこく支払いを迫り始めていました。お客は支払いをしなければ滞在できなくなるだろうし、ホテル側は大使館と接触すると話してさえいました。

ウォールシュにとって幸運なことに、彼はパウンド氏への紹介状も持っていました。詩人の救済を仕事にしていたエズラが飛んできました。やがて、私はこの詩人の金銭問題が解決したことを耳にしました。そして、彼を助けてくれた一人の女性を伴って、彼が書店に現われた時、病気からすっかり恢復していることが分りました。この奇特な婦人は、ミス・エッシェル・ムーアヘッドといい、スコットランドの女流詩人で、かつては郵便箱を爆破した戦闘的女性参政権論者でした。アーネスト・ウォールシュは、彼女の第二番目の感情を爆発させる大きな冒険の対象となった訳です。この時既に、二人は〈ジィス・クォーター〉誌と呼ばれる雑誌を出す決心をしておりました。そして彼らはこの雑誌をリヴィエラ（イタリアのジェノヴァからフランス国境までの地中海沿岸）で発行することを計画していました。というのは、パリの気候はウォールシュに適していなかったのです。

私は、彼ら二人がとても好きでした。彼らの勇気と詩に対する情熱を賞賛しました。彼らは自分達の計画を実行し、活発な雑誌を数号発行しました。創刊号はエズラ・パウンドの作品に捧げられました。第二号はジョイスの『ワーク・イン・プログレス』から「シェム」に関する断片や、アメリカ文学史の素晴しい「パリ時代[22]」に含まれるその他数多くの作家たちからの寄稿を掲載しておりました。

後になって、ケイ・ボイル（一九〇二〜一九九二年。アメリカの短篇作家、詩人）が、アーネスト・ウォールシュを助けて雑誌の編集にたずさわっていました。彼女の著作の才能と母性愛でもって、彼女は二〇年代の話に登場する興味ある人物の一人と考えられております。私が最初に彼女を知った時、彼女は、彼女の最初の結婚を扱って構成されている『ナイチンゲールに病みて』と『最後の前の年』といった、彼女の初期の小説を書いておりました。

私たちが後に知ったところでは、アーネスト・ウォールシュは、後数か月しか生きられないことを知り、彼に残された時間を彼が敬愛する作家たちの間で過そうとパリにやってくることを決心したのです。彼は詩人として名をなすことを夢見ていましたが、これはさらに難しいことでした。アーネスト・ウォールシュには、まことに素晴しいことがありました。つまり、それは彼がずっと生き続けていたことと、彼が勇敢であったことです。

〈トランジッション〉誌(23)

二〇年代、パリでの私たちの文学生活で重要な出来事は、〈トランジッション〉誌の出現でした。

私たちの偉大な友人、ユジーヌ・ジョラス、現代の文学運動において盛んに活躍したフランス系のこのアメリカの若い作家は、雑誌を発行するため、パリの〈ヘラルド・トリビューン〉紙の支局員を辞めると私に知らせに来ました——勿論英語で、パリで発行するのです。

これはとても良いニュースでした。様々な雑誌が現われては消えていました。そこで、新しい雑誌を始めるのには丁度よい時期でしたし、ジョラスのような有能な編集者を持つ雑誌の場合は特にそう言えました。私は彼に個人的な好感を抱いていたのみならず、彼の考え方そのものにも好感を抱いておりました。

ジョラスは私に、彼の雑誌の原稿として活用できる特別なものを何か知らないだろうか、と尋ねました。私は、ジョイスは『ワーク・イン・プログレス』の小片をあちこちの雑誌に寄稿する代わりに、もし編集者さえ承知すれば、〈トランジッション〉誌に毎月連載する形で発表すべきであることを思いつきました。ジョラスと、彼を助けることになっていたエリオット・ポール（一八九一～一九五八年。アメリカの雑誌編集者兼作家）は、この私の考えを大変熱心に受け容れてくれました。直ぐさまジョラスは、ジョイスに対しこの作品全部を〈トランジッション〉誌に発表することを提案しました。ジョイスが電話で、この計画を私がどのように考えるかを尋ねた際、私は彼に躊躇することなく受け容れるよう忠告いたしました。私はジョラスが頼みがいのある友人になることを知っていました。そして、ジェイムズ・ジョイスという名前は、新しい雑誌を始めるのに大いに役立つだろうということも分っていました。

確かに、ジョイスの生涯において最良の出来事の一つは、マリア、ユジーヌ・ジョラスの友情と協力でした。彼らが、ジョイスの作品を発行しようと最初に試みた時からジョイスの死に至るまで、ジョラス夫妻はジョイスにあらゆる奉仕を行ない、どのような犠牲も大き過ぎるとは考えませんでした。

英語、フランス語、ドイツ語（彼はローレーヌの出身でした）という、三つの母国語を持つユジーヌ・ジョラスと、無数の言語を話すジェイムズ・ジョイスは英語という言語の改革に乗り出しました。彼らは思いの儘になる多くの言葉を持っており、彼らには、言葉から世のなかのあらゆる楽しみを引き出す妨げとなるものは何も見当りませんでした。ジョラスの応援はジョイスにとり思いがけない神の授かりものでした。〈トランジッション〉誌が出るまでは、ジョイスは彼自身のワンマン的な改革に寧ろ孤独感を抱いておりました。

私は、必ずしもこの考えには賛成でなかったのですが、ジョラスは文学的民主主義という考え方を抱いていました。彼は私に、無名の作家の原稿を決して拒否しないと話していました。これが彼の主義であって、私はこの主義にはそれなりの長所があることを知っておりました。少くとも、新人は冷たく締め出されてはいませんでした。もし、〈トランジッション〉誌のファイルをひとわたり見れば、その範囲が尋常でないことが分るでしょう。当時のアングロ＝サクソンならびにヨーロッパの最良の作品すべてがこの雑誌に登場しており、しかも、その多くは最初にこの雑誌に登場しております。私が接触したすべての雑誌のなかで、〈トランジッション〉誌は最も活力に満ち、最も長く続きました。そして、新しい文学的関心に対し、最も知的に貢献した雑誌だったと思います。

エリオット・ポールが退いた後、ユジーヌ・ジョラスの第一の協力者はロバート・セイジでした。〈トランジッション〉誌と繋りのあったその他の人々は、マッシュー・ジョゼフスン（一八九九～一九七八年。アメリカの作家）、ハリー・クロスビイ、カール・アインシュタイン、スチュアート・ギルバート、ジェイムズ・ジョンソン・スィーニイ（一九〇〇～一九八六年。アメリカの作家）などでした。

〈コメルス〉誌

私の話には二〇年代にパリで現われた英語の雑誌のみが登場しますが、〈コメルス〉誌は例外です。なぜなら、〈コメルス〉誌は、原稿こそフランス語でしたが、一人のアメリカ人、プリンセス・バッシアーノに所属する雑誌でした。彼女はマルグリット・カエタニと呼ばれる方を好んでいたようです。

〈コメルス〉誌は、一九二四年に初めて現われ、私たちの友人がその寄稿者でした。そして、アドリエンヌ・モニエによりオデオン通りの彼女の書店から発行されました。ポール・ヴァレリーがこの雑誌の編集者で、ヴァレリー・ラルボーとレオン＝ポール・ファルグが編集に協力しておりました。サン＝ジョン・ペルス（一八八七～一九七五年。フランスの詩人）も寄稿者の一人でしたが、彼の存在はこの雑誌のタイトルによって示されておりました。つまり、このタイトルは『アナバーズ』[*1]という彼の詩の一節「わが魂のこの清らかな交流」(*Ce pur commerce de mon âme*)、から暗示されたものでした。T・Sエリオットのこの美しい詩の翻訳を参照してみて下さい。

マルグリット・カエタニは、彼女のフランス人の作家仲間から彼女の趣味、知性、臨機応変の才、慈悲心などを大いに賞賛されておりました。ローマが彼女をパリから奪い去った時、人々はローマを大いに妬みました。

アドリエンヌ・モニエは〈コメルス〉誌の製作に責任を持っていましたし、また、レオン゠ポール・ファルグから原稿を引き出す責任も持っていました。これは大変厄介な骨の折れる事柄でした。ファルグの様々な考えは、彼の怠惰なペンの範囲を越えていたのです。つまり、彼は彼が書き上げているかもしれないようなことをあれこれと話しました。そして、この話を〈コメルス〉誌に掲載する何かに纏め上げるよう、彼のお尻を叩くのが可哀相にアドリエンヌの仕事でした。

ところで、ファルグは才気煥発な話し上手だったため、客を接待する御婦人方から大層もてはやされはしましたが、また彼はこの御婦人方にとって困りものでもありました。私は、マルグリット・カエタニが、彼女の〈コメルス〉誌の仲間をヴェルサイユの彼女の家の昼食会に招いた時のことを想い出します。彼女は私たちを迎えに一台の車を寄越しました。運転手は先ずオデオン通りのアドリエンヌと私を迎えに寄りました。私たちはロビアック広場でジョイスを拾いました。次いで、東駅《ガール・ドゥ・レスト》地区に回って、レオン

＝ポール・ファルグの住居に行きました。運転手は二階に上って行き、私たちが下で待っていることを彼に告げました。彼はまだ起きていませんでした。彼は一篇の猫の詩を書いておりましたが、彼の何匹かの猫がベッドの上で彼を取り巻いていました。彼は、起きて着換えをし、すぐ下りてくるでしょう、ということでした。しかし、私たちは一時間以上待ちました。やっとのことで彼が下りてきましたが、また上って行きました。というのは、彼は今はいている茶色の靴よりは黒い靴の方が彼の洋服に似合うだろうと決心したからです。次いで、二度目は彼の帽子を替えに二階に戻って行きました。車に乗る前に、彼は運転手に床屋を捜すよう申し付けました。彼は髭を剃り、散髪する必要がありました。日曜日だったので、当然すべての床屋が閉っていました。最後に私たちは一軒だけ捜し当てました。床屋は丁度店を閉めているところでしたが、床屋はファルグに毛剃りと散髪とを納得させられてしまいました。二人は店のなかに消えました。これが終ると、私たちがヴェルサイユの昼食会に出掛けるのを妨げるものは何ひとつなくなりました。やっとのことで、私たちは、出発しました。

アドリエンヌは、私たちが昼食の時間に遅れることを気にしていました。ファルグは時計を持っておりませんでした。彼はジョイスに時間を尋ねました。ジョイスは四つも

＊1　サン＝ジョン・ペルスの詩で、一九三〇年Ｔ・Ｓ・エリオットによりフランス語から英語に訳されている。

の時計を持っていましたが、四つの時計全部がそれぞれまちまちの時刻を示していました。昼食は一時に予定されていました。驚いたことに、私たちは一時間半遅れただけでした。マルグリット・カエタニは、ひと言の咎めも口にしませんでした。彼女は少しも怒ったりせず、いつものとおり笑っていました。他のお客たちといえば、ファルグを待つことには慣れていました。

この昼食会では、〈コメルス〉誌創刊、ならびにその第一号に『ユリシーズ』の最初の仏訳の抜萃《ばっすい》が掲載されたことなどを祝し、ジョイスの出席が期待されていたのです。ジョイスは決して真昼の招待を承知したことはありませんでした。夕方になるまで、彼は人と付き合う気分にはならなかったのです。しかし、この時は、私は彼を説得して出席させました。ジョイスは出席したことを後悔していないだろうと私は思いました。だが、後悔したこともありました。それは、私たちが食卓につき終るや否や、大きな毛むくじゃらの犬が小走りに入ってくると、真直ぐにジョイスのほうに進み、彼の両肩にその足を掛けて愛情を込め、ジョイスの顔を覗き込んだからです。

哀れなジョイス！　プリンセス・バッシアーノは、ジョイスが犬が嫌いであることを悟ると、直ぐにこの人間の最良の友を追い払わせました。同時に、彼女はこの犬は危険でないこと、子供たちの愛玩動物であることをジョイスに告げました。一度、確かこの犬は水道屋さんを窓から追い出したことがありました。彼女は笑いながら、「私は、この水道屋さんに新しいズボンを買って上げなくてはなりませんでしたわ」と話しました。

ジョイスは身震いをすると、私にそっと、「彼女は、ぼくにも同じことをせねばならなくなるところだった」と囁きました。

われらが友、スチュアート・ギルバート[*1]

〈コメルス〉誌に掲載された『ユリシーズ』の仏訳の抜萃は、この作品の主題について、ある一人の優れた権威者の関心を呼びました。〈コメルス〉誌に掲載されると直ぐ、私はスチュアート・ギルバートの訪問を受けました。あるいは単にギルバートと言うべきでしょうか、というのは、これがフランス流ですから。

いつも私は、ユーモアと機知に素晴しく富み、逆説的、いや寧ろシニカルで、この上もなく親切なこのイギリス人の訪問を楽しんでいました。彼は九年間にわたってビルマで裁判官をしていました。彼によれば、人々を絞首台に送ることが彼の仕事だったということです。しかし、この話は割り引きしなくてはならないと思います。これは、われらがギルバートには全然あてはまらないからです。つまり、彼は余りにも親切な行為が多過ぎて人殺しなどは引き受けられそうもありません。

ギルバートは『ユリシーズ』を最初に賞賛した一人でした。そして、彼はこの作品に関するかなりの博識を持っておりました。ジョイスを除けば、彼ほどにこの作品につい

＊1　イギリスの批評家。『ユリシーズ』に関する優れた研究がある。

て詳しい者は、他にいないと思います。彼の鋭い眼は、〈コメルス〉誌に現われたばかりの仏訳の抜萃にみられる一、二の誤りや、オーギュスト・モレルのような有能な翻訳者であっても起り得る、書き間違いなどを発見しました。モレルというのはこの巨大な仕事を試みた若い詩人でした。アドリエンヌ・モニエとラルボーは、フランシス・トンプソン（一八五九〜一九〇七年。イギリスの詩人）、ブレイク（一七五七〜一八二七年。イギリスの詩人）、ダン（一五七二〜一六三一年。イギリスの詩人）、その他の詩人たちを訳したモレルの翻訳を評価しておりました。そして、二人の説得によって、彼はイギリスの詩人たちのアンソロジーの翻訳を中断して『ユリシーズ』の仕事に取り掛かったのです。彼は、ラルボーが彼の翻訳を必ず校正するという、ひとつの条件をつけました。翻訳が完成された時——一九二四年のことでしたが——彼らは、もう一度一緒にこの翻訳に目を通していました。スチュアート・ギルバートがやって来て、もしラルボーとモレルが彼の奉仕を受け容れてくれるならば、イギリス人の助力も役立つかもしれないと申し出ました。

ギルバートのこの提案は、『ユリシーズ』の翻訳を出版することになっていたアドリエンヌ・モニエ、それにラルボーとモレルによって直ぐさま受け容れられました。ギルバートの助力は、彼らが行なっている困難な企てにおいては全く必要不可欠のものでした。ギルバートのお蔭である種の誤りが避けられ、幾つかの不明確な点が取り除かれました。私は、彼が翻訳者に大変役立ったこと、またこの翻訳に責任を負うことになっていたラルボーにも役立ったことを確信しています。

勿論、協力者たちの間にいざこざもありました。結局は、アドリエンヌがその主たる受難者でした。というのは、ラルボーは単に校正するのみでなく、特殊な文などを書き直したりし、モレルが異議をとなえました。モレルは癇癪持ちだったので、きっといろいろなことをラルボーに言ったと思います。それに、モレルはギルバートには悩まされていました。彼の考えでは、ギルバートは余りにも正確過ぎるというのです。そして、彼はむっと腹を立てて立ち去って行きました。一方、健康のすぐれなかったラルボーは、病気になってしまい、ヴィッシーの近くにある彼の家に隠退してしまいました。後に残ったギルバートとアドリエンヌは、ギルバートが私に話してくれたのですが、この翻訳を完成させるため幾日も、午後を彼女の書店の裏部屋にこもって過したのです。

15

ジュール・ロマンと「仲間《コパン》たち」

私が初めてジュール・ロマン（一八八五〜一九七二年。フランスの小説家、詩人）を読んだのは、デスモンド・マッカーシーとシドニー・ウォターロウによる翻訳『ある男の死』を通してでありました。私は、一九一四年頃、この作品をニュー・ヨーク市民図書館でみつけました。この作品は私を魅了しました。そして、この作品によってジュール・ロマンの世界に導かれてからというもの、私は彼の作品を詳細に追ってゆきました。多くの点でまったく異なっているもののの、ジュール・ロマンとジェイムズ・ジョイスは多くの共通点を持っていると私は思います。二人は同時代の誰よりも多く共通するものを持っております。

アドリエンヌの書店をたびたび訪れていたジュール・ロマンは、私の書店にも友情訪問をしてくれたものです。「仲間《コパン》たち」、同名の彼の小説に登場する人々が、彼らの集いを開く時は何時でも、彼は親切にアドリエンヌと同様私をもそのなかに含めてくれました。こうしたロマンの仲間たちは素晴しい人々でした――教授、やはり夫と同じ教授であるその妻、画家、それにジューベ劇場の営業支配人等々。みんなとても面白い人々でした。しかし、共謀者の首領であるロマン自身――ロマンのいるところ常に策謀があったのですが――がこの仲間たちの指導者でした。

私たちは互いに交代で、楽しんでいました。そして、彼らの家に私たちをたびたび招いてくれたのはロマンと彼の妻でした。ある時期、この二人はモンマルトルの丘の上の別荘に住んでいました。モンマルトルというよりは、寧ろメニルモンタンにあるといった方が良いのでしょうか。ジュール・ロマンのために数々の会合が開かれた場所です。彼らが住んでいた通りは、どちらかといえば、離れた通りで、近辺はアパッチ、当時ギャングがそう呼ばれていましたが、そのアパッチが出没するので評判の悪いところでした。ロマンはこの別荘を守るために獰猛なマスティフ犬を飼っていました。ロマンのお客までが、この犬を恐れていました。この動物に敢えて近づこうとするアパッチはいそうもありませんでした。それでもやはり、私たちが別荘にいて、夜も更けた頃、人の足音を耳にしました。しかも、一度はっきりと足音を聞きました。最初は下の階の窓を手さぐりする音を、次いで床のきしむ音を聞きました。私は、もしアパッチが現われたとすれば、アパッチたちと例の犬とが、私たちを巻き添えにすることなく、地階で彼らの決着をつけてくれるよう願いました。

ジュール・ロマンは、「仲間たち」を彼の小説に登場する舞台である、運河の沢山走っている素晴しい場所に招待しました。ラ・ヴィレットとサン・マルタン運河という、このオランダ風の河岸をたびたび訪れたことのあるパリの住人は殆どいなかったでしょうし、こうした河岸があることとさえ知らないでしょう。これ以来、私は幾度もこの場所を訪れました。

一度、「仲間たち」は「神様横丁」(Passage Dieu) の傍の、ある小さな酒場《ビストロ》での集いに招かれました。私たちはできるだけたくましく見せかけるように言われていました。というのも、そこはそうした類の場所だったからです。アドリエンヌと私とがやっとこのビストロに辿り着いた時、私たちは幾人かの「仲間たち」が「ザンク」(カウンター) で赤葡萄酒を飲んでいるのが分りました。ロマンはどこにも見当りませんでした。彼はまだ現われていないと私たちは考え始めました。とかくするうちに、私たちは、瞼のあたりまで深く帽子を被った一人の人物が店の角をぶらぶらしながら、余り安心できない目つきで私たちをじろじろ見ているのに気づきました。誰かが、おそらくあれがロマンだろうと言いました。それもただの冗談のつもりでしたが。その男がビストロのなかに入ってきました。この人物がまさしくロマン自身でした。彼は完全に変装していたのです。

フランスのシェイクスピア学者

ジョルジュ・デュアメル（一八八四〜一九六六年。フランスの小説家、詩人、評論家）は、親切にシェイクスピア・アンド・カンパニイ書店を訪れてくれました。書店の名前が、このフランスのシェイクスピア学者を惹きつけたようでした。彼はこの書店に友情を示しただけでなく、彼とマダム・デュアメルは、パリの近くのヴァルモンドワで一日を過すよう、アドリエンヌ・モニエと共にこの書店の主人を招いてくれました。彼らはヴァルモンドワに家を持っておりました。アドリエンヌはデュアメルの出版者の一人でした。マダム・デュアメル、彼女は劇場ではブランシュ・アルバーンとして知られており、コポー（一八七九〜一九四九年。フランスの俳優、演出家）のヴュー・コロンビエ劇場グループのメンバーで、コポーの率いる最も才能に恵まれた女優の一人でした。彼女は格別の魅力と優雅さを備えていました。私は彼女の詩のリサイタルを聴くのがいつも好きでした。俳優たちによって朗読される詩は、たとえ偉大な俳優によって朗読されたとしても、時折失望感を残すものです。

ヴァルモンドワで過したある夏の日のことでしたが、私たちはデュアメルが、庭で初めて生れた息子のベルナールを入浴させるのを眺めて楽しみました。

ジャン・シュランベルジェ

アドリエンヌと私とが深い賞賛と愛情を抱いた一人の友人は『幸せな男』の著者、ジャン・シュランベルジェ（一八七七〜一九六八年。フランスの小説家）でした。一九二七年に分割払いで買ったシトロエンで私たちが出かけた最初の旅は、ノルマンディのシュランベルジェの家でした。彼は週末を過すよう私たちを招待してくれました。私は英語の小説が並べられている彼の家庭の図書室を調べ、保存に値しない何冊かを棄ててあげることを約束していました。

シュランベルジェのこの田舎の家は、彼の偉大な祖父、政治家で歴史家でもあったギゾー（一七八七〜一八七四年。フランスの歴史家、政治家。ソルボンヌで歴史学の教授。ルイ・フィリップの下で大臣をつとめる）によって建てられたものでした。そして、ブラッフィと呼ばれていたのですが、ブラッフィは美しい場所でした。シュランベルジェはここで育てられました。彼の子供もここで育てられました。彼はここに強い愛着を抱いていました。しかし、彼はこの大きな家ではなく、この家に付随している小屋で暮したり、仕事をしたりする方を好みました。私たちが彼と、彼の二人の相棒と滞在したのはこの小屋でした。二人の相棒というのは、一人の男性と、彼の世話をし私たちの美味しい食事を作ってくれたこの男性の妻でした。三番日の相棒であるダックスフントがいました。この犬は主人の命令に従って後足で立ち、「着ているチョッキのボタン」を私たちに見せてくれました。彼が、自分の林から集めてきた薪で赤々と燃やす火を前に、シュランベルジェやダックスフントと共に坐って過すことはとても楽しいことでした。

シュランベルジェが恐れていたように、大きな家に飾られていた英語の書物は、ブラッフィで、次の世代の少女たちを教えていたイギリス女性の家庭教師の趣味を反映したものでした。

レオン＝ポール・ファルグ

詩人のレオン＝ポール・ファルグは、一言も英語を話すことができませんでしたが、足繁く私の書店を訪れました。ファルグは、フランス文学界でも最も興味ある人物の一人であり、ほとんどジョイスと同じ位に優れた言語の発明者でした――彼は言語に対する熱狂的な性癖を持っていました――、しかし、彼の豊かな創造のいくつかは、彼の聴衆でなかった読者たちからは見落とされてしまいました。アドリエンヌの書店にある図書室が彼の本部でした。ここならば、午後ならいつも彼を見掛けることができたでしょうし、嬉々として聞き耳をたてている聴衆の環に向ってとてつもない話を語っている彼を見ることができたでしょう。彼は、彼の聴衆である友人たちを、「ガリ勉有志」（*les Potassons*）と呼んでいました。私も、そのなかに数えられる光栄に浴しました。彼が言語に示した新しい工夫は、想像もできないほど猥褻であり、それに伴う身振りも猥褻でした。そして、すべてこうした事柄が、家庭の上品な主婦や若い娘たちが書棚から本を選んでいる図書室で行なわれたのです。ラルボーは彼の話を感心して聞く聴衆の一人でした。彼は顔を赤らめたり、クスクス笑ったり、また、ラルボー独特の身振りで「おー！」と叫んだりしていました。一方、時折出版される貴重なファルグの本にみられる彼の詩は、純情そのものでした。

ファルグは、私の書店に出掛けて来ましたが、それは本を捜すためではなく、他の場所で彼を避けているかも知れない彼の「ガリ勉有志」を発見できる可能性があったからです。到る所に友人を追いかけ回すことが彼には極めて必要だったのです。ある時などは、ラルボーが家の扉を開かないでいると、ファルグは梯子を掛けて窓から入り込みました。ラルボーが私に話してくれましたが、机に向って仕事をしていると、突然、彼は彼を覗き込んでいるファルグを発見したというのです。夜行性人間ファルグは、お昼すぎに起き、それから郵便屋のように巡回を始めるのです。

ファルグは遅かれ早かれ、アドリエンヌの書店にはいつも現われました。老いも若きも含め、彼の友人すべてが集まったのはこの書店か、あるいはガリマールの書店でした。そこで彼は夜遅くまで過しました。彼は〈ヌーベル・ルヴュー・フランセーズ〉誌の作家たちと密接に結びついていました。彼の学校時代の古い友人であるガストン・ガリマールがこの雑誌の発行者でした。みんなが帰った後でも、ファルグは遅くまでアドリエンヌの書店でぶらぶらしておりました。そして、アドリエンヌが店をしまう間じゅう、彼の数々の悲哀を吐露していました。

ファルグは、父親が彼に残したガラス工場で、未亡人になった彼の母親と、一家の辛抱強い召使いと共に暮していました。彼の父親は技術屋で、あるガラスの製造過程を発明したことがありました。この工場は東駅《ガール・ドウ・レスト》の近くにありました。ファルグの話では、汽車の汽笛が彼に霊感を与えたそうです。彼は父親《ペール》を尊敬していました。そして、工場を手放すことを酷く嫌っていました。この工場は父親のファルグが築き上げたのですが、詩人の所有になって急速におとろえてしまいました。ファルグ家のガラスは、「アール・ヌーヴォー」(art nouveau) が栄えていた時期には良く知られていました。ファルグ家のガラスは、ステンド・グラスの窓や壺といった形で、百万長者の家を飾っていて、このガラスが当時の好みでした。ファルグ自身、彼の父親が作ったマキシム料理店の窓を私に見せてくれました。父親時代に工場で働いていて、秘密の製造過程をすべて知っている職工長が工場を切り回していました。ときどき注文が来ておりました。その後、二人の臨時の職人が職工長を助けるために傭われていました。

ある日のこと、私はアドリエンヌの妹のマリー・モニエと一緒にこの工場を訪ねました。マリー・モニエは、ファルグのガラスのためにいくつかのデザインを作っていました。十二宮からとった奇妙な像で装飾され、スープ皿を逆さまにしたような多くの天井灯を製作するため職人たちが忙しく働いていました。天井灯に彩色された色彩は、他の光線がガラスを通して入ってくるのを防いでいました。おそらくこれが狙いだったのでしょう。この天井灯を突然製作することになったのは、当時急速に衰えつつあった事業を復活させようとするファルグの計画からでした。工場が消滅の危機に瀕していることを考えると、彼はとても悲しかったのです。彼の父親や忠実な職工長のことを考えると、これは悲しい事でした。私たちみんなはこうした事態が食い止められるよう願いました。私は宣伝するよい時機ではないかと考えました。そこで、私は私の書店の写真撮影をしている〈ニュー・ヨーク・タイムズ〉の人たちに、工場にいるファルグの姿を何枚か写してみてくれないかと頼みました。私は、ファルグが工場で、例の職工長や女中のジュリエンヌをも含め、私たちみんなにガラス製品を示している写真を持っています。

数種の天井灯の見本が整うと直ぐ、ファルグは、これを束ねてタクシーに乗り込み、百貨店を回りました。そして、彼は、多くの照明器具部門の責任者に会って大量の注文をしてくれるよう話し込みました。彼の父親が作ったガラスと、息子の書いた詩を知っている人々は、ファルグのこうした訪問をとても面白がっていたようです。

ファルグは社交上、大層珍重されていました。しかし、彼は、招待役の女性にとっては酷く困り者でもありました。そのわけは、彼は時間に少しも注意を払わず、あいも変わらず遅刻しました。ひとたび会場に到着すると、彼はそこに集まった人々を素晴しく楽しませるので、みんなはいつも彼を許していました。人々は、彼の到着を待っている時でさえも、みんなファルグの振舞いについて噂話をしておりました――彼に関する噂話には際限がありませんでした。しかし、彼が晩餐の招待に二週間も遅れてきたという話は、女性の主人役を身震いさせるのには十分でした。

彼はいつもタクシーで動き回っていましたが、タクシーをなん時間も待たせた儘にすることがあり、最後には運転手が彼を捜しに行くのでした。運転手の一人は、一度、やっとのことでファルグが現われるのを見ました――そして、他のタクシーを呼び止めている彼の姿を見掛けました。彼は家の前に長時間待たせてあったタクシーのことはすっかり忘れていたのです。

かなり多くのタクシーの運転手たちが、ファルグの個人的な友人になっていたように思われました。そのなかの一人で、タクシーから降りる際、彼が私に紹介した運転手は、彼の詩の読者であり、著者の署名入りの貴重な詩集を持っていました。

ファルグはいつも彼の新しい友人を何人か紹介していました。スイスのチーズで信じられないほどの富を築いた者とか、しばらく一緒に歩き回っていたスペインの大公とか、ガブリエル・ラトンブという著名な布地製造者とかいう人々でした。それに、エジプトの手品師のギリ・ギリという人物がいました。大変に人を楽しませてくれる人物で、彼が手練の術を見せる時は「ギリ・ギリ」と言うのです。

レイモンド

私が最も興味を抱いたフランス人の友人の一人はレイモンド・リノシエでした。彼女は、既に話したように、私たちが『ユリシーズ』のタイプに掛かっている時、魔女《サーシー》の挿話を手伝いに来ました。その直ぐ後でジョイスは、「僕はレイモンドを『ユリシーズ』のなかに描き入れた」と話していました。

レイモンドは、大事に育てられた有名な医者の娘でした。彼女は近所の法律学校で勉強していると思われていました。だが、もし彼女の父親が忙しくて娘の日常生活を見にこれなかったら、彼女はほとんど午後の時間を七番地かシェイクスピア・アンド・カンパニイ書店のどちらかで過したことでしょう。七番地では、彼女はアドリエンヌ・モニエの文学家族の優秀な会員であったし、詩人レオン＝ポール・ファルグの正真正銘の「ガリ勉有志」でした。一方、シェイクスピア・アンド・カンパニイ書店では主人を助け、励まし、時には主人の代行さえしておりました。

自分の好きなことを、いつも自由に行なってきた私のようなアメリカ娘にとっては、レイモンドの秘密主義の必要性を理解することは難しいことでした。私には、法廷で様々な人の集まりと交わり、かつては売春婦の弁護さえ務め、実際に売春業について相当な勉強をしたことのある一人の若い女性が、ファルグあるいはジョイスのような人間の傍にいてはならないというわけが、どうしても理解できませんでした。

レイモンドの最良の友人は、フランシス・プーランク（一八九九～一九六三年。フランスの作曲家）でした。彼女はプーランクと一緒に成長し、彼ら二人の趣味、ものの見方はまったく同一でした。彼女は自分の時間を、オデオン通りで彼女の詩人たちと過す時間と、「ザ・シックス」として知られるグループの彼女の音楽の友人たちと過す時間とに分けていました。ダリュス、マドレーヌ・ミヨー夫妻（ダリュス、一八九二～一九七四年。フランスの作曲家）が、彼女のとりわけ親しい友人でした。この二人は私の友人でもありました。特にマドレーヌは親しい友人でした。彼女はアメリカのあらゆる新作を読んでいました。

レイモンドは私のお客とは言えませんでした。彼女の極く限られたポケット・マネーはフランス語の本のためにとっておかれていました。ファルグが彼女のお気に入りの詩人でした。彼女は、彼の大半の原稿をも含め、彼が書いたものはすべて持っていました。また、彼女は細かに私のあらゆる活動を追っていました。少くとも、アドリエンヌの書店で行なわれているフランス人の活動と同じ位、私の活動にも関心を払っていました。彼女自身作家でありましたが、勿論、彼女が書いたものは秘密でした。彼女は『ビビ＝

ラ＝ビビスト』（*Bibi-la-Bibiste*）というタイトルの本の著者でした。そのタイトルの頁によると、この本は「某姉妹」によって書かれたことになっていました。某姉妹というのはレイモンドと、現在はアリス・リノシエ＝アルドワン博士である妹のアリスのことです。しかし、実際にはレイモンドが著者でした——彼女の妹は、これを印刷するのに彼女のポケット・マネーを出したのです。二人は互いに献身的に助け合っていました。『ビビ＝ラ＝ビビスト』、これを翻訳すると、実際には「人間の自我、利己本位」（One's Self the One's Selfist）となりますが、この作品は、フランシス・プーランクに捧げられていました。この本は大きな紙に印刷されていました。タイトルの頁を含めて全部で十四頁にわたるこの本には、テキストらしいものはほとんどなにもありませんでした。この「作品」は、私が初めてレイモンドに出会った一九一八年における文学上のひとつの出来事でした。エズラ・パウンドがこれを摑まえて、〈リトル・レヴュー〉誌に送りました。そして、一九二〇年九月～十二月号に、傑作であるという「Ｅ・Ｐ」の注釈つきで発行されました。彼が言うのには、この作品は「学士院会員たちが要求するすべての長所、つまり、完全な明晰さ、完全な形式、始まりと途中と結末」を持つ作品でした。私はフランス人が、特にレイモンド自身さえもそう考えていないのですが、ここまで深く突っ込むとは考えません。レイモンドは新しい運動、「自己本位主義運動《セルフィスト・ムーヴメント》」を始めたと主張していました——この言葉は、私にヴァレリーが「自己神格化《セルフ＝ゴッディング》」協会を創設する意向について話していたことを想い起させました。勿論、私たちはイギリスに

〈エゴイスト〉誌という雑誌を持っていました。しかし、レイモンドは、『ビビ＝ラ＝ビビスト』に真剣に取り組むのには、余りにも慎ましやかで、ユーモアに富み過ぎていました。彼女を知っている私たちは、彼女が作家としての才能と素質を持っていると感じてはいましたが、ただもう少し彼女自身「自己本位《セルフィスト》」なものを持っていたならばと思いました。偉大な没我性と、彼女の温かい心情とは、彼女の著作行為のように内々のもので、逆説とコミカルなものでカモフラージュされていました。こうしたタイプに類する人種はいるにはいるのですが、稀であり、特に才能に恵まれている人の場合は稀です。

音楽の上で、レイモンドの親友で私の友人でもあったのはサティ（一八六六〜一九二五年。フランスの作曲家）でした。サティは、おそらく彼の家系の片方にイギリス人の血が流れていたせいでしょうか、シェイクスピア・アンド・カンパニイ書店が気に入っているようでした。彼は私のことを“mees《ミース》”（missの意）と呼んでいましたが、これが彼の知っている唯一の英語だったと思います。彼は定期的に姿を見せ、晴雨にかかわりなく、いつも洋傘を持ち歩いていました。洋傘を持たない彼を見た者はいませんでした。一日を町で過すつもりで、遠く離れたパリの郊外からトロリー・バスで出掛けて来る者にとって、多分これは賢明な準備かもしれませんでした。

私がなにか書いているのを見て、サティは、私が著作するかどうかを尋ねました。そう、仕事の手紙を書きます、と私は答えました。すると彼は、それが一番良い著作ですよ、と言ってくれました。仕事のため良い手紙を書くことには決定的な意味があります。

つまりあなたは言うべきことがあって、それを言うのですから、と彼は話していました。私も彼に、そのように書いております、と答えました。

サティはアドリエンヌとは良い友だちでした。彼女の書店で彼の書いた『ソクラテス』という本のことを初めて耳にしました。ファルグとサティは親友でしたが、その後酷い仲たがいを起しました。その原因は、この詩人と作曲家が共に人気を集めていた人々の集会での不幸な出来事によるものだったと思います。あるサロンで、その会の司会者がエリック・サティ作曲の歌を紹介しましたが、作詩はファルグであると述べることをすっかり忘れてしまったのです。疑うまでもなく、これは意図的に行なわれたわけではありませんし、勿論、サティの落度でもありませんでした。しかし、ファルグはかんかんになって怒りました。ファルグの喧嘩はいつもそうでしたが、彼は多くの時間を費やし、大変な手数を掛けて、彼の考えつく最も悪辣な事柄を毎日手紙に書いてサティに送りました。彼はパリで手紙を投函するだけでは飽き足らず、サティの住んでいたアルキュー＝カッシャン（パリの南にある郊外）までわざわざ出掛けて行き、いま一通の、別の侮辱的な手紙をサティの家のドアーの下から中に差し入れました。最後の手紙などは、あまりにも無礼で述べるわけにはいきません。温厚で哲学者らしい気質の人物であり、結局この最後の手紙からも、『ソクラテス』的な作曲者であるサティから、笑い以外の何物も得られませんでした。この手紙が彼の最後の発砲であったと思います。

最終的には、レイモンドは東洋文化を取り上げました。東洋文化は常に彼女の関心を引いていました。彼女が、パリにある東洋美術館、すなわちギメ美術館の事務室に落ち着いてからは、私たちは余り彼女を見掛けなくなりました。

レイモンドは、アリスがアルドワン博士と結婚するまで妹と一緒に住んでおりました。それから、レイモンドはセーヌのサン・ミッシェル河岸に小さなアパートをみつけました。ここは彼女の好みにぴったりの場所でした。アパートには小さくて天井の低い部屋がいくつかあり、本箱は稀覯《きこう》本や、彼女のお気に入りの詩人レオン＝ポール・ファルグの原稿で一杯でした。

私たちがそのアパートを訪れたのは、それもただ一度だけでしたが、生温かい夏の夕暮れ時でした。窓が開かれていました。私たちは、レイモンドの部屋から眺めるセーヌの景色が好きでした。丁度、反対側にノートル＝ダム寺院の塔があり、その上に月が出ていました。それから間もなく、レイモンドは死にました。私たちは彼女の死をとても残念に思いました。

16

「われらの親愛なるジィド《ノートル・シェール》」

アンドレ・ジィドは、私が既に述べたように、私の貸し出し文庫の最初の登録者であり、幾年にもわたって友人であり、支持者でもありました。アドリエンヌと私が、地中海沿岸のイエールに出掛けて行ったひと夏、私たちは彼と頻繁に出会うことになりました。彼はここで私たちに合流したのです。確か、この町の上手の塔に住んでいたジュール・ロマンが私たちに推せんしたホテルと思いますが、海岸の小さなホテルに着いた二日後、見上げると窓のところにジィドがいたのです。私は、「ジィドがいるわ」と、アドリエンヌに言いました。彼女はこのニュースを大変喜びました。

ジィドは海が好きでしたし、海で泳ぐのも好きでした。私たちは、ホテルの前の暖かい紺碧の海水のなかで、私たちと水しぶきを上げているわれらが友、ジィドと一緒でした。私たちは彼が合流してくれたことを感謝しました。それは彼の真の友情の表われでした。彼の大の仲好しのエリザベス・ヴァン・リュセルベルジュが近所に住んでいて、私たちと一緒に泳ぐためいつもやってきました。彼女は、ジィドの旧友であるベルギーの画家、テオ・ヴァン・リュセルベルジュの娘でした。彼女は気品があり、どちらかと言えば、少年のような少女でした。彼女の正確な英語から判断すると、彼女はイギリスで教育を受けたに違いありません。エリザベスはジィドの娘カテリーヌの母親になったわけですが、しかし、これはずっと後のことでした。

エリザベスは泳ぎがとても上手でした。ジィドと私自身については、どちらが泳ぎが下手なのか決めるのは難しかったでしょう。アドリエンヌは全然泳ぎませんでした。コルクのジャケツと救命帯をつけて、彼女は海岸にぴったりくっつき、ただからだを縦に浮せるだけでした。ジィドは私をボートに乗せて沖まで漕ぎ出し、そこで私が飛び込むよう望みました。もっとも、私は飛び込みを今まで試みたこともなかったし、もし飛び込むにしても、彼のいる前で始めることはなかったでしょう。私がボートの端に行って、どぼんと腹から水のなかに飛び込むのを、彼はじっとみつめていました。「余りみられた格好じゃない」（*"pas fameux!"*）というのが、彼の批評でした。

時どき、ジュール・ロマンが、海岸から一マイル程上手にあるイェールの町から下りてきて、私たちと昼食を共にしました。雨が降り、部屋に閉じ込められた時は、ホテルのピアノでジィドがショパンを弾いてくれました。このピアノは潮風で少し傷んでいました。ジィドは盛んに感情を込めて弾くのですが、彼の演奏は彼の著作程優れてはいませんでした。

天気の良い日には、私たちは昼食の後ホテルの前のテラスに坐って、コーヒーを飲み、煙草をふかしておりました。ジィドは煙草を酷くすいました。このホテルの経営者の小さな息子が酷くつきまとい、いつもジィドの膝の上にのぼろうとしました。そして、ジィドもこの子供をからかうのを楽しんでいるようでした。一度ジィドは町に出掛けて行って、彼は、承知の上で、去年の冬からの残り物の酷くかび臭いチョコレートを買って帰りました。このチョコレートを彼が少年に差し出すと、少年はこれをひったくり、口のなかに押し込みました。と、たちまち少年がこのチョコレートを吐き出したので、ジィドはとても面白がりました。この子供はしばらくの間、続けざまに吐き出し、大層苦り切った様子でした。少し度が過ぎたようでしたが、いずれにしてもこの子供は厄介者でした。

ジィドは、実際には、とても思いやりがありました。若い作家たちが戸口で躊躇していると、彼は自分の部屋に招き入れて彼らと食事を共にしました。しかし、束縛は、たとえいかなる束縛であっても、彼を怒らせ、彼は直ぐさまこれを払いのけました。彼は友人のためにはなんでもするでしょうが、友人が彼を束縛でもしようものなら事情は異なりました。彼は時にはひどいことをしました。例えば、ラルボーが私に話したことなのですが、ある日、ジィドとラルボーがイタリアに出掛けるため乗る予定だった汽車に、ジィドが何時までたっても姿を見せませんでした。これはラルボーの感情を大変害する種類の事柄でした。

みんなが知っているように、ある時期、ジィドは映画に強い関心を抱きました。彼は、多くの書物を売り、マルク・アレグレと一緒に、今では有名になっているこの監督の最初のフィルムとなった映画の材料を集めにコンゴに出掛ける旅行の資金に当てました。ジィドのシナリオとマルク・アレグレの撮影によるこの映画は、どちらかといえば、素人臭く、また困難な状況の下で製作されました。しかし、映画がヴュー・コロンビエ劇場で上映された時には、私たちみんなから賞賛されたものでした。コンゴについてジィドが書いた本は[*1]、官憲当局の承認をまったく得られませんでした。しかし、ジィドは公の見解、あるいは、一般の意見のいずれをも気にとめませんでした。彼は、ロシアでも、植民地でも、あるいは本国においても、彼の好きなことを発言しました。

マルク・アレグレは優れた私の友人でもありました。彼はたびたび書店に出掛けて来ました。一度、彼はジィドからの贈物だという小さなカメを私に持ってきました。カメの名は、このカメが現われた時アグラエと命名されていました。私は、どこかでカール・ヴァン・ヴェクテン（一八八〇〜一九六四年。アメリカの批評家、作家）がアグラエという名前のカメを飼っているのを見たことがありました。この名前はカメの標準的な名前に違いありません。

カメの贈物といえば、ジィドがまだ小学校の学生だった頃、彼や彼の友人たちについて、また彼らが門番《コンシェルジュ》にした悪戯などについて話してくれたのを、私はぼんやりと憶えております。彼は、私の回想録のなかにこの話を書き込むことを許してくれました。

彼の門番が中位の大きさのカメを一匹彼女の部屋で飼っていたようです。そして、少年たちは、もっと大きなカメをつかまえて来て、門番が背を向けている時、彼女の飼っているカメを取り出し、新しいカメを入れました。彼女はカメが入れ替わっているのに気づきませんでした。少年たちは段々と大きなカメと取り替えていきました。彼らは、門番が彼女の愛玩動物の著しい成長振りに驚きの声を上げ、カメの様子を不思議がっている声を聞きました。カメはとてつもなく大きく成長しましたが、部屋の大きなスペースを占めるようになりました。その後少年たちはパリじゅうを捜し回りましたが、それ以上大きなカメをみつけることができなかったので、カメの成長が止りました。さて、少年たちは今度はカメが小さくなる番だと決心しました。この可哀相な門番が驚いたことに、このカメは目に見えて小さくなっていきました。遂に、彼女のカメはただの一個のボタンに変わり果てました。

この門番は、その後間もなく姿を消してしまいました。少年たちが一所懸命尋ね回った結果、彼女は休養のためどこかに行ってしまったことを聞かされました。

＊1　ジィドは一九二七年『コンゴ紀行』、翌一九二八年『続コンゴ紀行――チャド湖より還る』という書物を書いている。彼はコンゴ旅行で知ったフランス当局の現地民に対する非道な扱いに憤激し、社会機構の改革を論じ共産主義社会の理想を賞賛するようになる。

私の友人、ポール・ヴァレリー

　私はポール・ヴァレリーと知り合う光栄に浴しました。彼とはアドリエンヌ・モニエの図書室で会いました。シェイクスピア・アンド・カンパニイ書店を開いた後でも、私は、彼がやって来て私の傍らに腰を下ろしてお喋りをしたり、私と冗談を言いあったりすることを楽しく思っていました。彼はいつも冗談を言っておりました。『若きパルク』に魅せられた若い一学徒として、私には、ヴァレリー自ら私の持っている彼の著書に署名してくれる日がこようなどということは、到底信じられないことでした。それに、彼の本が出るたびごとに、彼自身がその著書を私に届けに来てくれるなどということも、とても信じられませんでした。私はヴァレリーが好きでした、それに彼を知っている人は皆彼を愛しました。

　ヴァレリーが私の書店を訪れてくれることは大変名誉なことでしたが、それはまた大変楽しいことでもありました。ヴァレリー特有の英語で、彼は私の「パトロン」のことにつきいろいろと私をからかっていました。一度彼はパトロンの作品集から一冊の本を取り上げて、その本の「不死鳥《フェニックス》とかめ」[*1]という頁を開き、「ところで、シルヴィア、これはなにについて述べているか分るかね」と尋ねました。「全然分りません」と答えると、彼は、ヴュー・コロンビエ劇場で行なわれた詩の朗読会のマチネで、彼が今しがた聞いてきたミュッセ（一八一〇〜一八五七年。フランスの詩人、小説家）の詩に比べると取るに足らないんだよと言いました。「最も絶望したるものこそ最も麗しき歌なり」（*Les plus désespérés sont les chants les plus* *beaux*) この一節は、彼には全然不明瞭だとヴァレリーは言いました。「それでいて、人々は私の曖昧さを非難するのです」

ヴァレリーは私に若者だった頃、ロンドンで彼に起った出来事を話してくれました。毎日雨が降り続いていました。彼は彼の薄汚れた下宿で、独りみじめな気持になっていました。彼がそれとなく語るところ、彼は極めてみじめな状況に陥って、ある日自殺を決意しました。しかし、拳銃を取り出そうとして彼が戸棚を開いた時、床に落ちた一冊の本を彼は拾い上げ、腰を下ろしてこの本を読み始めました。著者の名前はショール(Scholl) でした。だが、彼はこの本のタイトルを想い出すことができません。それはとてもユーモア溢れる本で、彼は最後まで読み通してしまいました。この本は彼をとても楽しませ、本を読み終ると、彼は自殺しようという欲求をすっかり失ってしまいました。ヴァレリーがそのタイトルを想い出せないことはなんと悲しいことでしょう。それに、私はどんな目録にもショールという名前すら発見することができませんでした。

ヴァレリーの魅力は独特でしたし、彼の親切さもそうでした。あらゆるお世辞や、彼がよく出入りしていた上層階級の集いで彼が呼ばれる「親愛なる師《シエール・メエーツル》」という言葉にも拘わらず、彼にはなんの気取りもなく、すべての人を同じ親切心《ボノミ》で扱っていました。彼はいつも陽気で、彼が自殺しかねない状態にあったと話す時でさえそうでした。

＊1　*Loves Martyr* と呼ばれる詩集のなかにあるウィリアム・シェイクスピアの詩。

才気煥発の話し上手であった彼は、「サロン」で歓迎される人物でした。そして、人々を止めどもなく心から楽しませました。だからと言って、ヴァレリーが俗物だなどというのはとんでもないことです。これについて私が彼をからかった時、彼は、仕事の後では紅茶茶碗がかちかち鳴る音やお喋りがとても有益であることが分ったと私に語っていました。彼は、毎朝六時に起き、自分のコーヒーを沸かし、それから仕事を始めました。彼は家のなかが静まり返っている早朝が好きでした。

一度私は、彼をからかいながら、「あなたはすっかり盛装されていますね、サロンにお出掛けでしたでしょう」と言いました。すると、彼は笑いながら自分の帽子の頂きにあいている穴に指を差し込みました。彼は、あるプリンセスのことをよく話していました。「このプリンセスを知っていますか、シルヴィア……それに、彼女はアメリカ人なのですよ!」、私はプリンセスのことなどなにも知りませんでした。「ところで、サロンに出席したら私はなにをすればよいのでしょうか」と私は尋ねたものです。そして、私たち二人は、私のおかしなしぐさに大笑いをしたことでした。

二〇年代の半ば、われらが友ヴァレリーは、フランス学士院の会員に選ばれました。彼は友人たちのなかで最初に学士院《アカデミー》に入ることになりました。当時、学士院の会員になることは、むしろ、汚いことだと考えられていました。彼の同僚たちは不賛成でした。しかし、彼らの誰もが、自分たちの順番が回って来ると、直ぐ学士院に入りました。

ヴァレリーは木曜日ごとに学士院の会合に出席しておりました——支給される百フラ

ンを貰うためにね、それに、学士院はオデオン通りのすぐ近くということもあってねと、彼は冗談まじりに私に言いました。木曜日には、彼は決って私たちに会いに立ち寄っていました。

私の妹のシプリアンは、ヴァレリーから、彼自身が描いた原画を贈呈されるという光栄を受けましたが、不幸にして、彼女はこの絵を保管しておくことができなかったのです。ある日、ヴァレリーが立ち寄った時、シプリアンが書店にいました。彼女は非常に短いスカートをはき、膝までのストッキングをはいていました。ヴァレリーは鉛筆を摑むと、彼女の膝頭の片方に女性の頭を描きました。そして彼は、この作品に「P・V」と署名したのです。

ブライアーは、彼女の雑誌〈ライフ・アンド・レターズ・トゥデイ〉のフランス特集号のためになにか原稿を頂けないだろうかと、一度、ヴァレリーに頼みました。ヴァレリーは、彼女に彼の評論「文学論」を渡したいがどうだろうかと私に尋ねました。私は極めて適切だと考えました。すると、彼は彼の原稿を私と二人で一緒に翻訳するという驚くべき提案をしました。大変な光栄でしたが、私は、もっと有能な翻訳者のためにこれを辞退する光栄を選ぼうとしました。

しかし、ヴァレリーは「私たち二人」がこれを翻訳することを主張しました。もし、私が立ち往生するようなことがあれば、私はヴィルジュスト通り（現在のポール・ヴァレリー通り）まで相談にひとっぱしりするだけでよい、と彼は言いました。不幸にして、私が彼の忠告に従い、彼と相談のためヴィルジュスト通りまでひとっぱしりする時はいつでも、協力者として彼を頼ることができないことを発見しました。「ここではどういうことを言うおつもりだったのですか」と私が尋ねたとします。さも注意深くその一節を見る振りをしながら、彼はきまって、「私はなにを言うつもりだったのでしょうか」とか、「絶対です、私は全然そんなことを書いていません」と言うのです。テキストを前にしてさえ、彼は依然として知らないと否定しました。そして、最後に、彼は私に、そこは飛ばしてしまいなさいと簡単に忠告するのでした。ところで、「二人」の困難な仕事を遂行する場合、これは真剣な協力者といえるでしょうか。しかし、少くとも、私はこうした一連のヴァレリーとの会合を楽しみました。この翻訳は「シルヴィア・ビーチと著者」による、と記される筈でした。彼は、「著者」があらゆる非難を引き受けることになるでしょうと言いました。私がヴァレリーの最も素晴しい作品のひとつの殺害者であること、それも「著者」との共犯殺害者であることを、私は承知していましたし、それだけはまぬがれることはできません。

私はヴァレリー夫人がとても好きでした。また、彼女の妹で画家のポール・ゴビラールが好きでした。彼女たちはベルト・モリゾ（一八四一〜一八九五年。フランスの印象派画家）の姪でした。子供時代と少女時代、彼女たちはモリゾのモデルになって肖像画を描いてもらっています。二人は印象派の人々の間で成長したのです。ヴィルジュスト通りにある家の壁は、ドガ、マネ、モネ、ルノワール、それに勿論、ベルト・モリゾなどのとても貴重な絵で被われていました。

ヴァレリーの末の息子、フランソワは私と大の仲好しでした。彼は金髪で、黒い髪の毛のヴァレリー一家のなかでは唯一の例外でした。もっとも、ヴァレリーの娘のアガートは、ヴァレリー自身の眼のようなきれいな青い眼をしていました（ヴァレリーの母親はイタリア人でした）。ヴァレリーは息子フランソワの明るい色の髪の毛を大層面白がっていました。そして息子のことを、「この偉大なる北欧の野蛮人」と呼んでおりました。

この「北欧の野蛮人」は、よく私の書店を訪れ、イギリスの詩人を読み、音楽について最新のニュースを私に話してくれました。彼はナディア・ブーランジェ（一八八七〜一九七九年。フランスの指揮者兼作曲家）のところで作曲の勉強をしておりましたが、彼の話では、彼はほとんどブーランジェの家で過しているということでした。彼のポケット・マネーのすべてはコンサートに費やされておりました。その支給額は限られていましたので、ある時など、彼は父親のレコードを一枚売ってその足しにしました。ヴァレリーは、たまたま、相当な量のレコードを蒐集しておりました。不思議な話ですが、彼はワグナーの崇拝者であって、ジョイスとは異なり、それをすっかり自認しておりました。

私は若いフランソワが成長してゆくのを見守っていました。彼の英語の勉強は、ソルボンヌにおける論文でその極に達しました。そして、私はその論文のテーマ、『指輪と書物』（イギリス十九世紀の詩人、ロバート・ブラウニングの長詩）が彼の父親によって勧められたテーマであることを聞いて非常に興味深く思いました。

ドイツ軍の占領時代、ヴァレリーはコレージュ・ドゥ・フランスで、詩について講義をしておりました。小さな講義室は、ヴァレリーの崇拝者たちで混み合っていました。彼の話すことをいつでも理解するということは、そうやさしいことではありませんでした。彼の言葉は余りはっきりせず、時折話の脈絡を失ってしまうことがありました。それで、私は、彼は聴講者たちを戸惑わせることに意地悪な楽しみを味わっているのではないかとさえ想像しました。この講義は、当時における二、三の重要な出来事のなかに入っていました。

戦争中のある日のこと、ヴァレリー夫人は私を昼食に招待してくれました。フランシス・ジュールダン、マドモワゼル・ポール・ゴビラール、それにフランソワたちと一緒に、私たちが食卓につき終らないうちに、空襲警報のサイレンが鳴り響きました。ヴァレリーは椅子から飛び上るように立ち上ると窓に向って駆けて行きました。そして窓から身を乗り出して、パリの上空に飛んできて爆弾を落とす飛行機を眺めていました。家族は、この彼の行動には慣れきっているようにみえました。「パパは空襲が大好きなのだ」と、フランソワは言っていました。

17

ジョイスの『亡命者《エクザイルス》』＊1

ジョイスの唯一の戯曲、少くとも、唯一の戯曲だと彼が主張するこの作品は、彼が私にもたらした初期の問題の一つでした。彼がパリに着くや否や、パリでは最も評判の高い劇場マネジャーであるリュネ＝ポー（一八六九〜一九四〇年。フランスの俳優、プロデューサー）が、テアートル・ドゥ・ロゥーヴルでの『亡命者』の上演許可に関する契約書を手に、ジョイスに近づきました。リュネ＝ポーはこの劇場の監督をしていました。

ジョイスには異議がありませんでした。反対どころか、彼は、誰もが承知しているよ

＊1　ジョイスの戯曲。アイルランドの作家リチャードとその妻バーサ、その友人の記者ロバートを主人公とし、バーサをめぐる恋の絡み合いを描く心理劇。ジョイスの尊敬していたイプセンの影響がみられる。

うに、十八歳の時のジョイスの神様であったイプセンの定期公演が毎年行なわれている劇場で、彼の芝居が上演されることを大層喜びました。彼はノラの有名な役者で、バーサ（『亡命者』に登場する主人公リチャードの妻）の役を演じるリュネ＝ポーの有能な妻、スザンヌ・ドゥプレを見物できるのを楽しみにしていました。

　契約書が署名されました。リュネ＝ポーはこの劇の上演を熱心に望んでいるようにみえましたが、それからいつまでたっても、彼からなんの音沙汰もありませんでした。一方、ジョイスはバエルナエール氏から話を持ち掛けられました。その話によると、彼とマダム・エレーヌ・デュ・パスキエが『亡命者』の翻訳を完成し、素敵なシャンゼリゼ劇場の優秀な監督、エベルトがこの素晴しい条件の下で『亡命者』の上演を望んでいるということでした。エベルトはこの作品を受け入れるつもりでしたが、先ず第一に彼はリュネ＝ポーとの関係をはっきり確かめることを望みました。

　ジョイスは、私にリュネ＝ポーと会って、『亡命者』をどうにかする意向を彼が持ち合わせているかどうか、確かめて欲しいと頼みました。リュネ＝ポーは朝十一時に彼の劇場で会う約束をしました。私は、舞台脇の周りや隙間風の吹く廊下沿いに彼をしばらく追い駆けまわした後、やっと摑まえました。私たちは、腰を下ろし、息をはずませながら、『亡命者』について話し合いました。

　リュネ＝ポーは、申し訳なさそうに、ジョイスの芝居を上演することに失敗したことを話しました。彼は、テアートル・ドゥ・ロゥーヴルでこの芝居を上演する意図を十分持っていました。そして、この戯曲を彼の秘書である劇作家のナタンソンに翻訳させたところまで進んでいました。彼は、話をひと休みし、私は待ちました。「お分りでしょうが」と、彼は続けました、「私は生活の糧を得なくてはなりません。これが私の問題なのです。私は劇場に来る人々の要求を考慮しなくてはならないのです。現在彼らが求めているものは、彼らを笑わせてくれるものだけなのです」。私は、彼が述べんとする事がよく分りました。ジョイスの戯曲は全然おかしくもなく、この点はイプセンも同様です。ビル・シェイクスピアはここが違うのです。彼は劇のなかで道化役に多くのギャグを喋らせています。

勿論、私はリュネ＝ポーをせかして『亡命者』で冒険させることはできませんでした。私は彼の財政上の問題も聞きました。彼らは現在、以前にまして逼迫していました。一方、ジョイスに『亡命者』を爆笑を誘う喜劇に書き直してもらうことは期待できませんでした。私がリュネ＝ポーとの会談の模様をジョイスに話した時、彼はただ、「私はあの劇を面白く書き上げるべきだったね。例えば、リチャードに義足をはかした方がよかった！」と述べただけでした。

『亡命者』の代わりに、リュネ＝ポーはベルギーの劇作家フェルナンド・クロムリンク（一八八五～一九七〇年。ベルギーの劇作家で一九二〇年に書かれた次の劇が最も有名）の『女房を寝取らせた素晴しき男』という劇を上演しました。主人公は、私が考えるところ、リチャードの遠縁の従兄といったようなものでしたが、その誇張された面白さでもって、テアートル・ドゥ・ロゥーヴルの観衆たちは彼らの望む笑いをみな満喫することができました。『寝取らせた男』は幾月にもわたって上演されました。

今は、エベルトの『亡命者』上演計画の前に立ちふさがるものはなにもなくなりました。彼が彼の劇場で上演する催し物――音楽、バレー、演劇――は、誰も失敗することを許されない催し物でした。また、私のようなものは、招待でもされなければ、入場することのできない催し物でした。座席には、上演を予定されている催し物を示すエベルトの小さな案内書がありました。予定された催し物のひとつに、私がその著者に指摘した通り、ジェイムズ・ジョイスの『亡命者』がありました。しかし、どうしたわけか、エベルトはこれをいつまでたっても上演しようとしませんでした。

ルイ・ジューヴェ（一八八七〜一九五一年。フランスの俳優、演出家）は、この大きな劇場の脇にある小さなコメディ・デ・シャンゼリゼ劇場を経営していましたが、彼はジョイスのこの戯曲に興味を抱くようになりました。ジューヴェが『亡命者』を上演しようとして失敗したこと、この話はジョイスには報されていなかったので、ひとつの失望ではありましたが、その失望はジョイスにまでは及びませんでした。ジューヴェはリチャードの役など試みなくてよかったのです。彼の演じていた優れた役――ジュール・ロマンの『クノック』、モリエールの『ドン・ジュアン』や『タルチュフ』――が、彼にはもっと適役だったのです。

ともかく、ジューヴェはこの上演権を持っていました。そして、それも何年か後になってのことでしたが、人々がコメディ＝フランセーズで『亡命者』の上演を企画した時、彼はジョイスのためにこの上演権を放棄してしまいました。ジューヴェとは、このような親切な、極めて善良な人物でした。

今度はジョイスが、小さなヴュー・コロンビエ劇場の監督、コポー（ジャック、一八七九～一九四九年。フランスの演劇評論家、劇場監督）から受け取った熱烈な手紙を私に見せました——ガートルード・スタインはこの劇場のことを“the old Davoes”と呼んでいました。コポーは、今にもこの戯曲を上演しそうに思われましたので、私は、ジョイスの要請に従って、『亡命者』の幕が開く前に着こうとヴュー・コロンビエ劇場にできるだけ急いで駆けつけました。コポーは心から私を迎え、ジェイムズ・ジョイスを大いに賞賛し、彼の劇は次に上演する作品となることを私に確認しました。彼は、既に彼自身をリチャードの役に考えていました。

実際、コポーがこの劇を上演してくれるだろうと願っても、当然のように思われました。彼の周りには、フランスで最も優れた作家たちが集まっていました。それに、彼の劇場にくる観衆は高度な鑑識力を持っており、難しい作品にも慣れていました。コポーこそはリチャードの肌に触れ、ジョイス独特の微妙な味を、彼の注意深い観衆に伝えてくれるだろうと思いました。そう、今度こそは希望が持てると私は考えました。

コポーの友人たちは、彼が宗教的な研究を行なっていることを知っていました。しかし、幾人かの友人たち、特に、芝居を一緒に研究し、芝居の上演を彼に期待していた友人たちは、突如コポーが劇場から退き田舎での瞑想生活に入ったという報せを聞いて驚いたと思います。これは、私が彼と会った直後の出来事で、私が彼に会った時には、彼は『亡命者』の上演に熱情を燃やしていましたので、彼の隠退は私を動転させました。

私たちの戯曲を求めた次の人物は、恐ろしく楽天的なブロンドの女性でした。彼女は汗を流しながらやってきました。彼女は息を整えると、ジェイムズ・ジョイスの『亡命者』を苦もなく翻訳し終ったこと、これを直ぐにも上演する劇場を彼女がいくつか知っていること、彼女が引き続き私に連絡をとること等々を話しました。それから彼女は書店を駆け出して行きました。

この愉快な人物は、彼女が私に話すところによると、飛行機に乗っているということでした。飛ぶことが彼女の仕事で、余暇の時間を彼女は劇場で過していました。私は彼女の「飛行的」訪問や、たびたびくれる彼女の手紙を楽しく思いました。手紙は立派な筆跡で書かれていました。彼女は飛行場から書店へ、劇場へと風のように飛び回りました。ニュースはいつも吉報でした。しかし、その飛行音がだんだん小さくなり、私たちのこの空飛ぶ友人の訪問が途絶えた時でも、ジョイスと私は少しも驚きませんでした。

第二次世界大戦が始まる直前、ジョイスと同国人でコメディ゠フランセーズの正座員——「Sociétaire」と呼んでいました——の妻である魅力的な若い女性が、私の書店に頻繁に出入りし始めました。ジョイスの作品が彼女の関心を特に惹き起しました。ある日、彼女は『亡命者』にコメディ゠フランセーズで上演させてみたいという、彼女の強い希望を私に話しました。彼女自身がこの作品を翻訳していました（またしても翻訳されたとは！）。彼女の友人の一人が、これをフランスの舞台に合わせるよう彼女を手伝っていました。彼女はこの劇の上演が認められることは確実だと思っていました。彼女の夫、マルセル・デソンヌは、既にリチャードの役を研究していました。

今度は有望に思われました。熱心なデソンヌ夫人が、忙しそうに行ったり来たりしておりました。彼女は夫を連れてきて、彼が如何に『亡命者』を賞賛しているのか、また、彼自身がリチャードの役を演ずるのを如何に楽しみにしているのかを話させました。私は、いろいろな役を演ずる彼を観るようにと招待もされました。彼は素晴しい役者でした。

最後に、ある種の問題点もあったので、私は彼らが著者と交際した方が良いと考えました。そこで、私は彼らが書店でジョイスと会うように取り計らいました。問題点は簡単に片付きました。そのひとつは、フランスの舞台で上演するために必要な修正に、ジョイスが反対かどうかという問題でした。ジョイスは劇の上演については干渉しない——それは彼の仕事ではないことをデソンヌ夫人に確約しました。接吻の問題が持ち上りました。彼女はジョイスに、コメディ＝フランセーズのためにこの接吻場面を修正させてもらえないだろうかと尋ねました。この劇場の観衆には多くの若い娘が混じっているので、接吻場面は好ましくないだろうというのです。現に、彼女はパリの観衆たちはこの接吻場面には我慢できないだろうと聞かされていました。

ジョイスは、接吻場面に対するこうしたフランス人たちの反応を非常に面白く思いました。そして、この接吻についても、またその他に、この劇に関する事柄すべてについて、彼女が“carte blanche”(白紙委任状)を持っていると告げました。

私は、パリで第一級のこの劇場で『亡命者』が観られるということを考えると、とても幸せでした。希望に充ち溢れていました。ジョイスも喜んでいましたが、私ほど希望を抱いてはおりませんでした。彼は、彼の劇の上演を阻むなにかが起るだろうと予言していました。

ジョイスが予言した「なにか」というのは戦争でした。たまたまこうなってしまったのですが、『亡命者』は十五年後の一九五四年になるまで、パリで上演されませんでした。上演された時はジェニイ・ブラッドレー夫人の優れた翻訳によりました。彼女が私にそう話したのですが、事実、翻訳されたなかでは最高のものでした。テアートル・グラモンで上演されました。素晴しい公演だったので、私は、ジョイスがもはやこの公演を観られなくなってしまっていたことを残念に思いました。*1

『亡命者』のアメリカの出版者であるベン・W・ヒューブッシュは、一九二五年にニュー・ヨークのネイバーフッド・プレイハウスで上演されたこの戯曲の初公演を観ました。彼は、この劇を演出したヘレン・アーサ宛の彼の手紙の写しを私に送ってくれました。ヒューブッシュ氏は、一度だけ、『亡命者』と観衆を結びつける難しさをいろいろと数え上げて述べてきたことがあったと思います。彼は、親切に彼の手紙の引用を私に許可してくれました。ネイバーフッド・プレイハウスでの公演や俳優たちを賞賛した後で、彼は次のように述べています。

既に私が観察している如く、この種の戯曲を舞台にのせる際、その難しさは、登場人物の口に出さない考えなり、感情を観衆に伝えるということにあり、また、言葉の持つ微妙な力を鈍らせることなく、実際に話される言葉をそうした隠された思考を示すものに作り上げるということにある。この難しさは、登場人物のそれぞれが、観衆に聞かせたり、推量させたりする、彼らの抱く物の見方から理解されなくてはならないという点で、複雑なものとなってくる。また、観衆は、登場人物たちがお互いに話し合っていることに全面的に依存することなく、その人物たちがお互いをどのように考えているか、その意向を理解しなくてはならないという点で一層複雑さを帯びてくる。

一夜の慰みをめぐって起る魂の葛藤のなかに、ひとつの危機を表現すること（これは生々しく響くかもしれないが、多くの人々は娯楽を求めて劇場に出掛けるのです）は極めて難しい仕事であり、特に、『亡命者』のようにそれ自体行為に依存するのでなく、俳優に依存する劇においてはそうなのだ。私は、真の俳優ならば、ジョイスの

＊1　ジョイスが死んだのは一九四一年だったので、『亡命者』がパリで上演された一九五四年にはすでにいなかったわけである。

描く役を好むだろうと考えたい。というのは、彼らにはこれはひとつの厳しい試練なのだから。こうした役を素通りすることはできない——演じなくてはならない、さもなければ失敗だ。

一九五五年、私は、ラジオ・パリで『亡命者』が放送されるのを、フランスで聞きました。非常に良くできていました。ルネ・ラルーがこの劇を聴取者に紹介していました。リチャードの役は、ピエール・ブランシャールによって素晴しく演じられておりました。

『A・L・P』

アンナ・リヴィア・プリュラベル、[*1] ジョイスの『ワーク・イン・プログレス』、つまり『フィネガンズ・ウェイク』のヒロインで、彼女を私たちは略して『A・L・P』とも呼んでおりましたが、これが、私にある種の面倒な問題を起しました。ウィンダム・ルイスがパリを訪れた際、彼はジョイスに近々〈タイロー〉誌[24]を継ぐ新しい雑誌を発行する予定であると話しました。そこで、ジョイスができるだけ早く、彼の新しい作品を彼に渡して欲しいということでした。ジョイスはそうすることを約束しました。彼は、彼のヒロインがデビューするためにこれは良い時期であるし、またルイスの雑誌は絶好の舞台でもあると考えました。『A・L・P』は、今、いつでも仕事場を出る準備ができました。このヒロインの創作者は、彼女を取り出し彼女のスカートにブラシをかけ削り屑を払いました。私は彼女を包装してウィンダム・ルイスに送りました。一方、ジョイスはベルギーに出発しました。

私たちは、ルイスからテキストを受け取ったという通知も受けず、連絡はなにひとつ受けませんでした。ジョイスはブラッセルで眼の病気に悩まされながらいらいらして待っていました。もうこれ以上この緊迫感に堪えられなくなり、彼の真黒で、芯の最も太い鉛筆でもって、ルイス宛の手紙を書きました。彼はこの手紙を私に送ってよこし、手紙の写しをとった後、私からの手紙としてルイスにこの手紙を送るよう頼んできました。私はそうしました。

私は、「私の」手紙の返事をもらいませんでした。しかし、しばらくしてから私はウィンダム・ルイスが編集した、〈エネミイ〉誌(25)と呼ばれる新しい雑誌の第一号を受け取りました。ジョイスの原稿はこの雑誌に載っておりませんでした。あらゆるスペースは、ジョイスの新しい作品に対するウィンダム・ルイスの痛烈な攻撃によって占められていました。

ジョイスはこの攻撃に酷く傷つきました。また彼はイァウィッカー一家の一員[*2]をロン

＊1　ジョイスの『フィネガンズ・ウェイク』に登場し、イァウィッカーの妻を表わすが、一人の女性と言うよりは普遍的な女性として描き出される。同時にアイルランドのリッフィ河を人格化したものでもある。頭文字をとり『A・L・P』とも表現される。

ドンの読者たちに紹介する機会を失ったことに失望しました。

『A・L・P』を求めた次の編集者は、エッジェル・リックワードという若いイギリス人でした。彼は、彼の新しい雑誌、〈カレンダー〉誌[26]の第一号を準備しておりました。彼は、「現世代最大の天才、ジョイスに対し心からわれわれの頁を献呈する」と書き送ってきました。

私は、『A・L・P』を彼に約束しましたが、エリオット氏がこの作品の前の部分を〈クライティリオン〉誌[27]に発表し終るまで待たなくてはならないことを彼に警告しました。リックワードは、〈カレンダー〉誌が創刊号にジョイスの新作の抜萃《ばっすい》を載せるということを聞きつけて群がった雑誌の購読予約者たちに、我慢するよう伝えましょうと言いました。

〈クライティリオン〉誌が発行されました。私は『A・L・P』を包装すると直ぐに〈カレンダー〉誌に送りました。私は編集者から喜びに溢れる受領通知の手紙を受け取りました。その後で、無念と失望に溢れた手紙を受け取ることになりました。印刷者が、「半ズボンをはいた二人の少年は」(*two boys in their breeches*)で始まり、「顔を赤らめ横目で彼女を眺めながら」(*flushing and looking askance at her*)で終る一節の印刷を拒否したのです。極めて丁重に、〈カレンダー〉誌の編集者は、この一節をテキストから削除することについてジョイス氏の許可を求めてきました。

不承不承、私は、ジョイス氏が彼の原稿が適切なものでなかったことを非常に残念に思っているが、テキストの変更には応じることはできない旨――よろしければ、原稿を返却してもらいたい旨の返事を書きました。

これまで、アドリエンヌ・モニエは彼女の雑誌〈ル・ナヴィール・ダルジャン〉（銀の船）誌にフランス語のテキストだけを載せていました。しかし、彼女は直ぐに、『A・L・P』をありの儘の姿、英語で「銀の船」に乗船するよう招待しました。こうしてジョイスの新しい作品の一部が初めてフランスの雑誌に現われることになりました。アドリエンヌは、『A・L・P』を非常に面白いと考え、これが〈ヌーヴェル・ルヴュー・フランセーズ〉誌に掲載される時には、テキストをフランス語に訳すのを手伝いました。ジョイス自身を含め、みんなが翻訳し、助け合いました。そして、この翻訳は、アドリエンヌによって、彼女の図書室の朗読会で朗読されました――これは、彼女が行なった第二回目のジョイス朗読会でした。

ジョイスは、彼のヒロインをアメリカの読者に紹介したいと強く望んでいました。そこで、私は志を高く持ち、編集者のマリアンヌ・ムーアがこのヒロインに惹かれることを願いつつ、彼女を〈ダイアル〉誌に送りました。(28)

私は、〈ダイアル〉誌がこの作品を受け入れたという連絡を受け喜びましたが、これ

＊2　つまりプリュラベルのこと。三〇七ページ訳注＊1参照。

が間違いの連絡であることが分りました。この連絡は、ミス・ムーアが留守中になされたもので、彼女はこれを載せることに不賛成でした。しかし、〈ダイアル〉誌が完全に手を引いたわけではありませんでした。私は、テキストがこの雑誌の要請に合うよう、かなり削除されなくてはならないだろうということを聞かされました。ジョイスとしては、作品に書き足す可能性ならば考えたかもしれませんが、当然のこととして、作品を一部削除する可能性は到底考えられなかったでしょう。一方、私としては、西十三番街を洪水で水浸しにするかもしれないほど河が沢山描写されている作品[*1]を扱う場合に、〈ダイアル〉誌が慎重だったことで同誌を責めることはできませんでした。

『A・L・P』が〈ダイアル〉誌に登場できなかったことを私は残念に思いました。まだベルギーに滞在していたジョイスは少しも驚きませんでした。「なぜあなたは私と賭をしなかったかね」と彼は書いてきました。「賭をしていたなら、私が勝っていたのに」。さらに、彼は、「戦略的拠点をひとつ失った」ことが残念だとも付け加えていました。ジョイスは、常に彼の『フィネガンズ・ウェイク』を一種の戦いとみなしておりました。

二枚のレコード

一九二四年、私は、パリにあるヒズ・マスターズ・ヴォイス社の事務所に出掛けて行き、ジェイムズ・ジョイスの『ユリシーズ』朗読をレコードに録音するかどうか、尋ねてみました。私は、音楽レコードを担当していたピエロ・コポラのところに回されました。しかし、ヒズ・マスターズ・ヴォイス社は、録音が私の経費負担で行なわれるという条件ならば、ジョイスの朗読をレコードにすることに同意しようということでした。そして、このレコードには会社の表示もつけず、また、会社のカタログに載せられることもないということでした。

作家たちのレコーディングは、一九一三年に遡る以前から、イギリスやフランスで行なわれていました。ギョーム・アポリネール（一八八〇～一九一八年。フランスの詩人）は、今も「声の博物館《ミュゼ・ドウ・ラ・パロール》」の記録保管所に保存されている幾枚かの彼のレコードを録音させました。しかし、コポラの言うところでは、一九二四年現在では、音楽以外に需要はなにもなかったのです。私は、ヒズ・マスターズ・ヴォイス社の条件を受け容れました。レコード三十枚の代金は配達払いで支払われることになっていました。後にも先にも、これしかレコードは出されませんでした。

ジョイス自身、このレコードを製作させることには熱心でした。しかし、私が彼をタクシーに乗せ、町からかなり離れたビランクールにある工場に行った日、彼は目の病気に苦しみ、とても神経質になっていました。幸い、彼とコポラは、突然イタリア語で音楽の議論を始め、お互いにすっかり気安くなってしまいました。しかし、レコーディン

＊1　『A・L・P』はアイルランドのリッフィ河を人格化して描写されているところから述べられたもの。西十三番地とはおそらく〈ダイアル〉誌の発行されていた番地であろう。

グは、ジョイスにとってひとつの試練でした。最初の試みは失敗でした。私たちは繰り返し繰り返し行ないました。私は、『ユリシーズ』のレコードは素晴しい演奏だと思います。私はこのレコードを聞くと、必ず深い感動を覚えます。

ジョイスは、イオラスの挿話[*1]に出てくる演説を選びました。これが『ユリシーズ』から抜き出すことのできる唯一の一節であり、「雄弁」であり、従って朗読に適した唯一の一節であるとも彼は言いました。ここは、『ユリシーズ』から取り出して彼が朗読する部分になるだろうと既に前以って決めていた、そう彼は私に語りました。

私は、彼がイオラスからこの一節を選んだのは、それが雄弁だという理由だけによるものではないと考えております。この一節は、彼が彼自身の声で発言し保存してもらいたいと願ったなにかを表わしていたと私は信じます。「それについて彼は大胆に一段と声を張り上げて言った」――と、レコードが響き始めるように、これは単なる雄弁以上のものであると感じられます。

この『ユリシーズ』のレコーディングは、私の友人C・K・オグデン（一八八九～一九五七年。イギリスの心理学者、「ベイシック・イングリッシュ」の発案者）によれば、「非常に粗悪な」ものだそうです。オグデン氏とI・A・リチャード（一八九三～一九七九年。イギリスの文芸批評家、詩人）の共著、『意味の意味』という書物は、私の書店では非常に需要の多い本でした。また、私はオグデン氏の書いた幾冊かの小さな基本英語《ベイシック・イングリッシュ》の本を置いてありました。そして、ときどき、私は英語のために窮屈な上着を発明したこの発明者に会いました。ケンブリッジにある正統論理協会《オーソロジカル・ソサエティ》のスタジオで、彼はバーナード・ショウやその他のレコーディングを行なっていました。私は、彼は、主に言語上の理由から作者たちを実験してみることに興味を持っていたのではないかと思います（ショウはオグデンの味方で、英語には既にどうしようもない語彙があるというのに、ジョイスが一体なにを追求しているのか、その追求の対象が理解できなかったのです）。オグデン氏は、彼のケンブリッジのスタジオには二台の世界で最も大きなレコーディングの機械があると自慢しておりました。そして、私に本当のレコーディングをして上げるので、ジョイスを彼のところによこしなさいと言いました。そこで、ジョイスは『アンナ・リヴィア・プリュラベル』のレコーディングのために、ケンブリッジまで出掛けて行きました。

こうして私は、二人の人間、英語を解放し拡大しようとする人間と、五百語の語彙に濃縮しようとしている人間の二人を、一緒にさせました。彼らの試みは正反対の方向に進んでいたわけです。しかし、これは、二人がお互いの考え方が興味深いことを発見する妨げにはなりませんでした。語彙が五、六百語ではジョイスは餓死してしまうことで

＊1　『ユリシーズ』の第七挿話。中心場面が新聞社であるため挿話全体が新聞記事の文体で書かれている。ホメロスの叙事詩ではユリシーズが風の神イオラスの島に着き、そこから順風をもらい郷里イサカの近くまで戻り、部下の裏切りで吹き戻されるところに当る。

しょう。だが、彼は雑誌〈サイキ〉誌にオグデンが載せた『アンナ・リヴィア・プリュラベル』の基本英語による翻案を大いに面白がっていました。私は、オグデンのこの「翻訳」は、この作品から、作品の持つあらゆる美を奪い取ったものだと思いました。しかし、オグデン氏とリチャード氏は、英語に対し、ジョイスの関心に匹敵する関心を持った私の知る唯一の人たちでした。ブラック・サン出版社が『シェムとショーンによって語られたお話』[*1]の小冊子を発行した時、私はC・K・オグデンに序文を依頼してはと仄めかしてみました。

『アンナ・リヴィア』のレコーディングのなんと美しいことでしょう。また、アイルランドの洗濯女の話すアイルランド訛りをまねるジョイスの表現がなんと面白いことでしょう。これは、ひとつの宝なのです。私たちはC・K・オグデンと基本英語に感謝しております。ジョイスは、彼のあの有名な記憶力でもって、『アンナ・リヴィア』を暗誦していたに違いありません。とはいうものの、彼は一個所で口ごもってしまいました。そこで『ユリシーズ』のレコーディングの時のように彼らは再度録音をやり直さなくてはなりませんでした。

オグデンは、私に最初と二度目に録音した二枚のレコードをくれました。また、ジョイスは私に、とてつもなく大きな紙を幾枚かくれましたが、その紙には、オグデンが、著者——彼の視力は徐々に衰えておりました——がたやすく読めるようにと、大きな活字で『アンナ・リヴィア』を印刷させていました。私はこれほど大きな活字を、オグデンがどこで手に入れたか不思議に思っていましたが、私の友人のモーリス・サイエがこの活字を調べ、作品の該当する頁が写真で撮られて拡大されていると説明してくれました。この『アンナ・リヴィア』のレコーディングは、レコードの両面にわたっておりました。そして、『ユリシーズ』の一節も、片面に入れられていました。これは、ジョイスの同意したと思われる『ユリシーズ』からの唯一のレコーディングでした。

レコーディングに関して私が無知であったために、私は、「マスター」版の保存につき適当な処置をとらなかったことを非常に残念に思っております。この処置をとることが、こうしたレコードに関しては習慣になっていると私は聞かされましたが、ある理由から、この貴重な「マスター」版の『ユリシーズ』のレコーディングは破壊されてしまいました。当時、レコーディングは、どちらかといえば、幼稚な方法で行なわれていました。少くとも、ヒズ・マスターズ・ヴォイス社のパリ支店ではそうでした。オグデンの言うことが正しかったのです。『ユリシーズ』のレコードは技術的には成功ではなかったのです。それでもやはり、これは、ジョイス自身が『ユリシーズ』を朗読した唯一のレコーディングであり、二枚のレコーディングのなかでは、私の好きな方でした。『ユリシーズ』のレコードは商業的な冒険ではありませんでした。私は三十枚のほとんどを、ジョイスが家族や友人たちに配るために渡しました。そして、何年か後、私が困

＊1　四〇三ページ訳注（20）参照。

窮した際、私の手許にあった一枚か二枚を法外な値段で売却するまでは、売られたこともありませんでした。

パリのヒズ・マスターズ・ヴォイス社の後継者たちの事務所や、ロンドンのB・B・Cの事務所にいる専門家たちに説き伏せられ、私は、このレコードを「支配する」(repressedという言葉が使われたと思います)企てを諦めました。私はB・B・Cに私の持っていたレコードをレコーディングする許可を与えました。これは、私がW・R・ロジャースのジョイス・プログラムで放送する目的で持っていた最後のレコードでした。このプログラムには、アドリエンヌ・モニエと私も参加しておりました。『ユリシーズ』のレコードを聞きたい人は誰でも、パリにある「声の博物館《ミユゼ・ドウ・ラ・パロール》」で聞くことができます。ここには、カリフォルニア州出身の私の友人フィリアス・ラランの忠告のお蔭で、ジョイスの朗読が、幾人かの偉大なフランスの作家たちに混じって、保存されております。

18

詩集『ポウムズ・ペニイーチ』

一九二七年、私は詩集『ポウムズ・ペニイーチ』[*1]を出版しました。

ジョイスは、時折詩を書いておりました。そして、私の考えるところ、たいがいこの詩を「投げ棄てて」しまっていました。彼がとってあったなん篇かの詩があって、一九二七年、彼はそのうちの十三篇の詩を私のところに持ってきて、私が出版する気があるかどうか尋ねました。つまり、リッフィ河（ダブリンを流れる河。ジョイスの作品にしばしば登場する）の橋の上でリンゴ売りの老婆が売っている商品のように、十三個一シリングで山盛りにして売るものだというのです。彼はこの十三篇の詩を『ポウムズ・ペニイーチ』と呼びました。彼の意見ではそれだけの値打ちしかないということです。勿論、「Pomes《ポウムズ》」というのはフランス語の

＊1　二四七ページ訳注＊5参照。

「Pommes《ポーム》」（リンゴ）にかけた洒落でした。彼は詩集の表紙を、カルヴィル産のリンゴの色と同じ正確な緑色にすることを望んでいました。このリンゴの色は特にデリケートな緑の色彩をしておりました――これは、ジョイスの視力が衰えているにも拘わらず、彼がなお色彩を見分けることができたことを証明しております。

私は、ハーバート・クラークという、パリに住むイギリス人の出版者のところに出掛けて行きました。彼は可愛らしい活字を持っていました。私は彼に、著者は山盛りで売る、安っぽい小冊子を望んでいると説明しました。渋々ながら彼はみすぼらしい小さな緑色のパンフレットを作りました。これはまるで「薬の説明書」のようだ、と彼は考えました。ジョイスは自説を固執してみたものの、彼自身残念がっていることが私にはよく分りました。それに、私こそこのような小さな化け物の出版者としてとても耐えられませんでした。私はこの『ポウムズ』が好きで、素敵な姿に仕立て上げることを望んでいたのです。

クラークは、紙の表紙ではなく、ボール紙の表装ならもっとよい仕事ができるけれども、そうすると私の経費がかさみ、一シリング――一九二七年の換算率で、六フラン五十サンチーム――では、とても売り出せないだろうと言いました。私はボール紙の表装を注文しました。そして、この詩集のタイトルに合うように、これを一シリングで売りました。これは可愛らしい小さな本でした。大版の十三部がジョイスと彼の友人たちのために印刷されました。これには署名がされましたが、ジョイスのフル・ネームではなく頭文字だけが書き入れられました。

ジョイスは、彼の詩だけでなく、彼の他の作品もまた、彼が真の彼の読者だと考える人々が買える安い値段で売りたいと望んでいました。しかし、他の作品は、しばしば特殊なやり方で、彼の出版者にかかる経費にかかわりなく出版されていました。もし、ジョイスが、私たち出版者の問題にもっと注意を向けていてくれたならば、私たちとしても、もっと容易に出版することができたことでしょう。しかし、これは彼にとっては完全に無関心な事柄でした。そこで、出版事業というものは、作家が近づけないところでどんどん出版を推し進めて行くか、あるいは作家のすぐ隣に並んで一緒に出版を進めるかのどちらかということになります——後者はさらに楽しいことであり——それに、経費のかかることでもありますが。

ジョイスが、十三部の大版の詩集を配った人々は次の通りです。第一号、S・B、第二号、ハリエット・ウィーヴァー、第三号、アーサー・シモンズ、第四号、ラルボー、第五号、ジョルジオ、第六号、ルシア、第七号、アドリエンヌ・モニエ、第八号、クロード・サイクス、第九号、A・マックリーシュ、第十号、ユジーヌ・ジョラス、第十一号、エリオット・ポール、第十二号、マイアロン・ナッティング夫人、第十三号、J・J、彼自身でした。

『P・P』、ジョイスはこの詩集のことをこう呼んでいましたが、これは『ユリシーズ』と較べると楽しく扱える本でした。ロンドンでは、ポエッツー書店で「扱われ」ていましたが、温かく迎えられていました。しかし、概してジョイスのペンからこうした気取らないものが現われたということは、寧ろ、彼の読者たちを当惑させたと私は思います。あの詩は「偉大な詩」ではない――、だが、一体誰がこんなことを言ったのでしょうか。ジョイスは、詩人としての自己の限界を承知していました。ジョイスは、散文作家としての彼の方がよりよく彼を表現できていると思いませんか、と私に尋ねたことがありました。彼にとって、偉大な詩とはイェーツの詩のことでした。彼はイェーツの詩をいつも私に朗唱してくれていました。そして、私をイェーツの詩に転向させようといつも試みていました――これは時間の無駄でした。というのは、私はイェーツ以上に、ヴァレリーやペルス（サン＝ジョン、一八八七～一九七五年。フランスの詩人）、ミショー（アンリ、一八九九～一九八四年。ベルギーの詩人）に、そして、勿論マリアンヌ・ムーアやT・S・エリオットに興味を抱いておりました。

　ジョイスのこの小さな詩集に私を惹き入れたのは、彼の作品全部に存在する神秘であり、ジョイス自身の奇妙な現出でした。この『ポウムズ』、特に『フォンタナの海辺にて』と『祈り』[*1]とが私の心を深く感動させました。

　十三人の作曲家たちが『ポウムズ・ペニイーチ』を作曲し、オックスフォード大学出版部がこれをジョイスへの贈物として出した時、これはジョイスにとり限りない喜びでした。オーガスタス・ジョンの描く肖像画が入り、ハーバート・ヒューズの出版者の辞、ジェイムズ・スティーヴンズ（一八八二～一九五〇年。アイルランドの詩人、小説家）のプロローグ、そして、アーサー・シモンズ[*2]のエピローグの載ったこの本は、一九三二年の「聖パトリック・イヴ」に現われました。そして、私の名前とおかしな一致とも言うべきシルヴァン・プレスで印刷されました。この「ジョイスの書物」ほどジョイスを喜ばしたものを、私は滅多にみたことがありません。ジョイスが、こうした不意の贈物を好む唯一の作家というわけではありませんが、おそらく彼は、音楽の贈物を受け取った唯一の作家だろうと私は思います。彼と同僚の作家たちのように、彼は非難に対しては腹を立てました。事実、それは童謡で歌われているように、「私のお腹に差し込まれた小刀のような」ものでした。『ポウムズ・ペニイーチ』のこの小さな書物の贈物を受け取った際、エズラの言った、「家庭用聖書の如く保存される類の詩」の書物という、軽蔑に充ちた批評にジョイスは酷く傷つけられました。

『ポウムズ・ペニイーチ』が出版されて間もなく、アーサー・シモンズが立ち寄りました。私はジョイスに電話しました。彼は、シモンズが書店に居ると聞くや否や、直ぐ出掛けてくると言いました。ジョイスは『室内楽』[*3]が初めて出版された時、シモンズがこ

＊1　『ポウムズ・ペニイーチ』十三篇の詩のなかの六番目と十三番目の詩。
＊2　一八六五〜一九四五年。イギリスの批評家、詩人。フランス象徴派詩人をイギリスに紹介した『文学における象徴主義運動』は重要な著書であり、W・B・イェーツなど現代の著名な作家、詩人たちに影響を与えた。ジョイス自身もシモンズに会って指導を受けたことがある。

の詩集を賞賛する記事を書いてくれたことをいつも想い出していました。

アーサー・シモンズは、病気で倒れた後、ヨーロッパ大陸で休暇を過しておりました。彼は、慈悲深そうにみえる髭を生やした男性に伴われていました。この男性が、ほかならぬハヴロック・エリス博士（一八五九〜一九三九年。イギリスの心理学者、美術評論家）でした。この二人は奇妙な取り合わせの道連れでした。シモンズと言えば、メーキャップをしたような顔色をし、青白い弱々しい詩人で、一方ハヴロック・エリスと言えば、アポロのような頭をしていました。この頭から、様々な問題に悩まされている全世代を啓蒙するために性に関する彼のすべての書物が生れてきたのです。私とエリスとの友人関係は商業ベースに基づくものでした。私は彼の著書『性の心理』*4を売るパリ代理店でした。

ある日、エリス博士とアーサー・シモンズがやって来て、私をレストランでの昼食に連れ出しました。高名なこの二人の人間の間に坐って、私はこの上なく奇妙な経験を味わいました。彼らのメニューは、それぞれ特徴的でした。美食家のシモンズは、給仕とワイン掛りのボーイと相談し、「丹念に調理された（cuisinés）料理」とそれにふさわしい葡萄酒を注文することによって二人の給仕の尊敬を勝ち取りました。エリス博士は菜食をとりましょう、葡萄酒は結構、水だけでよろしいと言いました。私自身のメニューは、この二つの極端なメニューの中間でした。

シモンズ独りが喋りました。エリス博士や私が言葉を差し挟む余地はありませんでしたし、差し挟もうとも思いませんでした。私は、食事と会話に同時に注意を払うことは絶対できませんでした。もし食事が美味しければ、他の考えが入り込む筈がありません。もし仕事なり芸術についての会話が持ち上れば、注意深く話を聞きます。美味しい食事を楽しみながら、同時に話を注意深く聞くことがどうしてできるのでしょうか。私はいつも注意していたのですが、フランス人たちは、二番目に出される料理を食べ終り、他のことを考え始めることができるまでは、食物のこと以外はなにも議論しないようです。

シモンズが興味を抱いた話題は――シモンズの関心を強く惹いているジョイスの話題の次には――旅行中に彼が紛失した二足の靴についてでした。南フランスに向って下っている時、自動車の後から落としたと私に話していました。

ジョイスの他に、私たちは共通の話題としてブレイクの話をしました。唯々、シモンズがブレイクについての権威であるのに対し、私はブレイクの一人の愛好者であるという点が違っていました。書店で彼は、私がエルキン・マッシューズから買った例の二枚のデッサンを調べました。彼は、このデッサンは本物だと言いました。そして、このデッサンは、おそらく、ブレアー（ロバート、一六九九～一七四六年。イギリスの詩人）の詩『墓地』を描いたスケッチだろうと彼は考えました。このデッサンは良いデッサンですよと言い、これを手に入れることができた私の幸福を彼は祝ってくれました。ブレイクのいま一人の鑑識家で、悲劇的な

＊3　一六九ページ訳注＊1参照。
＊4　一八九七年から一九二八年にかけ七冊に分けて出版された。

死を遂げたアイルランド人の作家、ダレル・フィッギスもこの二枚のデッサンを調べました。そして、これが本物であることは疑いないと述べました。

『Our Exag』

私の第三番目で最後のジョイスの出版は一九二九年に行なわれました。この本には、『ワーク・イン・プログレスの肉化のための事実化をめぐるわれらが厳密検味』(*Our Exagmination Round his Factification for Incamination of Work in Progress*)という、長い長いタイトルがついていました。しかし、このタイトルは、この作品の次の版では切り取られました。

勿論、このタイトルはジョイスのつけたタイトルであり、多分、最後のところに「がらくた」(Litter)という文字もつけ加えたかったことでしょう。この本は、ジョイスの新しい作品『ワーク・イン・プログレス』について、十二人の作家たちが行なった十二の研究で構成されていました。その作家たちというのは、サミュエル・ベケット、マルセル・ブリオン、フランク・バッジェン、スチュアート・ギルバート、ユジーヌ・ジョラス、ビクトル・ジョーナ、ロバート・マッコールマン、トーマス・マグリーヴィ、エリオット・ポール、ジョン・ロッドカー、ロバート・セイジ、ウィリアム・カーロス・ウィリアムズたちでした。こうした作家たちは、最初から、しかもそれぞれ独自の角度から『ワーク・イン・プログレス』を見守ってきた作家たちであり、ジョイスの実験に興味を抱き、これに好意的でした。

ジョイスは、反対意見の論文もこの本に収録されるべきだと考えておりました。私の知っている人すべてが、『ワーク・イン・プログレス』を強く支持している身の回りでは、反対意見に出くわすことは生易しいことではありませんでした。しかし、私は、私のお客の一人である女性記者が、ジョイスの新しい手法に強く反対すると述べているのを聞きました。そこで、私はこの記者に論文を寄稿してもらえないだろうかと頼みましたが、その際、私は寧ろ無分別に好きなだけ反対意見を述べて結構だと言いました。この御婦人は「一読者の意見」と題する論文を書きました。彼女はこっぴどくジョイスを攻撃しておりましたので、私はこの「G・V・L・スリングスバイ」なる女性に全く不愉快になりました。彼女は自分のことをこう署名しておりましたが、これは、リアー（エドワード、一八一二～一八八八年。イギリスの作家）の『ジャンブリーたち』から引用した名前でした。またこの論文は、それほど良い批評でなかったことも述べておかなくてはなりません。

この頃、郵便屋が、大きな、おかしな封筒を私に配達してきました。この封筒には「ヴラディミーア・ディクスン」という送り主の名前と、「ブレンターノ気付」という住所が書いてありました。なかには、どちらかといえば気のきいたジョイスばりの戯れ文が入っていました。これはジョイスをとても楽しませ、私がこの男に依頼し『Our Exag』のなかにこの戯れ文を収録すべきだ、と彼は考えました。こうして、彼の「がらくた」は第十四番目の参加者としての評価を受け、私たちの本のなかに登場することになりました。

私の覚えている限り、私はディクスン氏に会ってみたいと思ったことはありませんでした。だが、私は、彼が他ならず「ジャームス・チョイス」*1(Germ's Choice) その人ではないのだろうか、と疑っていました。ディクスンの筆跡は、ジョイスをひと回り小さくしたような二、三の特徴を持っているように思われました。私が間違っていたかもしれません。

ジョイスはいつも、彼の考えを、ある程度他の人々とわかち合いたいという強い欲求を持っていました。つまり、教師としての本能が彼には強かったのです。『Our Exagmination』は、この間接的なはけ口でした。彼は案内が好きで、旅行者たちを誤って案内したことさえありました。

『Our Exag』に対する私の貢献は表紙のデザインでした。つまり、表題の周りを寄稿者たちの名前で円形に取り囲むデザインでした。私はこれを、〈アストロノミイ――一九二八年〉と呼ばれる刊行物に挟まれていた新聞から着想しました。おそらくこの刊行物は年刊で、ニュー・ジャージー、ブランチヴィルのW・L・バスとかいう人から私に送られて来ていました。この新聞では、一種の時計の文字板のようなものの上に、私の十二人の作家の代わりに、十二時間の時刻を示す文字が印されていました。

エリオット氏が、フェイバー・アンド・フェイバー社が『Our Exagmination』を引き継ぐことを知らせてくれた時、私はたまたま降って湧いたこの願ってもないことが『フイネガンズ・ウェイク』にも引き続き起ることを願いました。

『ワーク・イン・プログレス』の初期の段階で、ジョイスは、私がこの本の最終的な出版者になってくれないかと私に求めました。私は、「ジョイスのシェイクスピア・アンド・カンパニイ書店」の労働に少々疲労を感じ始めておりました。そして、段々とジョイスの経済的要請に応じることができなくなりました。ミス・ウィーヴァーとエリオット氏が、以後、『フィネガンズ・ウェイク』の世話を受け持とうとしていることを考えると、大きな安堵感を覚えました。

海賊版

ジョイスの作品の海賊版が、彼が九歳の時に書いたパーネルに関する小冊子[*2]の窃盗から始ったと聞いても私は驚かないでしょう。ジョイスの船を、海賊たちが襲い始めたの

＊1　ビーチは、問題の戯れ文の送り主がジョイス自身ではなかったのかと疑っているわけである。ジャームスは、ジェイムズと戯れ文の送り主の住所の気付ブレンターノ、つまりドイツ人(German)とを絡ませ、チョイスはジョイスとドイツ人を選んだこと(Choice)とを絡ませていると思われる。

＊2　パーネルに関する小冊子と言われるものは『ヒーリイ、お前も』(*Et tu Healy?*)で、一八九一年か九二年に書かれたとされている。アイルランドの政治指導者パーネルの政敵ヒーリイを諷刺したものと言われるが、一部も残っていない。

を私が最初に耳にしたのは、『室内楽』の無断出版が一九一八年にボストンに現われた時でした。もっと深刻だったのは、一九二六年に『ユリシーズ』の略奪が行なわれたことでした。この本を、海賊たちから著者のもとに取り戻すのに、それもランダム・ハウス社から正式に出版することによって取り戻すのに何年間もかかりました。『ユリシーズ』は、アメリカでは著作権で保護されておりませんでした。著作権を確保するためには、本は私たちの国アメリカで活字に組まれ印刷されなくてはなりません。発売禁止処分を受けた作品にとって、これは不可能なことでした。勿論、アメリカの定評のある出版者たちは、ジョイスや、その他無数のヨーロッパの作家たちの立場につけ入ったりすることは夢想だにすることはありませんでした。しかし、追い剝ぎたちがうろうろしておりました。

一九二六年、イギリスとアメリカの週刊誌の一頁全面に広告が載りました。〈ツゥー・ワールズ〉誌と呼ばれる雑誌では、『ユリシーズ』の掲載を、また、〈ツゥー・ワールズ・クォータリー〉誌と呼ばれる雑誌では、「ジェイムズ・ジョイスによる名付けられざる新作」の掲載を伝えていました。両方の雑誌ともサミュエル・ロースの編集でした。彼のいまひとつの刊行物〈ボー〉誌は、T・S・エリオットの作品を発行することになっていました。こうした定期刊行物の寄稿者たちは、この広告によると、事実、当時最高の作家たち全部に及んでいました。どうすることもできません。

心ならずもサミュエル・ロースの雑誌の寄稿者にされた人々の怒りは大変なものでし

た。ジョイス同様、エリオットもお気に入りの犠牲者にされました。〈ボー〉誌の創刊号はすべて彼の作品のために捧げられていたのです。直ぐ、エリオットは、ロースのこうした行為に抗議するため私たちに参加したいという手紙を寄越しました。そして、彼の抗議文と私自身の抗議文とが多くの新聞や雑誌に掲載されました。また、誰かが『ユリシーズ』を本の形に印刷しておりました。この贋出版は、シェイクスピア・アンド・カンパニイ書店が発行者となり、印刷者の名前さえも記されていますが、本物の出版を知っておれば、この出版が贋物であることは容易に見分けられました——テキストも変えられ、紙と活字も同一のものではありませんでした。こうして、以後数年間海賊版出版者は、その作品の完成に長い歳月をかけ、視力まで失ったばかりか、財政状態は一層深刻なものとなっていた一人の作家の収益を、自分の懐に掠めとることに成功しました。

アメリカの中西部からやってきた一人の訪問者がいました。彼は書店経営者で、「本の行商人たち」が商品を書店にさばく様子を私に話してくれました。一台のトラックが戸口に止ると、運転手が、運転手はその都度いつも変わっていたそうですが、『ユリシーズ』——あるいは『チャタレー夫人の恋人』——が何部入用なのか尋ねるのです。書店は十ドルで売る本を五ドルで十冊以上も仕入れることができたそうです。そして、この運転手は、本をどさっとばかりトラックから下ろすと去って行ってしまうのです。

ジョイスは、私がアメリカに出掛けて海賊版についてなんらかの手を打つべきだと考えておりました。だが、私はシェイクスピア・アンド・カンパニイ書店をほったらかすわけにはいきませんでした。いずれにしても、アメリカで正式に出版することだけが、海賊版に終止符を打つことができたのです。私は、今起っているこうした出来事に注意を喚起するため、あらゆる努力が払われるべきだと考えました。私たちはパリの友人たちと相談し、接触し得るできるだけ多くの作家たちの署名を集めた抗議文を書き上げ、これを世界中の新聞雑誌に流すべきだと決心しました。

　この抗議文をルドウィッグ・ルイソン（一八八二～一九五五年。ドイツ生れのアメリカの作家、批評家）が書き、その適法性を確かめるためアーチボールド・マックリーシュが校閲しました。そして、私がこれを印刷させました。私たちの知人は皆これに署名し、また、私が署名をとることができるよう助力してくれました。当時パリにいた作家たちの他に、私たちはヨーロッパじゅうの作家たちに――イギリス、ドイツ、オーストリア、イタリア、スペイン、北欧の作家たちに、署名を依頼すべきだと考えました。ジョイスは特に北欧の人々の署名を集めることに熱心でした。そして、もし私がノールウェーの詩人、オラフ・ブル（一八八三～一九三三年。ノールウェーの詩人、短篇作家、劇作家）の跡を追って署名をとらなければ、すべては水泡に帰すと考えていたようでした（デンマーク語の先生としてのジョイスの助けもあり、私はブルの署名をとることに成功しました）。ジョイスやその他すべての人が私にいろいろと助言してくれました。しかし、署名の対象となったほとんどの人の名前は、フランス学士院会員をも含め、私自身が考えついたものであることを述べておかなくてはなりません。住所を捜し出すのに相当時間を費やしました。さらに、ほとんどすべての作家に対し、私は個人的手紙を送りました。そして、多くの興味深い返事を受け取りました。署名者の多くは、プライバシーで犠牲者になった男性たちでした。そしてこの問題に強く共感を抱いておりました。私は大切にこれらの返信を保存してあります。署名者たちは、まるで現代の作家たちの勢揃いのようでした。返信がどっと流れ込むたびに、ジョイスは私の肩越しにそれを覗き込んでいました。「発売禁止処分の作家」は、同僚の作家たちの暖かい友情に心を打たれ感謝しておりました。

抗議文はいたるところの新聞や多くの雑誌に掲載されました。〈ヒューマニスト〉誌[*1]は一頁をこの抗議のためにさき、幾人かの署名者の名前を掲載しました。編集者の要望に従って、私は彼が選んだ幾人かの署名をパリの私の印刷者に複写させましたが、いまだに私は、箱一杯に詰った小さなこのプレートを持っております。たまたま「フランス学士院会員」の肩書き、この肩書きは次に続く予定の、フランス学士院会員の署名者の肩書きでしたが——数人のフランス学士院の会員が署名しておりました——これがどうしたことか、アーネスト・ヘミングウェイの名前にくっついていました。しかし誰も文句を言いませんでした。

ロースはこの抗議文に腹を立てていました。そして、彼は「あの邪悪な女丈夫でジョ

＊1　アメリカのヒューマニスト協会によって一九四一年にサン・フランシスコで発行された、哲学、宗教、科学、文学に関する隔月雑誌。

イスの秘書であるシルヴィア・ビーチ」は署名者のなかに何人かの死亡している作家を含めていると訴えました。そんな過ちは、彼自身ならば犯しそうな事柄でした。これは私の責任ではありません。私の書類のなかにある手紙が署名者の正当性を十分に証拠だてています。しかし、当時老齢のため病気に悩んでいた私の署名者の一人か二人かが、その後間もなく亡くなったということは述べておかなくてはなりません。この抗議文に署名することを拒んだ唯一人の作家はエズラ・パウンドでした。これはまさにエズラらしいことでした。

こうしたあらゆる私の努力にも拘わらず、『ユリシーズ』の略奪は続きました。

かつて、スタテン島（ニュー・ヨーク湾内の島）で、私は「まつわりついて離れない厄介人」（The Pest of the Month）の厄払いを保証する大きな広告に気づいたことがありました。ジョイスと私はこの商売に申し込むべきだったでしょう。誰かが常に何かを掠め取っていました。ジョイスは相変わらず海賊たちの餌食になっておりました。海賊たちは一様に、彼らがジョイスの「大変な賞賛者」であると宣言しておりました。そして、彼らの行為によってこれを証明していたわけです。ジョイスは彼の「賞賛者」を遠く離れた日本にまで持っていました。つまり、私は御丁寧に発行者の挨拶と一緒に部厚い四冊の『ユリシーズ』を東京から送られたほどです。私がこうした窃盗に対して抗議をすると、いつもきまって私が作品を独占しているということで非難されました。

『ポウムズ・ペニイーチ』は、まるで雛菊が摘み取られるかのように、中西部の若い発行者に摘み取られてしまいました。この発行者はとても急いで出版したため、著者か私の許可を得るまで待つことができなかったようでした。クリーヴランドに住むこの詩集の賞賛者から、ある版が出版されようとしているという不穏なニュースを受け取った時には、丁度私がこの詩集を出版し終えたばかりでした。そこで、ワシントンでこの詩集の版権を確保するため、私は、必要な部数だけプリンストン大学出版部にこの詩集を印刷させるよう父に依頼しました。しかし、不正版——勿論海賊版で、例によって「非売品」——が、おそらく最初に出版されたでしょう。著者は、一部十二ペニーのお金を決して手にすることはありませんでした。『ポウムズ・ペニイーチ』は結局二束三文にされたわけです。

19

『ユリシーズ』の後継者

私は、ジョイスがいつから『フィネガンズ・ウェイク』の構想を練り始めたかしりません。しかし、彼の想像力は決して止まることがなかったので、『ユリシーズ』が完成されたその翌日からブルーム氏[*1]の後をイァウィッカー氏[*2]が引き継いだに違いありません。『ユリシーズ』が彼の手もとを離れると直ぐに、たとえそれが投資の対象ではなかったにしろ、ジョイスは書物としての『ユリシーズ』に対する関心を失いました。そして、彼は、人々がこのテーマについて、彼に話し掛けてくれないことを望んでいると語っていました。彼は次の新しい作品については喜んで語りました。彼と一緒に、私は逐一この作品の跡を追っていました。そして、私は『ユリシーズ』の登場人物たちに抱いた興味と同じ興味をこのH・C・E[*3]の家族にも抱きました。進行につれジョイスはあらゆるものを記号や絵、アルファベットで説明しました。私は、彼の考えすべてがとても興味深く、また面白くもあり納得のゆくものであることが分りました。従って、この作品の全体が現われた時、私は作品にすっかり精通しておりましたし、また、他の作家たちに用いられている平面的な手法の代わりに、彼が「積み重ね式描写」と呼んでいた、彼の描写法にも慣れていました。彼は、普通の描写で描かれた人物はあらゆるものが描き落とされると考えていました。言語に関しては、英語の語彙はこれ以上言語を創らなくても十分過ぎると考えていたショウと、ジョイスでは意見が一致しませんでした。ジョイスは、言葉のゲームで人々が望むあらゆる楽しみを味わうという考え方であり、彼には言葉に限界を設けなくてはならないという理由が分らなかったのです。つまり、フランス人の理解している"mesure"（節度）というものは、『ユリシーズ』の創造者、特に『フィネガンズ・ウェイク』の創造者の性格とは一致しなかったのです。だが、彼は自分が間違っているかもしれないし、他の方法がもっと良いかもしれないとも話していました。ただ、彼は、他の人々は言葉について費やすべき半分の時間も費やしていないと考えておりました。

ジョイスが彼の新しい作品にとり掛かった当時、イギリスでみられた傾向は、英語を

＊1　八七ページ訳注＊2参照。
＊2　四〇一ページ訳注（15）参照。
＊3　四〇四ページ訳注（21）参照。

一定の範囲内に止めようとすることでした。外国人たちは、非常に限られた枠のなかで英語を学ばされることもあって、英語の教科書はなにが言え、なにが言えないのか、なにが米語で、なにがスラングであるかを説明しておりました。C・K・オグデン氏の基本英語《ベイシック・イングリッシュ》は生活する上で必要な五、六百語を示したもので、ジョイスの溢れるような語彙と対照させると面白いものでした。

ジョイスは、彼の新しい作品で、たまたま彼が何故この巨大なテーマを選ぶことになったかという話を私に述べてくれました。彼は、ミス・ウィーヴァーに何かテーマを教えて欲しいと頼んだことがありました。彼女は、彼にコーンウォール（イギリス南西端の地方）にある「巨人の墓」について話をしました。この話を聞くと直ぐにジョイスは、この墓をひと目見るためコーンウォールに駆けつけました。ユジーヌ・ジョラスも、少し後にジョイス自身からこれと同じ話を聞いております。一九二二年に遡る頃から、ジョイスは巨人に興味を抱いていたように思われます。フランク・ハリスの著わした『オスカー・ワイルド』*1のなかでジョイスの心を特に感動させたのは、ワイルドの巨大症について語っているバーナード・ショウの序文であった、と私に話していました。

私は、ジョイスが例の「巨人」と会うため一九二三年ボドミン（イギリス、プリマスの少し西にある町）に向う途中で写したクロス＝チャンネル帽を被った彼の写真を持っています。

一九二四年、彼は『ユリシーズ』の翻訳者オーギュスト・モレルと一緒に、メンヒル（巨石を地に建てた有史前の遺跡）を見学しておりました。二人から届いた絵葉書にはサイクロプス（ギリシャ神話にでてくる一つ眼の巨人）のことが書かれていました。

次は河でした。一九二五年の夏の間じゅう、彼はいろいろな河に夢中でした。私はボルドーから、「ああ、ガロンヌ河よ！　ガロンヌ河よ！」という絵葉書を受け取りました。しかし、ジョイスがどれだけ多くの河と個人的な関係を深めたのか誰も知りません。彼がセーヌ河に深い愛情を寄せていて、彼の「アンナ・セクアナ」[*2]であったことを知っています。アドリエンヌと私は、彼を私たちのシトロエンに乗せ、彼がかねがね訪ねたいと思っていたセーヌ河のある場所まで案内したことを憶えています。ここには、彼が「ひと目見たい」と願っていた上水道がありました。この水道設備を見学し終えると、彼は堤の上に坐り込み、河と、その流れに浮ぶ様々な浮遊物をじっと見つめていました。

視力の衰えつつある人にしては、ジョイスは驚く程多くの物を見ることができました。しかし、視力が減退するに従って、彼の聴力が極度に発達し、だんだん彼は音の世界に生きるようになっていったと思います。そこで、『フィネガンズ・ウェイク』が理解されるためには、この作品は読者に耳で聞いてもらわなくてはなりません。ジョイスは初期の作品においてさえ、常に音について繰り返し述べています。子供の頃、既に彼の視力は弱かったと誰かが回想していました。

＊1　一七一ページ訳注＊3参照。
＊2　アンナとはジョイスが好んで河につける名前で、セクアナとはラテン語でセーヌ河の意味。

戦争のことに少しでも触れると、ジョイスは身震いを起しました。「私は極めて穏やかな人間だ」と言って、彼は身の回りで、どれほどささいな口論が起ってもこれを毛嫌いしました。しかし、一九二六年頃、彼は戦争に興味を抱きました。私は彼のために、エドワード・S・クリーシイの『世界における十五の重要な戦争、十二の戦略』[*1]という書物を手に入れました。彼はこれにざっと目を通すと、彼と彼の家族は、「ミューズ茸の館・チップ」[29]（museyroom: tip）を想い浮べながら、ワーテルローの戦場を見物するため出掛けました。ジョイス独特の戦場のごたまぜ、「白いお尻」にまたがり、長靴をはき三角帽を被った「リポリアムズ」[30]は、ジョイスの作品にみられる最も面白いくだりのひとつでした。翌年、彼はベルギーから再び手紙をくれました。手紙には「ワーテルロー・デイ」と日付けされていて、彼は彼の泊っているホテルで「エイン・ブルーム」（*oen bloem*）という葡萄酒を勧めた給仕について語っていました。ジョイスは書物との闘いを、恰《あたか》も実際の戦闘のように処理していました。私の考えるところ、彼は、時どき自分のこの二番目の大作に対し、たとえ明確な敵意でないにしても、幾分興味を失って落胆しておりました。私は、ワーテルローの「ミューズ茸の館」で、彼が瞑想に耽っていたことは一体何だったのかと思っております。

　ジョイスは、時どき、彼の読者に誤読させるのを楽しんでいたと思います。彼は、歴史というものは、誰かがあることを隣の人に囁き、隣の人はそのまた隣に余り明確ではないがこれを繰り返し伝えて行き、最後に話を聞く人のところまでくると話がすっかり変わってしまっているという、例の応接間で行なわれるゲームのようなものだ、と私に話したことがありました。彼が私に説明するところによると、勿論『フィネガンズ・ウェイク』の意味は薄ぼんやりとしてはいるがこれはこの作品が「夜景画」＊2であるためだということでした。私もまた著者の視力のように、この作品はたびたびぼーとかすんでしまうと思います。

ジョイスが彼の新しい作品に取り掛かった時、彼のまったく驚いたことに、『ユリシーズ』の創作時代、彼の努力に共感していた人々の側からだったと思いますが、彼はある非難を受けました。私は、ハロルド・モンロー（一八七九～一九三二年。イギリスの詩人、批評家）が、一九一九年に、ジョイスは『若き芸術家の肖像』の後で止めるべきであると思うと語っていたのを憶えております。おそらく、『ユリシーズ』の賞賛者たち幾人かは、ジョイスはこの作品の後で止めるべきだと考えていました。

ジョイスは、いつもT・S・エリオット氏の友情に満ちた励ましを頼りにしておりました。ジョイスは、エリオットが訪れるといつもかなり朗らかな状態に戻っておりまし

＊1　イギリスの歴史家E・S・クリーシイ（一八一二～一八七八年）の著書で西欧の政治に決定的影響を与えた重要な戦争をギリシャ時代からワーテルローの戦いまで十五とり上げ論じたもの。

＊2　『フィネガンズ・ウェイク』は文字通りH・C・イァウィッカーとその家族が眠りにおちいった時の夢、悪夢を描き出している。

たが、同僚の幾人かの作家たちとの間ではこうはいきませんでした。

ジェイムズと二人のジョン

ジョイスと同国人の二人の歌手が、『フィネガンズ・ウェイク』のシェムとショーンの成立にあずかっております。

この「作品」がまだ「進行中《プログレス》」の状態にある初期、著者ジョイスはジョン・マッコーマック（一八八四〜一九四五年。アイルランド生れのアメリカのテノール歌手）に魅せられてしまいました。ダブリンでの青年時代、彼らはあるコンサートの同じプログラムに出場したことがありました。その時以来、ジェイムズはジョンに魅せられてしまったのです。彼はジョン・マッコーマックの経歴を一歩一歩詳細に追っていました。ジョイスは自分が歌手になれるかもしれないという夢を決して失ったことはありません。彼は、マッコーマックの振舞い、恋愛事件、テニスの成績、服装の着こなし方や巻き毛の調髪の具合など、新聞のありとあらゆる彼の記事を読んでいました。マッコーマックは、自分がジェイムズ・ジョイスのモデルになっていることなど少しも知りませんでした。

ジョイスがジョン・マッコーマックについて余りにもいろいろな話をするので、遂に私は彼のレコード全部を手に入れました。私は「ウナ・フルティヴァ・ラグリマ」が好きでした。アドリエンヌは「わが親愛なる旧友《ディアー・オールド・パル・オブ・マイン》」がとても気に入っておりました。ジョイスの興味をそそったのは、勿論、「モーリイ・ブランニガン」でした。彼は私に、彼の声とマッコーマックの声とが著しく似通っていることに気づかないかねと尋ねました。これはアイルランド人のある種の音質のせいだったかもしれませんが、事実二人の声はまったく良く似ていました。

しかし、モーリイ・ブルーム・ブランニガンは、今はアンナ・リヴィア・プリュラベ＊1ルに取って代わられました。そして、『ワーク・イン・プログレス』に現われているのは、この婦人の息子ショーンだったのです。勿論、多くの人々が、ジョイスの登場人物たちを作り上げる上でごたまぜになって貢献しております。しかし、こうした人々は単なる装飾品に過ぎません。一人の人物が決定的な位置を占めています。私は、ジョイス一家と一緒にジョン・マッコーマックのリサイタルに出かけて行きましたが、私は、この時既に、『郵便屋ショーン[31]』としての彼に出会ったと感じました。

マッコーマックの美しいテノールと彼の素晴しい歌い方には文句のつけようがありませんでした。私は、ジョイスと同様ほとんど熱狂的に彼に拍手を送りました。ジョイスは舞台に出入りするマッコーマックの内股の歩き振りに、私が気づいたかと尋ねたり、彼のぽちゃっとした太り具合や巻き毛、彼のお辞儀の仕方を素晴しいと思わないかとも言いました。まったく、私もそう感じました。しかし、私が驚きかつ感心したのは彼の歌を聴く時、ジョイスが見せる熱狂振りであり、その異常なまでの感情でした。

＊1　三〇七ページ訳注＊1参照。

ジョイスは歌に関心を持っていましたが、マッコーマックは文学に余り関心を持っているようには思えませんでした。彼は、ジョイスの賞賛を、他のファンの賞賛と同じように受け取っていました。マッコーマックは、自分以外の誰にもこれといった興味を抱いていないと私は思いました。そして、ジョイスもまた、彼が『郵便屋ショーン』を書き上げてしまった時には、マッコーマックがいなくても大丈夫でした。それで、私も彼のことについてこれ以上聞くこともなくなりました。

いま一人の歌手で、アイルランド人の男性で名前も同じジョンという名前でしたが、この歌手は遥かに感受性に富んでいました。ジョイスの彼に対する関心も、マッコーマックに示した関心を遥かに凌駕しておりました。ジョイスの生涯における、このエピソードの説明は、エルズワース・メイスンとリチャード・エルマンにより、ノースウェスターン大学レヴュー、〈アナリスト〉誌に載せられています。

ジェイムズ・ジョイスを知り、彼がオペラやオペラの俳優に夢中になっているのを観察してきた私たちとしては、『フィネガンズ・ウェイク』を歌劇「トリスタンとイゾルデ」や「ウィリアム・テル」といった壮大なオペラにたとえることができるでしょう——彼独特の「ヴェールに覆われた恐怖」のうちに響き渡る、一種のジョイス的響きです。勿論、これはこの一冊の本のなかに含まれているあらゆる人物、あらゆるものの、ほんの一局面に過ぎないわけですが。しかし、私には、これは極めてジョイス的だと思われるものです。

私は、ユジーヌ、マリア・ジョラスとスチュアート・ギルバート夫妻たちと一緒に、ジョイスの経歴のなかで最も特異なもののひとつであるジョイス＝サリヴァン事件を詳細に追っていました。

ジョイス一家は熱心にオペラ通いをしておりました。彼らは、トリエステでも極めて頻繁にオペラに通っておりました。イタリア人同様、彼らは歌手には厳しく、あらゆる音階に細かく注意を払って聴いておりました。そして、トップCの音を避けるような罪を犯す歌手に対しては容赦しませんでした。ジョイスは、「ウィリアム・テル」を歌うことのできる最後のイタリアのテノール歌手は、何百年も前に死んでしまい、それに代わる歌手が現われるまで、イタリアでは「ウィリアム・テル」は上演されないだろうと私に話しておりました。イタリア人たちはいまだにテルを待っており、ジョイスも同じでした。

『フィネガンズ・ウェイク』に、テルの助けを必要とする今のジョイスは、毎夜でもテルを聴きに行ったことでしょう。不幸にして、パリ・オペラ・ハウスのテノール歌手、フランスの聴衆がその柔かくて甘い音調と魅力的な歌い方を賞賛していた「ギィヨーム・テル」（フランスではウィリアム・テルと言わずギィヨーム・テルと呼ぶ）の歌手はジョイスに認められませんでした。つまり、この歌手はトップCに欠けていました。ジョイスはこの歌手にとてもいらいらさせられて、ギィヨーム・テルの公演に行くことを諦めざるを得なかったと私に話しました。

その後、ある日のこと、彼がオペラ座に貼り出されている広告をじろじろと眺めていた時、彼はいつものテルの歌手の代わりに、新しい名前を見つけました。アイルランド人のテル、ジョン・サリヴァンでした。酷く興奮して彼は切符売場に向って階段を駆け上りました。そして、その日の夜の公演を観るため四つの席を予約しました。ジョイス一家全員――「四人全員が揃って陣取っていました」――最前列に――は、初めてジョン・サリヴァンの素晴しい声を耳にしました。その評価は、まるで『ユリシーズ』の「削除なし」のテキストのように完全無欠、言うところなしといったものでした。ジョイスはサリヴァンの声に魂を奪われてしまいました。これはまさに清めであり、朝早く台所のごみを集めに来る人を思い起させるとジョイスは話していました。彼は「ギィヨーム・テル」のサリヴァンの公演に毎回出掛けて行き、最前列の彼の座席から、サリヴァンに熱烈な喝采を送りました。次いで立ち上ると、幾度も幾度も彼を舞台に呼び返しておりました。黒いレースの帽子を被った小さな老女の劇場案内人までが、何人かこの喝采に加わりました。というのは、彼女たちは誰であろうとおかまいなしに拍手を送るようにと、ジョイスが彼女たちに寛大なチップを振舞ってあったのです。劇場中のジョイスの友人たちが、「声援団」を形成しました。私たちみんなも「ギィヨーム・テル」の公演に出席しました。そして、私たちみんなが、ジョン・サリヴァンを賞賛しました。つまり、ジョイスはサリヴァンの賞賛者たちや、それに、勿論ジョイス自身の賞賛者たちでもって劇場を満員にさせました。私は、たまたま「ウィリアム・テル」が好きでした。概してオペラに行ったこともない他の人々は、「命ぜられた通り劇場に出席」しました。

したが、しかし、それも不承不承でした。

大きく、立派で、顔立ちのよいジョン・サリヴァンは神様のように見えました。法外に広い音域の持ち主で、テルの故郷にある山頂から響き渡ってくるような声でした。もっとも、彼は無関心な俳優で、自分が演ずる人物には余り興味を持ちませんでした。彼は事務的で、決して大向うをうならせるように演じることはありませんでした。舞台に立った時、サリヴァンには暖かみや、マッコーマックの持つ魅力が欠けていました。彼は身の回りに、芝居じみたものを何ひとつ持っておりませんでした。

ジェイムズ・ジョイスとジョン・サリヴァンは、二人共彼らが迫害だと勝手に想像していたものに苦しんでいました。ジョイスの「発売禁止処分を受けた作家より破門を受けた歌手へ」という言葉を参考にしてみてください（実際のところ、私は『ユリシーズ』の発売禁止は幸運な事例だったと考えています。そうでなければ、これほど偉大な作家が、『ユリシーズ』を支持してくれる比較的小さなグループの人々を除き、有名になるためには数百年の歳月を待ったことでしょう。しかし、ジョイスはいつも彼自身を、迫害の犠牲者とみなしておりました。私は、彼が永遠に犠牲者だったかどうか疑問に思いました）。

サリヴァンは、パリ・オペラ・ハウスではテノール歌手としてそれほど悪い出来ではありませんでした。だが、メトロポリタン劇場やスカラ座では良い出来映えでなかったに違いありません。事実、彼は当時の最も優れた歌手の一人でしたが、どうも歌劇界における陰謀の犠牲者となり、寧ろ無視されておりました。

ジョイスは、サリヴァンの語る不正な扱われ方の話を、同情しながら聞いておりました。発売禁止の処分を受けた作家と破門処分を受けた歌手とは大の仲好しになってしまいました。ギィヨーム・テルの公演のたびに、また、サリヴァンがラオールの役を歌っていた歌劇「ユグノー教徒たち」の公演のたびに、公演が終ると、ジョイス一家とサリヴァン一家、それに彼らの友人たちすべては、通りを横切りカフェ・ドゥ・ラ・ペェに夕食をとりに出掛けて行きました。舞台を離れるとこの歌手は人を強く引き付けるところがありました。彼は、ジョイスの友情や彼を世界に認めさそうとするジョイスの決意に深く感動しておりました。

今までインタヴューに同意したことのなかったジョイスが、今ではサリヴァンについて、記者に対して自ら話すことに同意しました。ジョイスを知ってはいても、今まで挨拶もしたことのなかったあらゆる著名人たちが、今ではジョイスに近づき、サリヴァンの話題をもちかけました。ジョイスはサリヴァンをメトロポリタン劇場に出そうと決心しました。だが、この彼の努力は実を結びませんでした。私はジョイスのためならば喜んでなんでもする何通かの返事を見ました。返事はいつも、ジョイス自身のためならば喜んでなんでも承知するけれど、残念ながらジョイスの友人のためにはなにもできないという返事でした。

パリ・オペラ・ハウスでのジョイスの行き過ぎたやり方は、効果を上げるというよりは、寧ろ害を及ぼし始めたのではないかと私は心配しました。一例を挙げると、こうしたやり方は監督の神経にさわりました。おそらく嫉妬の感情や、それに愛国心までも掻き立てられました。サリヴァンは、ウィリアム・テルの役を他のテノール歌手に取って代わられてしまいました。再度、ジョイスは余儀なくオペラ・ハウスから離れざるを得ませんでした。サリヴァンは事実上パリ・オペラ座のプログラムから彼がはずされた時には驚いてしまいました。ジョイスは私たちみんなに訴えました。私たちはよく切符売場に電話を掛け「ギィヨーム・テル」の座席を予約したものでした。多分、ボックス席全部の予約だったと思います。そして、私たちは、自分たちが聴きたいと願っているのは、テルを演ずるジョン・サリヴァンであることを明らかにしました。もしサリヴァンがその役で歌わないことを告げられると、私たちは予約を全部取り消しました。こういうことが度重なったため、切符売場は怒って電話に出るのを止めてしまいました。

ジョイスにとって、サリヴァンの問題はひとつの執念になってしまいました。彼が失敗を重ねれば重ねるほど、それだけ彼は益々彼の面倒をみることに固執しました。ジョイス夫人はすっかり疲れ果て、家の中でサリヴァンの名を口にすることを禁じてしまいました。

20

遠くへ、遠くへ……

私は、私がジョイスのためにできることはなんでも喜んでしておりました。しかし、私は週末の遠出だけは主張して譲りませんでした。土曜日がくるたびに、田舎に出掛けることをめぐって私とジョイスとの間に取っ組み合いが起りました。もし私の横腹を引っぱってくれているのがアドリエンヌでなかったなら、私は、決して彼から解放されることができなかったでしょう。土曜日が近づくと、ジョイスは、きまって私の片付けなくてはならない余計な雑用を実にいろいろと考え出すので、まるで、彼が勝利でも収めようとしているかのようにみえました。しかしアドリエンヌと私とが、田舎での安息日を執拗に固執するので、私はジョイスと交戦状態にはいるわけです。

週末は、ウール゠エ゠ロワール県のアドリエンヌの両親の家、ロックフォワンで過しました。これはシャルトル（パリ南西九六キロ、有名なゴシックの寺院がある）に行く途中にありました——麦の生い茂るボースという田舎で、木のない平野の向うに例のシャルトルの寺院がみえておりました(この田舎に木が欠けていることについて、ラブレーの行なった説明は誠に賞賛に価するものでした、つまり、パンタグリュエル[*1]に登場する人物たちが道を進んで行った際、左右に大きく揺れる彼らの乗った馬の尻尾が木という木を全部なぎ倒してしまったというわけです)。

モニエ一家はどの町からも一定の距離をおいた離れた場所に住んでいました。そして彼らは電話や自動車その他の便宜の必要性を少しも感じていないように思われました。一方で、彼らは機会さえあれば、彼らのわらぶき屋根を喜んでタイルの屋根に替えたことでしょう。だが、幸いなことに、そういうことはありませんでした。私はこのくすんだ藤色のわらぶき屋根がとても気に入りましたが、モニエ一家からは風変わりのものなら、なんにでも興味を示す私のアメリカ人好みを冷やかされました。もし、私たちの生活にこれに類するものが沢山あれば、わらぶき屋根もそれほど魅力はないだろうと想像します。

日曜日はロックフォワンの庭で過しました。この地方では大変珍しい木であるニレの木が、傘のように庭に拡がっていました。壁とは対照的に西洋ナシと桃の木が

＊1　フランソワ・ラブレー(一四九四?～一五五三年?)の『ガルガンチュワとパンタグリュエル物語』。

"espalier"（果樹柱）に支えられて繋っていました。花が咲き、鶏、小鳥と猫、それにムースとテディの二匹の犬もいました。

ロックフォワンには浴室はありませんでした。水道はポンプで汲み出されていました——そう、野原を横切り、小川で遊んでいる犬と一緒に水のなかに飛び込むこともできたのです。

少くとも、この週末を過す場所は、最寄りの駅から三マイルほど歩くことさえ気にしなければ、かなり簡単に行くことができました。私たちの山の休息地はレ・デゼェール山脈にあって、私たちは夏休みをここで過しました。ジョイスは、これには特に反対しました。私たちの出発時期が迫るにつれて、彼は一種のパニック状態に陥りました。そして、最後の瞬間がくると、彼が「食料品店のリスト」と呼んでいるものを私に差し出しました。これには、私が町を離れる前に彼にしてあげなくてはならないあらゆることが書き付けられていました。「なんと多くの発明品でしょう！」私は、なにものにも、誰にも私のアルプス行きを決して干渉させませんでした。しかし、これは手におえない対抗者を相手にゲームをするようなものでした。

私が、レ・デゼェール山脈を発見できたのはモニエ一家のお蔭でした。アドリエンヌの母親がこの山の出身でした。山の斜面に沿って沢山の聚落が散在し、それぞれ独自の名前を持ってはいましたが、みなレ・デゼェールという共同体に属していました。その中心部を郡都と呼ぶことができるとすれば、この郡都には裁判所、学校、郵便局が雑居するひとつの建物と、雑貨屋、靴屋と一緒の煙草屋、それに一軒の居酒屋がありました。レ・デゼェールの他の場所に行くには、山を登らなくてはなりませんでした。つまり、ひとつの聚落自体が斜面に沿ってできていました。最後のきつい斜面を登り切ると、フェクラ高原に着きます。夏になるとすべての村人たちは、二、三の家財道具を牛車で運びながら、家畜を連れて彼らの夏の住家へと移動して行きます。彼らは、それぞれ小さなわらぶきのシャレー（スイスなどでみられる一種のいなか家）か、あるいはシャレーに類するようなものをこの高原に持っていました。

　私たちが休暇を過したのはこの高原でした。これは、ジョイスにとって様々な障害となりました——およそ四千フィートの標高（彼は高所恐怖症でした）、容易に近づき難いこと、郵便、交通、近代設備等々の欠如——これらはすべて、私たちがフェクラ高原について気に入っているものでした。この高原に辿りつくためがまんしなくてはならない難儀な旅行は、少しも気になりませんでした。その夜間の旅行には、皮肉にも「楽しみの汽車《トラン・ドウ・プレジール》」と呼ばれている鉄道がありました。夏になって収穫の手助けができるように、サヴォワ（フランス南東部イタリアとの国境地帯）の人々を家から山まで運んで行く特別仕立ての汽車でした。職を得るため、わらを敷いた木靴をはいてパリまで全行程を歩いて行った人々の子孫でなければ、誰もこの楽しみと呼ばれる汽車に乗って、わざわざ旅をすることはなかったでしょう。だが、彼らは陽気で、いつも歌を歌っていました。私は、私の愛するサヴォワの人々を身近に観察しました。

私たちの旅の第一段階は、早朝にシャンベリーに着いて終りました。次は、もっと骨の折れる、また、とても素晴しい行程が待ち構えておりました。山登りです。騾馬《らば》のひく荷車で私たちがレ・デゼェールに着いた時はすっかり暗くなっていました。

モニエ夫人とアドリエンヌ、それに私が泊った居酒屋、レ・デゼェールでの最初の夏を過したこの居酒屋は、二階建てに改築されベッドが着くとすぐ宿屋になる筈でした。しかし、その間私たちは干し草のなかで眠りました。風、それもこの標高ではとても冷たい風が、屋根と屋根の載っている家の本体との間にある隙間から、干し草置場の上の部分に吹き込んできました。この隙間は干し草を乾燥させるために作られていました。草の葉が、まるで多くの編み針のように耳に突き刺さったものの、干し草の香りは素晴しいものでした。ここの家族とアドリエンヌの従姉たちは、部屋を喜んで私たちに提供してくれたでしょうが、何分既に四人の人間が部屋に住んでいたのです。

最初の夏を過してからは、私たちはこの土地の一組の夫婦に迎えられることになりました。この夫婦は私たちのために干し草置場のなかに寝室を仕切ってくれました。この寝室に行くのには外側に掛かっている梯子を登って行きました。私たちは家畜小屋の丁度真上に陣取っていましたので、この小屋で起る重要な出来事を見逃すようなことは決してありませんでした。一頭の牛が、ランプの灯に照らされみんなの前で朝三時に仔牛を生んだこと、真夜中に豚に降りかかった災難つまり豚が牛に踏みつけられ、どうにも動けなくなった災難——一人の女性は涙を流しながら、「adzeu, adzeu《アズー アズー》」(adieu《アデュー》「さよなら」の方言)と言うかのように、豚が足を振ったと話していました。夜明けがきて家畜小屋の戸が開かれるとまるで劇場から流れ出る群衆のように、牛の群れが駆け出して行きました。私たちの目が醒めないようにと、アドリエンヌの従姉のフィーヌが牛のつけている鈴に紙を詰め込みました。しかし、野原へと家畜を追って行く犬の吠え声——これは、彼女とてもどうすることもできませんでした。

　干し草置場のなかは、丁度二つのベッドが入る程度に隅の方が仕切られていました。干し草の置いてある部分が私たちの化粧室でした。洗面用のテーブルは木箱で、このなかにはフィーヌが日曜日の晩餐用に一羽か二羽の鶏を太らしていました。私の歯ブラシはいつも板の隙間からこの哀れな鶏の上に落ちていました。私が鶏の周りで歯ブラシを捜すと鶏たちは甲高い鳴き声を上げたものでした。

　このシャレーは、高原にある他のシャレーと同様持ち主自身が建てたものでした。彼は、ベッド、テーブル、ベンチ、スツール、一つか二つの椅子など、家具も自分で作りました。屋根はわらぶき屋根でした。一階に小さな部屋があってこれが居間で、この居間の奥に小室があり、彼らはそこで寝とまりしていました。北側に食器棚が取り付けられていて壁の穴を通して換気が行なわれていました。この食器棚に食料が保存されている訳ですが、ほとんど冷蔵庫と同様に効果的でした。居間は小さな窓から入る光で薄ぼんやりとした明るさでした。建物の右手に家畜小屋の入口がありました。家畜小屋は、二つの部屋のなかでも大きな方の部屋でした。家畜小屋の前には肥料が山と積まれていました。シャレーは、道に沿って引き込みの場所があって、通りすがりの村人と話ができるようになっておりました。

フィーヌは素晴しく料理が上手でしたが、当時は肉がありませんでした。私たちは、スープやマカロニ、卵、それに彼女自身が作るバター、じゃがいも、「tomme《トーム》」と呼ばれるサヴォワで作られるチーズなどを食べて暮しました。

高原に散在する小さなシャレーは、住民の恐怖の的である雷雨に晒されることがありました。この稲妻に打たれると、わらぶき屋根は燃え上り、屋根もろとも落ちてくる炎の環に取り囲まれる前に、外に飛び出さなくてはなりません。家畜も外に出さなくてはなりません——嵐の間、人々は家畜小屋の入口を離れません。人々は持ち物を持ち出すことすらできません。ある夏の嵐の夜、私たちの誰もが床につきませんでした。フィーヌは蠟燭に火をともして聖母マリアに祈り、彼女の夫はランプに火をともして家畜小屋を見守り続けました。その夜、レ・デゼェールでは三つの小さなシャレーが稲妻に襲われたのですが、そのどれもが瓦礫の塊以外何も残りませんでした。

夕方になると、隣人たちが立ち寄り、一日の仕事が終ります。世間話は方言で、活気に溢れていました。この山の住民たちの気性はとても激しいものでした。アドリエンヌはこの地方の方言を心得ていましたが、私は一所懸命理解しようと努めました。干し草を積んだ荷車が山を下ってくる途中で引っくり返ったのです。牛は険しい断崖から落ちてしまいました。高原の男たちが総出で、岩棚に落ちていた牛をロープで引き上げたという話です。あの若い雌牛は、フェルディナンのところの雄牛には手出しもできないだろうとか、話題は次から次へ尽きません。時どき、彼らは魔女の話題を取り上げました。あらたまって尋ねられると人々は魔術を信じていない振りをしますが、本気で、奇妙な出来事についてあれこれ話し合っていました。いつも何人かの老婆が暮していたのです――名前は決して口にされることはありませんでしたが、誰でもそれが誰であるか承知しておりました――この老婆が「魔法をかけ」、この老婆のためにいろんなことが持ち上るのでした。一人の隣人が、あなたに恨みを抱いたとします。あなたの仔牛が死んだり、バターができなくなったり、崖から落ちたりするのです。そこで、あなたはこの隣人がこれこれしかじかの老婆に違いないことを知ります。この災難を食い止めようと思うなら、名案は沢山の錆び釘を鍋に入れて煮たてるか、あるいは家畜小屋の床板を何枚かはがして、下に蛙がいないかどうかを調べてみることでしょう。私たちの友人の父親が、しらみに悩まされていました――新しいシャツに着換えて一時間もするとシャツは再びしらみで一杯になりました。たまたま家の傍を通りかかった一人の老婆を見て、彼は家から駆け出して行くと、彼女の腕を摑み、彼女がかけた呪いをとかなければ彼女を殴りつけるとおどしました。彼女は酷く驚き、素早く何かお呪《まじな》いをしました。すると、その後彼にはしらみが決してつかなくなったということです。

人間と同様、犬もレ・デゼェールで生きて行くためには厳しい労働に従事しなくてはならないのです。彼らの毛むくじゃらな巻き毛は洗ってもらうことも、ほぐしてもらうこともありません。冬も夏も屋外で過します。彼らは牛の監視を続けなくてはならないし、迷い牛の後を激しい吠え声を上げながら追っかけなければならないのです。犬の主人である羊飼いの男女の子供たちが、彼らを厳しく見張っていました。“à cu《ア・キュ》 …… la《ラ》”(それ……続け!)少くとも私にはそう聞えましたが、この掛け声に飛び起きない犬には災難が起りました。犬が正統な羊飼いの血統であるかどうかの証は、片方の眼が青で片方の眼が灰色をしているかどうかでした。

私たちは多くの日々を、広大な松林をぶらついたり、丘を上ったり下ったりして過しました。そして「主人《シェフ》」と一緒にいることを楽しみました。彼は読むことも書くこともできず——自分の名前を十字で示しました。

ジョイスにはとても重要な電報でも、レ・デゼールの住民たちの生活ではたいしたことではないのです。一日一回回ってくる郵便屋が、他の郵便物と一緒に電報を持ってきました。誰も、畑仕事を止めて電報をわざわざフェクラまで登って持ってくる人はいませんでした。いずれにしろ電報は死亡通知に限られることが多く、届くのが遅ければ遅いほど良いわけです。私は一度電報を受け取りましたが、これは私たちが一緒に暮していた女性の胆をつぶし、酷く彼女を悲しませたので、私は送り主のジョイスに対し、以後手紙だけで連絡するようにと伝えました。郵便屋はこの電報を彼女に手渡したのですが、その時彼は、彼がしぶしぶ私に運んできた悪い報せに酷く思い惑っている様子をしていたのです。受け取ったこの女性は、電報をエプロンの下に隠し、どうしたら良いものかとアドリエンヌに尋ねに行きました。一方、彼女はショックに効く強心剤を持ってきましたが、こうした場合の用意のため、彼女はいつも強心剤を保管していました。アドリエンヌがこの電報を開いて読んでみました。ジョイスからの電報でしたが、次の彼の、転送先の住所を私に知らせてきたものでした。

ジョイスの生活

私がジョイスから受け取る手紙のほとんどは、勿論私の夏休み期間中でも、またジョイス自身が旅行期間中であっても、書かれたものでした。そしてこれもまた当然のように、彼はいつも、「明日」、「速達で」、「折り返し」といったふうに返事を要求してきました。手紙は、概してお金を要求する手紙でした。私が留守の場合は、シェイクスピア・アンド・カンパニイ書店の留守番をしていたマーシンヌから、いくばくかのお金を都合してもらっていました。マーシンヌも良く承知していて、彼の勘定に残金があろうとなかろうと、私たちは『ユリシーズ』の著者の面倒をみなくてはなりませんでした。

ジョイスの出費は、四人の家族の出費を含め、相当な額になりました。その上、彼は、丁度ある人々が貯金を楽しむのと同じように、浪費を楽しみました。訪問客の一人の出版者が、ジョイスと夕食を共にした後で、私に次のように話しました、「彼はまるで酔っぱらいの船乗りのようにお金を使う」。たとえそれが真実であっても、招待された時にこういうことを口にすることはおかしな話です。

　ジョイスや彼の家族は、彼らが旅行する時はいつも、その時彼が取り組んでいる作品と関係のある場所へ出掛けて行きました。ベルギーから彼は一連の絵葉書を私に送ってくれましたが、その絵葉書は壁画の複製が載っている郵便局に備えつけの絵葉書でした。彼はフランダース語——彼は四十回目のレッスンを取っていました——に進歩を見せており、オランダ語も完全に修得したと書いてきました。ジョイス一家はドーヴァーを越えてミス・ウィーヴァーやエリオット氏、それにジョイスの弟チャールズやチューリッヒ時代からの古い友人フランク・バッジェンなどを訪ねました。時どき、ジョイス一家はスチュアート・ギルバート一家と一緒に旅行していましたが、しかし、ギルバート一家はジョイス一家と一緒に、旅先のパレス・ホテルに泊るようなことは決してありませんでした。ギルバート氏にはそのようなホテルに泊る余裕などありませんでした。ジョイス一家にしてもそんな余裕はない筈でした。

　アドリエンヌと私は慎ましい暮し方で、生計の収支の帳尻を合わしていました。しかしジョイスは裕福な人々の間で暮すことが好きでした——彼は、彼が青年時代を過したさもしい環境からできるだけ遠ざかろうとしていたことは疑いありません。また、これはもっともなことでしたが、彼は、自分の評判や業績からして、ある程度の物質的な豊かさを享受する資格があると考えていました。そして彼は自由にお金を使いましたが、それも自分のためでなく他の人々のために使いました。ノラや子供たちは満足することを知りませんでした。旅行する時は一等クラスの旅行でなくてはおさまりませんでした。ジョイスの労力を考えると、確かに彼は不当に低い報酬を払われていました。貧乏な時期が何年か続けば、その後に当然裕福な時期がこなくてはならないという彼の考えは正しかったのです。しかし、そうあるためには、彼は違ったタイプの作家になるべきだったのです。

パリではジョイスと彼の家族は毎夜外出して夕食をとっていました。彼が特に気に入っていたレストランは——これは二〇年代初期のことですが——モンパルナス駅の反対側の一郭にあるトリアノンでした。レストランの主人と全店員がジョイスにかかりきりでした。彼らは、ジョイスが降りる前にタクシーのドアーまで飛んできて、奥まった場所に予約してあるテーブルに彼を案内して行きます。テーブルでは、彼は彼の夕食を見物にくる者や、サインを求めて彼の本を持参する人々などに、多かれ少かれ、悩まされていました。

給仕頭は、ジョイスが数種類の眼鏡と、おそらく拡大鏡まで取り出さなくてはならない手間がはぶけるようにと、いつも値段表に載っている料理を大きな声で読み上げました。ジョイスは美味しい料理に興味を抱いているかのように振舞っていましたが、食べ物はそれが彼の作品となんらかの関係がなければ、彼にはなんの意味も持っていませんでした。彼は、家族や彼と夕食を共にしている友人に対しメニューに出ている最高の料理を選ぶよう勧めました。彼は人々に心の籠った食事を御馳走することを好み、また、これこれこういう葡萄酒を試してみてはどうかなどと勧めました。彼自身はほとんど食べず、たっぷりさえあれば、極くありきたりの白葡萄酒で満足していました。日中一滴も飲まなかったので、夕食時になると彼は相当のどが渇いていました。給仕は彼に絶えず葡萄酒を注いでいました。頃合を見計らってノラが帰る決心をしなければ、彼は家族や友人、それに白葡萄酒と一緒にいつまでもそこに坐っていました。最後には彼はノラに従っていました——これは彼ら二人の間の諒解事項に従うことであり、互いに知り尽しているこの夫婦の間にある諒解事項のひとつでした。

ジョイスが出掛けて行くところはどこででも、彼は王侯貴族のように迎えられました。彼の個人的魅力や他人への思い遣りはそれほど大きいものでした。彼が洗面所に向って階段を下り始めると、数人の給仕たちが急いで駆けつけ、彼に付添いました。彼の眼がよく見えないということが人々の関心を大いに彼に惹きつけました。

ジョイスのチップは有名でした。給仕たち、タクシーを呼んでくれたボーイ、彼に仕える者は皆大変な果報にあずかったに違いありません。私は決してチップをけちけちしたことはありません。しかし、事情をよく知ってみると、私にはどうもジョイスはチップを出し過ぎていたように思えました。

ジョイスのパーティに招待されたことがある私たちは、ホストとして彼が如何に客を上手にもてなすか、また如何にこれを彼が楽しんでいたのかが分ります。最大限に手を尽した夕食が、最良の料理人によって準備され、給仕がこれをサーヴィスします。ジョイスがあなたがたの皿に食物を盛り、グラスに聖パトリス・ワイン――クロ・サン・パトリス――をなみなみとつぎます。一度この葡萄酒をジョイスは柳籠に詰めて私に送ってくれたことがありました。いまひとつ彼の気に入っていた葡萄酒は法王のワイン――シャトーヌッフ・デュ・パップ――でした、勿論、すべてこうした葡萄酒は交際のため彼が使用するものでした。だが、食器棚には、ジョイスは彼自身の白葡萄酒を置いておき、これを時折自分のグラスに注いでいました。

夕食の後、いつも私たちは、ジョージ、彼はみんなからジョルジオと呼ばれていたのですが、彼が私たちのために歌を歌うよう呼びだされたものでした。ジョージは家系の優れた素質と声を受け継いでいて、これには彼の父親も大いに満足しておりました。彼は、「イル・ミオ・テソロ」のような彼の得意の歌を歌いましたが、これは私の好きな歌のひとつでもありました。

初めの頃、このパーティに招待された人々のなかに、ジョイスの親友である二組のアメリカ人の夫婦がいました。リチャード・ウォーレス夫妻とマイアロン・ナッティング夫妻でした。ナッティングは画家でした。私のとても好きな彼の描いたジョイスの肖像画はどうなったのかしら。ジョージの友人の一人フェルナンデス、このフェルナンデスの姉イーヴァが『ダブリンの人々』の翻訳者の一人でしたが、彼もまた初期にこのパーティによく出席していた一人でした。

二〇年代の中頃にユジーヌとマリア・ジョラス夫妻が登場してきました。そして、ジョイスのパーティを開くために活発に私を助けてくれました。マリア・ジョラスは彼女の美しい声からすると、歌手の経歴を持っていたかもしれません。ジョイスは彼女が歌うアメリカの歌にすっかり魅惑されていました。それも、いつも彼が頼んで歌ってもらう歌については特にそうでした。この歌は「タイタニック号、さらば」という歌でどちらかと言うと気味悪い歌でしたが、素晴しい小曲だったので、マリアのドラマティックなソプラノで歌われるととても印象的な歌でした。私は、ジョイスがいまひとつ別の彼女の歌の虜になっているのに気がつきました。これは、「内気なアン」とかいう歌で、おそらくジョイスが彼の『アンナ・リヴィア』と結びつけている人物の歌だったでしょう。

パーティの終りになると初めて、ジョイス自身が説得されて彼のアイルランドの歌を歌ってプログラムの締めくくりをするのがならわしでした。彼はピアノの前に腰を下ろして鍵盤の上に身をかがめて、旧い歌を彼の甘いテノールで彼独特の歌い方で歌うのです、顔一面に表情を浮べながら——こうしたことは決して忘れることのできないことです。

ジョイスは決して他人の誕生日を忘れることはありませんでしたし、またクリスマスのような、あらゆる機会には大きな花の贈物が届けられるのです。その花や色どりまで彼がその時取り組んでいた作品に関係するものでした。アドリエンヌは、彼女が〈ル・ナヴィール・ダルジャン〉誌に『アンナ・リヴィア・プリュラベル』を掲載した後で、ポテル・アンド・シャボの店からジョイスの贈物として素晴しく料理された巨大なコールド・サーモンを受け取りました。ノラに対する彼の贈物でさえ、いつも彼の作品に関係するものでした。

21

『ユリシーズ』アメリカに渡る

ジョイスの払った苦労と犠牲は彼の収益を遥かに凌駕するものでした――これは天才にとって悲しむべきことでした。ジョイスの支出は、きまって彼の収入を超えていました。時どき彼はパニック状態に陥っていました。シェイクスピア・アンド・カンパニイ書店も同様でした。おそらく、人々は私が『ユリシーズ』から多額の収益をあげたと想像したでしょう。そう、ジョイスは自分の方にすべてのお金を引き寄せる磁石をポケットに入れていたに違いありません。私はまるで、「お金を捕えようとすればするだけ、どうしたわけかお金が逃げて行ってしまう」と歌っているシルヴェスター（一五六三〜一六一八年。イギリスの詩人）のようでした。いままで誰も私に、「シルヴェスター、いいからおつりはとっておきな」とは言ってくれませんでした。最初から、私はジェイムズ・ジョイスと一緒に仕事をすること、彼のために働くこと、この楽しみが私のものである――それも無限の喜びであることを承知していました。従って、そこからあがる収益はジョイスの収益であることも承知しておりました。彼の仕事から得られたすべて、そして彼の仕事からなんとか私が引き続き手に入れることのできたすべては彼のものでした。だが私は書店を破産から防ぐのが精一杯でした。

一九三一年の夏、海賊版に絶望したジョイスは、ロンドンの彼の代理人ジェイムズ・ピンカーに、アメリカの出版者たちから『ユリシーズ』発行のための申し入れを受けて欲しいと依頼しました。申し入れが届きましたが、そのほとんどは好色ものを専門に出版している出版社からのものでした。私の記憶するところ、有名な出版社から届いた唯一の申し入れは、アメリカでのジョイスの出版者ヒューブッシュ氏からの申し入れでした。しかし、彼の申し入れは『ユリシーズ』の削除版の出版でした。勿論、ジョイスは削除版の発行には同意しなかったでしょう。私は、ヒューブッシュ氏の出版リストのなかに『若き芸術家の肖像』、『ダブリンの人々』、『亡命者』などと肩を並べ『ユリシーズ』が加えられないことをとても残念に思いました。

ピンカーが受けた、いわゆる自称出版社なるものからの多くの申し込みは、ジョイスと私の双方にとって余り興味があるものとは思われませんでした。そして、私たちのどちらも、こうした申し入れに添えられていた手紙の文面が好きになれませんでした。

これらの申し入れは、ジョイスの出版者ではなく、彼のパリでの代理人としてのシェイクスピア・アンド・カンパニイ書店に宛てられていました。どうもこれは、ジョイスがピンカーに与えた指示によるものだったようです。まるで、彼らは原稿の初出版を申し込んでいるようであり、ほとんど十年も昔に誰かが出版した本を受け継ぐようにはまるきりみえませんでした。そして、これは道理にかなった法だとは思われませんでした。私は、ジョイスが弁護してくれるのを待ち望みましたが、彼は決して弁護しませんでした。彼同様私もまた、現代の書物のなかで最も優れた書物『ユリシーズ』が、「発売禁止」という不名誉なラベルから解き放され、英語を話す国で出版され、一般の人々が読めるようになることを願っていたのです。アメリカで『ユリシーズ』出版の適切な取り決めが行なわれた際、私がいくばくかのお金を受け取れるのではないかなどということは私には思いもよらないことでした——私以外の人ならばそうは考えないということに、私が気づくまでこれは思いもよらないことだったのです。その後、私は自分が無視されていることに苛立ちを感じ始めました。ありの儘を私はジョイスに話してみました。また、私が『ユリシーズ』を安売りしているように安易に思われない方がよいのではないだろうかと指摘し、いくばくかのお金を私が要求すべきではないだろうか、と彼に尋ねてみました。彼は私に、積極的に賛成もしなければ反対もしませんでした——そこで、私は次に届いた申し入れに対する私の返事に、私の権利を放棄する代わりに、いくばくか受け取りたい旨を述べました。再度、この殊勝な申し入れを寄こした人物から、私が一体幾ら要求するのか手紙で尋ねてきました。私は二万五千ドルと答えました。勿論、この金額を聞いて申し込み者は吹き出してしまったし、ピンカー社からのこの金額に関する手紙が公にされた後でこれを知った人々も皆吹き出してしまいました（私はジョイスに、私が指摘した金額はこの本に対し私の抱いている敬意の証として指摘したまでであることを説明しました）。私が、申し入れを寄こしたこの商人に公正な金額として幾ら位を考えるかと尋ねたところで、彼は、その金額を言えなかっただろうし、それに他の誰も私の要求額が真面目なものだとは一瞬たりとも考えませんでした。

ひとつだけ重要な例外がありました。ヒューブッシュ氏は、親切にも私に著作権使用の支払いを提案してきました。しかし、私の権利はジョイスの著作権から生れてくるものでしょうから、私がそれを受け取るなどということは問題にならなかったわけです。これを受け取ることを、私はひと時といえども考えたことはないでしょう。私が受け取るなどということは、ジョイスも考えたことはなかったでしょうし、当然だと私は考えています。

契約書は、ジョイスにも私にも重要なものとは思えませんでした。私が『ユリシーズ』を出版した時、私は契約書の問題に触れました。しかし、ジョイスは契約書の話などには耳をかそうとはしませんでしたし、私も気にとめませんでした。そこで私もこの問題を再び持ち出しませんでした。しかし、一九二七年、私が『ポウムズ・ペニイーチ』を出版した時、ジョイスは契約書を作成するよう私に求めました。そして、一九三〇年、彼は突如『ユリシーズ』の契約書を作ることも望みました。契約書の内容は、ジョイスの希望通りに書かれていました。彼は契約書を読み上げ、承認しました。そして、彼は契約書に署名しました。『ユリシーズ』の契約書の用紙には証印が押されていて正式なものでした。確かに、この契約書は「保証人」(*avoué*)によって副署されていませんでしたが、誰もそんなことが必要だと考えているようには思われませんでした。

　突如私たちの間でこの契約書を作成したジョイスの目的は、当時彼が関わり合いになっていた事件で、『ユリシーズ』が彼の所有物ではなく、私の所有物であることを証明しなくてはならなかったのだと考えます。『ユリシーズ』の海賊版を起訴していた弁護士に宛てた手紙のなかで、ジョイスは、はっきりと、『ユリシーズ』が彼の所有物ではなく、シルヴィア・ビーチに所属することを述べています。私はこのジョイスの手紙を、私に見せられた極く最近になるまで、見たこともありませんでした。

『ユリシーズ』の廉売に対する申し込みがこなくなりました。私は暫《しばら》くジョイスを見掛けませんでした。しかし、ほとんど毎日といってよいくらい私は彼の古い友人に会いました。この友人は『ユリシーズ』の新しい出版者の問題について、私に彼の意見を述べに、ロビアック広場から私の店まで足をはこんでいました。彼は、私が私の権利だと勝手に想像している権利を放棄するようにと、私を説得しました。ある日のこと、私は、「ところで、私たちの契約はどうなるのですか、契約書は単に架空のものですか」と尋ねてみました。「あれは契約ではない」とこの友人は言いました――彼は詩人で、しかも、私が十代から愛読していた詩人でした。「あなたのいう契約など存在しないのです」。私がこの発言を反ばくすると、彼は忽《たちま》ち私を叩きのめすような言葉を口にしました。

「あなたはジョイスが利益を受ける邪魔をしているのです」。これが彼の口にした言葉でした。

彼が店を出ると直ぐ私はジョイスに電話しました。私は、ジョイスに自分の気に入った方法で『ユリシーズ』を自由に処理して結構であること、私としては、これ以上この作品にクレームをつけないことなどを告げました。

私にはなんの話もありませんでしたが、ジョイスは、既に彼の一族の誰かを通して、ランダム・ハウスと発行契約を話し合っていたのではないかと思います。いろいろな支障があったものの、『ユリシーズ』をアメリカで出版することに関し、ジョイスがとった方法はおそらく最良の方法でした。

『ユリシーズ』が出版された時――つまりこの偉大な作品に対するジョン・M・ウールジィ判事の無罪判決によって、ランダム・ハウス版の素晴しい本が私に送られてきた時――ジョイス自身から、既に彼が四万五千ドルを出版社から受け取った旨私に連絡がありました。私は彼がどれほど必死になってお金を求めていたかよく知っています。娘の病気[*1]のために必要な出費は益々大きくなっていましたし、彼の視力低下のこともありました。私は彼が多額の収入を得たことに、この上もない喜びを感じました。この収入で彼の財政問題には終止符が打たれることになりました。私の個人的な感情については、

＊1　ジョイスの娘ルシアは精神障害を起していた。

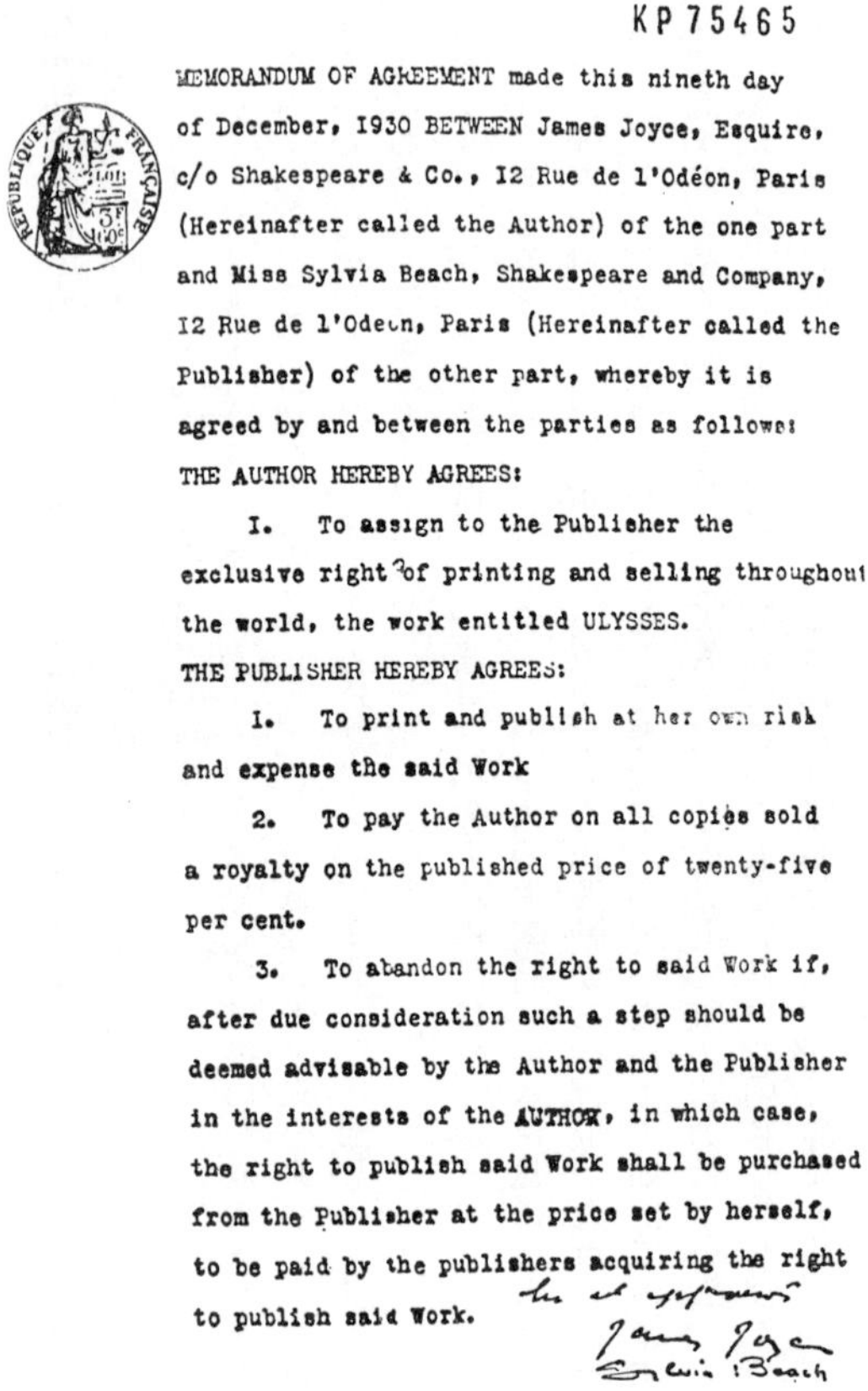

KP 75465

MEMORANDUM OF AGREEMENT made this nineth day of December, 1930 BETWEEN James Joyce, Esquire, c/o Shakespeare & Co., 12 Rue de l'Odéon, Paris (Hereinafter called the Author) of the one part and Miss Sylvia Beach, Shakespeare and Company, 12 Rue de l'Odeon, Paris (Hereinafter called the Publisher) of the other part, whereby it is agreed by and between the parties as follows:

THE AUTHOR HEREBY AGREES:

1. To assign to the Publisher the exclusive right of printing and selling throughout the world, the work entitled ULYSSES.

THE PUBLISHER HEREBY AGREES:

1. To print and publish at her own risk and expense the said Work

2. To pay the Author on all copies sold a royalty on the published price of twenty-five per cent.

3. To abandon the right to said Work if, after due consideration such a step should be deemed advisable by the Author and the Publisher in the interests of the AUTHOR, in which case, the right to publish said Work shall be purchased from the Publisher at the price set by herself, to be paid by the publishers acquiring the right to publish said Work.

James Joyce
Sylvia Beach

『ユリシーズ』の契約書

そう、余り自慢できるものではありません。こうした感情は、それがなんの役にも立たない時には、直ぐに消えて然るべきでした。

私たちの二つの契約書のいずれもが、私にはなんの役にもたちませんでした。二つの契約書には、もし作品が他の出版社に引き継がれる場合、シェイクスピア・アンド・カンパニイ書店との間で取り決めが交されるべきであることが述べられていました。しかし、『ユリシーズ』と『ポウムズ・ペニイーチ』の移譲は、この作品の最初の出版者とは関わりなく行なわれました。しかし『ユリシーズ』の場合には、私は、ジョイスに好きなようにするよう任せました。結局、これらの本はジョイスの本だったのです。赤ん坊は生みの母親に所属するのであって、産婆さんに所属するのではないのです。そうではないでしょうか。

ジョイスは、『ユリシーズ』の安いコンチネンタル版を出版するよう私を説得しようとしましたが、私はこの考えには興味がありませんでした。私は経済的に苦しくなっていましたし、この出版を手掛けることはジョイスに関する私の仕事を更に続けることを意味することにもなったのです――これは不可能でした。というのは、私の書店には私がやらなければならないことがたくさんあったし、その上、私は疲れていたのです。その頃、私はオデッセイ出版社の一員の訪問を受けました。彼は、てきぱきと私の示唆に従い、コンチネンタル版を出版するジョイスの同意を求めました。このオデッセイ出版社は、確かタウフニッツ出版社の支店だったと思いますが、タウフニッツ出版社では既に『若き芸術家の肖像』が出版されていました。ジョイスはオデッセイ出版社の申し入れに同意しました。私は出版社に、私が行なう契約は、ジョイスと出版社との間の直接の取り引きに過ぎないものであることを通報しました。しかし、この礼儀正しい出版社の人々は私に著作権の使用料を渡すと言ってきませんでした。私がこれを受け取るがためにジョイスの著作権がどうこうということではなかったので、私はこれを受取りました。オデッセイ出版社の出した版は人目をひく版で、この時はスチュアート・ギルバートが誤謬を訂正しておりました。

一方、タクシーに溢れんばかりのジョイスの仕事も、シェイクスピア・アンド・カンパニイ書店からジョイスの良き友人であるポール・レオンに移されました。以後ジョイスの仕事の面倒をみたのは彼でした。

三〇年代

三〇年代になると左岸も変わりました。いわゆる「失われた世代」――私は、この名称がこの世代に適切であるか疑問ですが――この世代がすっかり成長し、有名になりました。私の友人の多くが帰郷しました。私は彼らをとても懐かしく思いました。私は新人を発見した楽しみ、小雑誌や小さな出版社を懐かしく思いました。戦争に向って行くよりも、戦争から離れて行くことは遥かに楽しいことでした。勿論、不景気も起りました。しかし、少くとも暫くの間、界隈には私たちの最良の友人たちが数人まだ暮していた。

ました。ヘミングウェイはサン・シュルピスの近くにアパートを持っていました。マックリーシュ家はリュクサンブール公園の傍に落ち着く計画を立てていました。私たちはパウンドとは別れなくてはなりませんでした。彼はラパーロ（イタリア北西部、ジェノヴァ湾に臨む港町）の方を好みました。だが、私たちにはジョイス、ユジーヌとマリア・ジョラスがいましたし、〈トランジッション〉誌は続いていましたし、ガートルード・スタインとアリス・B・トクラスがクリスティーヌ通りに暮していました。ヘミングウェイが製材所の上に幾つか部屋を持って、彼の初期の小説をなん篇か書き上げ、エズラ・パウンドがビロードのベレー帽をかぶって彼の家に出入りしていたノートル＝ダム・デ・シャン通りには、キャサリーン・アンヌ・ポーターがパヴィヨンで暮していました。

　キャサリーン・アンヌは、スキッパーという名前の立派な雄猫を飼っていました。スキッパーの主人は料理がとても上手だったので、彼は容姿がだんだん悪くなり始めました。彼女は木に滑車を取り付けた一種のスエーデン方式を考えつきましたが、この方式で、スキッパーは強制的に庭で運動をさせられることになりました。だがスキッパーは痩せ型ではありませんでした。

　ある日、スキッパーが危機一髪で命拾いをするという出来事がありました。彼は通りに面した門に坐って通行人を観察していました——すると一人の婦人が、彼を大きなバスケットに押し込もうとしたのです。丁度彼の主人が出てきてこれを発見しました。
「ちょっと待ってください。それは私の猫なんですよ」。主人は叫びました。あと一分遅ければとり返しがつかなかったでしょう。パリでは太った猫が数多く姿を消していました。つまり、太った猫はとても美味しい兎のシチュー料理に化けるのです。

私の友人カーロッタ・ウェルズ（ジェイムズ・ブリッグス夫人になっていました）は、キャサリーン・アンヌを招いて、パリのアメリカ女性クラブで講演をさせました。概して私は「講演」が好きではありません。しかし、キャサリーン・アンヌ・ポーターが言ったり、書いたりするものと同様、この講演はとても面白いものでした。彼女は、取っておくようにと、タイプした彼女のノートを私にくれました。

アレン・テイト（一八九九〜一九七九年。アメリカの詩人）は、一二〇年代後半における私の友人の一人でした。当時彼は研究員としてパリにいました。そして、今また、キャロリーン・テイトと一緒に彼は再びパリにやってきました。私は、彼がしばしばキャサリーン・アンヌ・ポーターと一緒にいるのを見掛けました。私はこの二人が、今日の私たちの文学から遠く離れている何か、そして非常に重要な何かを、代表していると思います。彼の世代の詩を総合してみると、どうも彼はそれほど高い位置を与えられていないのではないかと思います。私は他にも数人の極めて興味深く独創的な人々を発見し、彼らが創造するものに時どき驚かされました。しかし、アレン・テイトの詩については、私は、たとえば私が立派なイギリスの詩人を読んだ時と同じような喜びを感じるのです。

二〇年代を通じ、また三〇年代には一層さわがしく、ヴィラ・スーラ、つまりセーヌ河左岸のヘンリー・ミラー（一八九一～一九八〇年。アメリカの小説家）の根拠地から響いてくる騒音を耳にしました。ヘンリー・ミラーと日本人のような可愛らしい顔つきをした彼の友人ミス・アナイス・ニンがやってきて、彼の書いている興味深い小説『北回帰線』を私が出版しないだろうかと尋ねました。私はこの原稿をジャック・カーンに見せるよう忠告しました。カーンは喜んで一人の新人作家が書いた、文学とセックスが結合したようなこの作品を受け容れました。カーンは赤裸々な性に訴えるものを好んでいました。彼は『北回帰線』と『南回帰線』[*1]、その他のミラーの作品を出版しました。私はミラーの評論集『ハムレット』[*2]が気に入っていました。これはヴィラ・スーラで出版されました。次に、どちらかといえば、パウンドばりのタイトルのついた『金とその儲け方』という小冊子が出ました。例の根拠地から私が聞いた最後の言葉は「各自に宛てられた公開書簡」というもので、『アルフをどうするつもりだ』というタイトルの小冊子でした。これは忽ち売り切れてしまったということでした。

トーマス・ウルフ（一九〇〇～一九三八年。アメリカの小説家）は、丁度『時と河について』が出版された直後にパ

＊1　原題はそれぞれ *Tropic of Cancer*, 1934. *Tropic of Capricorn*, 1939. H・ミラーは一九三〇年から約九年間パリに住む。

＊2　原題は *Hamlet: A Philosophical Correspondence* 2V. で、一九三九年から四一年にかけて出版された。

リを訪れ、私の書店にやってきました。彼が言うのには、マックス・パーキンズ（一八八四〜一九四七年。アメリカの編集者。〈ニュー・ヨーク・タイムズ〉の編集者をつとめたことがある）が彼に小切手を手渡し、ヨーロッパ行きの船に乗せたということでした。彼は自分の作品がジョイスの影響を受けたことについて語り、その影響から逃れようと試みていることを話しました。ウルフは、確かに、才能に恵まれた若者でした。しかし、おそらく彼は社会的な生活者としては極めて不十分でした。アドレイド・マッシイ夫人、彼はこの女性への紹介状を持っていましたが、この女性が、彼のパリ滞在中、母親代わりに彼の面倒をみていました。彼にはこうした世話が必要でした。私の親愛なるマッシイ夫人、貧しい人の友人であり、また私の友人でもあるこの夫人は、ヴァージニア州のミドルバーグの出身でした。彼女は自分の時間を、イギリス協会での研究や彼女がその右腕と頼まれている姉メアリー・リーヴスとの慈善事業と、シェイクスピア・アンド・カンパニイ書店での彼女の慈善的奉仕とに分けていました（彼女はアン・モーガンが始めた失業者救済事業を依然として続けていて、レジオン・ドヌール勲章を受けておりました）。彼女は著作に興味を抱いておりましたが——それも、他の人々の書くものに興味を抱いておりました。マッシイ夫人自身、明らかに才能に恵まれていて、夫人以外の誰もが、彼女は著作にたずさわることができるし、また著作すべきであると確信していました。

周りで仕事を助けてくれる人が誰も書店にいない時には、夫人が、毎日救援に駆けつけてくれました。私は若い助手を雇っていましたが、この助手が子供のかかる病気でよく倒れたりすると、幸い彼女がその穴埋めを果してくれました。一度、私は二、三日間書店を留守にしたことがありました。私が帰ってみると、シェイクスピア・アンド・カンパニイ書店の助手がはしかにかかり、救急車で病院に運ばれていました。マッシイ夫人は忙しそうに店内をいぶして消毒しておりました。

私は助手に、骨折りがいのある十分な給料を支払う余裕がとてもありませんでした。しかし、私が幸運だったのは、書店で辛抱し将来性のない生活に堪えてくれた友人たちがいたことでした。

三〇年代の初めから、三〇年代を過ぎ、四〇年代に入ってからも、誰かがいつもシェイクスピア・アンド・カンパニイ書店の助手を引き受けてくれました。最初の二人の協力者、ルーシィ・シュウォブとスザンヌ・マルエルブは自発的な協力者でした。その次はマーシンヌ・モスコスで、私と九年間一緒に働きました。私がこれまでに雇った最初で、真の意味で唯一の助手は、ミス・ジェーン・ヴァン・ミーター、現在のチャールトン・ヒンマン夫人でした――彼女の夫はシェイクスピア研究の専門家でした。パリの〈ヘラルド・トリビューン〉紙に私が広告を載せ、ミス・ヴァン・ミーターが、この広告に応募しました。彼女を助手に持てたことは、私にとってこの上もないことでした。

三〇年代の終り頃、戦争の脅威が迫っていたにも拘わらず、シカゴから私の可愛い名付け子のシルヴィア・ピーターがパリに勉強に出掛けてきて、私の書店を手伝ってくれました。彼女の後を、極めて有能なエルノア・オルデンバーガーが引き継ぎました。その次が、魅力的な少女、プリシラ・カーティスの番でした。彼女とは、私は心ならずも別れることになりました。戦争さえ迫っていなければ、彼女はずっといたことでしょう。

戦争が始まってドイツ軍がパリを占領するまで、聡明な若いフランスの女性ポーレット・レヴィ夫人、彼女の夫は前線にいましたが、この夫人が私の手伝いに定期的にやってきてくれました。ルース・キャンプという一人のカナダ人の学生は、私が彼を故郷に帰そうとあらゆる努力をしても、私の説得を聞き入れずに残り、ドイツ人たちがフランスに怒濤の如く押し寄せてきた時にも、まだ私を手伝ってくれていました。


シェイクスピア・アンド・カンパニイ書店の友人たち

書店は、今やすっかり有名になっておりました。書店には、いつも新旧おりまぜてお客が群がり、新聞や雑誌はますます詳細に書店のことを報道しました。アメリカン・エクスプレスの旅行者たちが通る際には――バスでやってきては、十二番地の前に二、三秒停まりました――この旅行者たちにさえ書店が紹介されました。

それでも、シェイクスピア・アンド・カンパニイ書店は不況に深刻な打撃を蒙《こうむ》り始めておりました。私たちの事業は、私の同胞が去ってしまったため既に、被害を受けており、急速に没落して行きました。フランス人の友人たちは残っておりました。彼らは、故郷に引き揚げて行った私のお客たちが残した穴を埋めることができたかもしれませんが、彼らもまた不況の波を受けていたのです。

三〇年代の中頃になると、事態はまったく急を要するものになりました。一九三六年のある日、アンドレ・ジィドが私がどのように暮しているのか見に寄ってくれた時、私は、店じまいをしようと考えていると彼に話しました。ジィドは、このニュースに肝をつぶしてしまいました。「われわれは、シェイクスピア・アンド・カンパニイ書店を諦めることなどとてもできない！」と彼は大声をあげました。そして、脱兎のごとく通りを横切ると、彼はアドリエンヌ・モニエに、私が彼に話したことが真実かどうか尋ねました。残念ながら、彼女の言うとおりだと私の話を確認することだけでした。

直ぐさまジィドは、私の救済計画を立てるために作家グループを集めました。彼らが最初に考えついたことは、シェイクスピア・アンド・カンパニイ書店に補助金を与えるようフランス政府に嘆願することでした。嘆願書には作家たちやソルボンヌの著名な教授たちが署名しました。しかし、その助成金は不十分でした。特に、私の書店のような外国事業を援助する場合は、十分な援助が行なわれませんでした。次いで、ジョルジュ・デュアメル、ルュック・デュルタン、アンドレ・ジィド、ルイ・ジレ、ジャック・ドゥ・ラクレテル、アンドレ・モロワ、ポール・モラン、ジャン・ポーラン、ジュール・ロマン、ジャン・シュランベルジェ、ポール・ヴァレリーなどで、委員会が構成されました。この委員会の会報に私の書店を救おうという訴状を書いたのは、私の親友シュランベルジェでした。この訴状には二百人の友人が、二年の間、一年二百フランを寄付しようと提案されていました。その頃には、これで確かにシェイクスピア・アンド・

カンパニイ書店は再び立ち上ることができたでしょう。この委員会の作家たちは、順番に私の書店で未刊の作品を朗読する企画を立てました。この朗読会は一か月に一度行なわれる予定でした。シェイクスピア・アンド・カンパニイ書店の会員として寄付を出したものが、この朗読会に出席する資格を与えられるということでした。登録者は二百人に限られました。なぜなら、この小さな書店に押し込めることのできるこれが最大限だったからです。二百人以上もの多くの人々が、会員になることを希望したようです。幾人かの友人は特別な寄付をしてくれました。ジェイムズ・ブリッグス夫人、ブライアー、ミス・マリアン・ウィラード、ミス・アン・モーガン、W・F・ピーター夫人、ヘレナ・ルビンスタイン夫人、アーチボールド・マックリーシュ氏、ジェイムズ・ヒル氏などでした。

最初の朗読はアンドレ・ジィドが行ないました。彼は『ジュヌヴィエーヴ』という彼の作品を選びました。次はジャン・シュランベルジェで、彼の未刊の小説『サン・サチュルナン』を朗読しました。その次には、〈ヌーベル・ルヴュー・フランセーズ〉誌の編集長で優れた言語学者であるジャン・ポーランが登場しました。彼は新しい作品『タルブの花々』の最初の部分を朗読しました。興味深いものでしたが、ほとんど理解不可能な作品でした。私たちは、私の使い走りをしていた少女を除き、みんなこの作品が私たちの理解能力を超えるものであることを認めざるを得ませんでした――この少女だけは一語一句理解したというのです。アンドレ・モロワは素晴しい未刊の物語を朗読しました。ポール・ヴァレリーは、ジョイスの特別の要請に従い、『ル・セルパン』を含め、彼の最も美しい詩を幾つか朗読しました。T・S・エリオットが、シェイクスピア・アンド・カンパニイ書店で朗読するためはるばるロンドンから駆けつけてくれた時には、私はとても感動しました。アーネスト・ヘミングウェイは、公衆の前での朗読には反対という彼のルールに一度だけ例外を作り、もし、スティーヴン・スペンダー（一九〇九～一九九五年。イギリスの詩人、批評家）が彼に加わるよう説得できるならば、朗読してもよいと承知しました。そこで、私たちは二人の朗読会を開くことができました。なんと大きなセンセーションを惹き起したことでしょう！

この頃、私たちは、こうした有名な作家たちや、また、私たちの仕事がうまくゆき始めたという新聞報道などによって、大変な光栄に浴しました。

私の友人たちが、このように私のために尽している以上、私自身もなにかを犠牲にすべきだと考えました。私は私の最も貴重な宝を幾つか売りに出そうと決心しました。私は、先ずこうした売買についてロンドンで有名なある商会に接近することから始めました。彼らは私が送ったリストに特に強い関心を寄せました。この取り引きは、私の依頼で彼らが、ジョイスのもの、特に『ユリシーズ』に関係するものは押収される危険性があるのではないかという調査をする段階にまで進められました。彼らはそうした危険性が多分に起り得ることを知り、私たちは、しぶしぶこの売買を止めることに同意しました。

私が持っている資料の小さなカタログを発行したのは、こうしたエピソードがあった後のことでした。おそらくこのカタログはジョイスの蒐集家たちに届かなかったか――あるいは、三〇年代にはジョイスのものを集めている者はいなかったのでしょうか、いずれにしても私が受け取ったほとんどの返事は、私がヘミングウェイのものを持っていないかと尋ねる手紙でした。私は、私の可愛がっていたヘミングウェイの「初版本」や貴重な署名などと不承不承別れることになりました。

この頃、私はアメリカ旅行で友人のミス・マリアン・ウィラード、現在のニュー・ヨーク・ウィラード・ギャラリーのダン・ジョンソン夫人を訪ねました。私は、彼女に私の持っていた『ユリシーズ』の一連の校正刷りを譲りました。また、セオドア・スペンサー教授はハーヴァード大学に『若き芸術家の肖像』（スティーヴン・ヒーロー）の最初の原稿を買い入れました。次に『室内楽』、『ダブリンの人々』、そして『ポウムズ・ペニイーチ』の原稿が手元を去る番でした。しかし、これはこうしたジョイスの資料をひとつに纏めて保管する方法を見つけるのに私があらゆる希望を失った後のことでした。悲しいことに、私は必要に迫られ屈服してしまいましたが、これは痛ましいことでした。

EXPO・一九三七年

私は祭典などに余り出掛けたことはありませんでした。しかし、パリの「EXPO・一九三七年」は別でした。当時の文部大臣はポール・ヴァレリーの賞賛者で、ヴァレリーはフランス文芸展を組織するよう彼に要請されたのです。彼は、現代の動きを、その最初から極く最近の発展に至るまで図解するような資料を展示する展示館をひとつ与えられたのです。博覧会でこの部門は大変評判がよく、朝から夜まで、人が群がっていました。勿論、アドリエンヌの刊行物もこの展示物のなかにありました。だがこの部門はすべてフランスのものに限られていたので、私の関係するものは除外されました。しかし、私は新聞雑誌部門に、シェイクスピア・アンド・カンパニイ書店がパリでその配給もとになっていたイギリスの雑誌〈ライフ・アンド・レターズ・トゥデイ〉誌の展示場を持っていました。私がこの「ＥＸＰＯ」の展示者になったのは、ブライアーの要請によるものでした。〈ライフ・アンド・レターズ・トゥデイ〉誌の最新号が明るい色彩の多くの表装見本や広告資料などと一緒に、由緒ある雑誌〈ルヴュー・デ・ドゥー・モンド〉誌や子供の大好きな〈ミッキー・マガジーン〉との間に、目立つように展示されていました。

〈ライフ・アンド・レターズ・トゥデイ〉誌は、イギリスにフランス文学をひろげる上で活発に活動しておりました。この雑誌は、これまで数号にわたって、ジィド、ヴァレリー、ミショー、その他の人々の翻訳を発行しておりました。最新号は、この博覧会に敬意を表し、すべてがフランス一色の号でした。

22

戦争とドイツ軍のパリ占領

一九三九年の夏の終り、サヴォワの山の上では多くのポスターがあらゆる若者に軍隊に参加するよう呼びかけていました。すべての家庭が大きな悲嘆に包まれていました。若い運転手が動員され、バスが徴発される前に、私は最後のバスに乗って山を下りました。シャンベリーの駅は装備を運ぶ兵隊たちでごった返していました。私は、どうにかパリ行きの汽車に乗り込みました。同じコンパートメントに、赤ん坊と乳母を連れた若いイギリス女性が乗っていました。彼らはイギリスへと家路を急いでおりました。彼女の夫がプラットフォームで別れを告げていました。彼は、直ぐ家族の後を追うつもりでしょうが、まだ戦争が起るとは信じていませんでした。

シェイクスピア・アンド・カンパニイ書店は店を開いていました。戦争は続いていました。その後、突如として、ドイツ人たちがフランスに殺到してきました。彼らがパリにだんだん接近するに従って、人々は逃げたり、また逃げようとしていました。夜を日についで、群衆がオデオン通りを流れて行きました。群衆が、汽車に乗ろうと駅前にキャンプを張って眠っておりました。ある者は彼らの自動車に乗って出発しました――自動車はガソリンが切れて、結局路傍に放棄せざるを得なくなりました。ほとんどの人が、赤ん坊や荷物を運びながら、あるいは乳母車や手押し車を押しながら、徒歩で逃げて行きました。自転車で逃げる人もいました。一方、ベルギーを含め、北や北東からの尽きることのない避難民の流れが――彼らの農場や町から追い立てられた人々が――西の方向に向って、パリを通り抜けて行きました。

アドリエンヌと私は、この大脱出に加わりませんでした。何故逃げるのでしょう。私の助手、カナダ人の学生ルース・キャンプは逃げようとしました。彼女は、溝に隠れているところを機銃掃射されました。彼女は逃げる努力をいろいろ試みましたが、結局最後には抑留されました。

一九四〇年六月のある心地好い日。紺碧の空から陽の光がさんさんと降り注いでいました。パリには、わずか二万五千人位しか残っていませんでした。アドリエンヌと私は、セバストポール通りまで出掛けてみました。私たちは涙を流しながら、パリを通り抜けて行く避難民たちを眺めました。彼らは東門から入ってくると、サン・ミッシェル大通りやリュクサンブール公園を通ってパリを横切り、次いで、オルレアンの門やイタリー門を通り抜けて出て行きました。牛が引く荷車には家財道具が山と積まれ、その上に子供、老人、病人、妊婦、赤ん坊を抱いた婦人、籠に入れられた鶏、犬や猫がのっかっていました。時どき、彼らはリュクサンブール公園で牛に草を食べさせていました。

旧友ベルトラン＝フォンテーヌ博士と昼食を共にした病院の窓から、私たちは最後の避難民たちが町になだれ込んでくるのを眺めていました。彼らの直ぐ後にドイツ人たちがやってきました——際限のない機械化部隊の行進——戦車、装甲自動車、それにヘルメットを被って腕組をした兵隊たち。兵も銃も、すべて冷たく灰色に光っていました。彼らは、耳をろうする間断のない轟音を響かせながら進軍してきました。

パリには“Collabos《コラボ》”と呼ばれる少数のナチ共鳴者たちがいました。しかし、彼らは例外でした。私たちの知っている人は、誰もがレジスタンスに味方していました。ベルトラン＝フォンテーヌ博士はレジスタンス運動の活発なメンバーでした。彼女の息子レミは、二十歳でオーストリアのマウトーセンという最悪の捕虜収容所で死亡しました。

この大脱出を生きのびたパリ市民たちが、また帰ってきました。フランス人の私の友人たちは、シェイクスピア・アンド・カンパニイ書店が依然店を開いているのを発見して大歓びしました。彼らはまさしく書物の間に身を詰め込むようでした。私は以前にまして忙しくなりました。私は、自発的な協力者で、ユダヤ人の若い友人、フランソワーズ・ベルンハイムを得ることができました。サンスクリット語を専攻する学生でしたが、当時はナチの規則に従ってソルボンヌから追い出されていました。彼女は彼女の教授に励まされ、ユダヤ人でない彼女の友人たちのノートを写していました。教授や友人たちの協力によって、彼女はたゆまず彼女の研究を続けていました。

私は、私を説得して、アメリカに帰そうとする大使館のあらゆる努力に抵抗しました(ルートはリスボン経由でした。とても安い運賃で次の一項が含まれていました――「無条件帰国納得者、六ドル」)。しかし、私はどっかと腰をすえてナチ占領下のパリ生活を私の友人たちとわかち合いました。また、私がフランソワーズと一緒に街を出歩く時には、私はユダヤ人に課せられた特別な制約のいくつかを彼女と共にしました――もっとも、彼女がコートやドレスにつけている大きな黄色のダビデの星を共にしたわけではありません。私たちは自転車で出掛けました。自転車が唯一の交通機関でした。私たちは劇場、映画館、カフェ、コンサート・ホールといった公衆の場に入ることができませんでしたし、公園のベンチや通りにあるベンチにさえ腰を掛けることもできませんでした。一度、私たちは日蔭で昼食をとろうとしました。ベンチの傍の地面に腰を下ろし、私たちは急いでゆで卵を食べ、魔法瓶のお茶を飲み込みました。びくびくあたりを見回しながら。こうしたことは、もう一度繰り返したいような経験ではありませんでした。

シェイクスピア・アンド・カンパニイ書店、姿を消す

アメリカが参戦した時、私が、ユダヤ人と親しい関係であることに加え、アメリカの

国籍を持っているため、シェイクスピア・アンド・カンパニイ書店はナチの眼からその姿を消してしまうことになりました。私たちアメリカ人は、ドイツ軍の司令官に申告し、パリの私たちの住んでいる地区の警察に週一度登録しなくてはなりませんでした（ユダヤ人たちは毎日サインをしなくてはなりませんでした）。アメリカ人はほとんどいなかったので、私たちの名前はスクラップ・ブックのようなものに記入され、いつもどこかに置き忘れられていました。私はこのスクラップ・ブックを署長によくみつけてやったものです。私の名前と素性とを記入した反対側の頁には「馬を所有せず」（has no horse）と書かれていましたが、私には、この意味がさっぱり分りませんでした。

私のドイツ人のお客は稀でしたが、勿論、私が「敵」と類別されてからというものは、彼らはほとんど出入りをしなくなりました——遂に、最後の異様な訪問が、お客たちの訪問に終止符を打つことになりました。一人のドイツ人の高級将校が大きな灰色の軍用車から降りると、立ち止って、ウィンドーに展示してあった『フィネガンズ・ウェイク』を眺めていました。それから、彼は店に入ってきて正確な英語で、できれば『フィネガンズ・ウェイク』を買い取りたい旨を述べました。「これは売り物ではありません」。「何故売れないのですか」。私は、この本は私にとって最後の一冊であることを説明しました。私はずっとこの本を持っているつもりです。誰のためにそうするのですか。私自身のためです。彼は怒りました。彼はジョイスの作品に強い関心を抱いていると言いました。私は、それでも態度を変えませんでした。彼はずかずかと大股に店を出て行きました。私は『フィネガンズ・ウェイク』を、ウィンドーから取り出して無事に仕舞ってしまいました。

二週間後、同じ将校が大股で店に入ってきました。『フィネガンズ・ウェイク』はどこにあるのかね。取り払ってしまいました。彼は、怒って酷く身震いをしながら、「われわれは、今日あなたのすべての品物を没収にやってくる。よろしいか」と言うと、自動車で立ち去ってしまいました。

私は門番《コンシエルジユ》と相談しました。彼女は三階の人の住んでいない部屋をあけてくれました（私自身の部屋は二階にありました）。友人たちと私は、大部分の書物や写真を洗濯物入れの籠に詰めて三階に運びました。そして家具も全部運びました。私は電気器具までも移動させました。そして大工に棚を外させました。二時間後には、ひとつとして品物が店に見掛けられなくなりました。ペンキ屋が、オデオン通り十二番地の前にあったシェイクスピア・アンド・カンパニイ書店という名前を塗り消してしまいました。時に、一九四一年のことでした。果してドイツ人はシェイクスピア・アンド・カンパニイ書店の品物を没収しにやってきたのでしょうか。たとえやってきたとしても彼らは書店をみつけることは決してできなかったでしょう。

結局、彼らはシェイクスピア・アンド・カンパニイ書店の主人を連行しにやってきました。

捕虜収容所で六か月を過した後、私はパリに帰ってきましたが、私は、ドイツ軍当局が適当とみなせば、何時でも再び拘束される趣旨を述べた書類と共に帰されました。友人たちは、一様に、収容所に送り返されるのを待つ代わりに私が姿を「くらます」べきだと言いました。ミス・サラ・ワトソンは、サン・ミッシェル大通り九十三番地にある彼女の「女子学生寄宿舎《ホワイエ・デ・ゼテュディアンツ》」に私をかくまってくれました。私は寄宿舎の一番上にある小さな台所で、ミス・ワトソンや彼女の助手マダム・マルセル・フルニエと共に幸せに暮しました。寄宿舎のメンバーとして私に与えられた身分証明書を持つと、私はまるで学生時代に返ったような気がしました。ドイツ人たちは、この寄宿舎を引き取ろうと数回試みました。しかし、ミス・ワトソン自身が暫《しばら》く拘束されるということもありましたが、マダム・フルニエは寄宿舎を開き続け、すべての学生に彼らの研究を続けさせるという奇蹟をやってのけました。寄宿舎はアメリカのもので、アメリカ人を所長としていました。しかし、パリ大学に所属していたため、パリ大学の総長がミス・ワトソンを捕虜収容所から救出し、そして、彼女は所長の地位を続けました。

私は毎日秘かにオデオン通りを訪れ、アドリエンヌの書店の最新のニュースを聞いたり、地下出版社エディション・ドゥ・ミニュイ（フランスの小説家ヴェルコールが創立し、レジスタンスの期間中は地下出版を行なう）の最新本を見たりしておりました。広汎な地下発行部数を持っていたこのミドナイト出版（フランス語のミニュイと英語のミドナイトは共に真夜中の意）は、恐ろしい危険を冒して、私の友人イヴォンヌ・デスヴィーニュによって出版活動がなされておりました。レジスタンス運動に参加している著名な作家たちすべてがこの出版に加わっていました。エリュアールは小さな本を幾冊か出しておりました。

23

解放

パリ解放は、ほとんど完全なものになっていました——唯、ドイツ人から自由になったか否かは、住んでいる区域によって違いました。リュクサンブール宮殿と公園の近所にある私たちの住んでいる地区は、ヒットラーの親衛隊が布陣していましたので、占領を排除するのに最後まで手間取った地区のひとつでした。

十四区が解放されると直ぐに、私たちはアドリエンヌの義弟ベカの歓喜に満ちた訪問を受けました。彼は自転車に乗ってやってきました。自転車は小さなフランス国旗で飾られていました。だが、この日は、たまたま私たちの地区での最悪の日となりました。彼がやってきた時は、丁度コルネーユ通りの傍にある古いコルネーユ・ホテルが炎に包まれるところで、彼は私の窓からこれを眺めていました。ドイツ人たちがこのホテルを事務所として使っていましたが、ホテルを出発する際、彼らの書類と共にこのホテルを破壊したのです。私はコルネーユ・ホテルが特に気に入っていました。というのは、ジョイスが学生時代にここに滞在したことがあったからです*1──当時の彼のノートは、現在バッファロー大学のロックウッド図書館にあります──。それに、ジョイスの前には、イェーツやシングが滞在していました。

ベカのお祝いは少々早過ぎたわけです。彼は地下室を通って自転車を手で運びながら帰って行かなくてはなりませんでした。地下室は市民防衛司令によって互いに通じ合うよう作られていました。

朝十一時頃、ナチはリュクサンブールから戦車と共に打って出ました。そして、あちらこちらと乱射しながらサン・ミッシェル大通りを下って行きました。これはパンを買う時間にパン屋に行列していた私たちのような人々にとってまことに不愉快なことでした。いまひとつ私の気に入らなかったことは、私たちの街をあたりかまわず乱射したことでした。防衛に参加していた子供たちは、オデオン通りの入口に家具、ストーヴ、屑籠等々を積み上げました。そして、このバリケードの背後ではレジスタンス軍の腕章を巻き、旧式の武器を奇妙に取り合わせて武装した若者たちが、オデオン通りの奥にある劇場の階段に駐屯しているドイツ人たちに狙いをつけていました。このドイツ人たちは、少しも非常に危険な兵士たちでしたが、レジスタンス運動に参加していた少年たちは、少しも

＊1　ジョイスが医学生としてパリに住んだときに滞在した。

恐れず、彼らはパリ解放に重要な役割を果しました。
私は、遂に学生寄宿舎を出て、オデオン通りに帰って暮すことになりました。右往左往することは余りにも不愉快過ぎました。アドリエンヌと私は、私たちの胆をつぶすような経験をした後は、外出をまったく諦めました。私たちは「やつら」が引き揚げつつあることを耳にしました。そこで私たちは、歌を歌い、公衆便所のブラシを振り回しながら、サン・ミッシェル大通りを練り歩いている歓喜するパリ市民の群に加わりました。私たちは喜びと解放感を味わっておりました。しかし、たまたま「やつら」は、残った彼らの機械化部隊と共にどっと通りを引き揚げ始めました。「やつら」はこのお祭り騒ぎを好まず、正気を失って、舗道にいる群集に向って機関銃を発射し始めました。他の人々と同様、アドリエンヌと私は腹ばいに伏し、じりじりと最寄りの家の入口に向ってはって行きました。射撃が止ると私たちは立ち上りました。舗道に飛び散った血や死傷者を拾い上げる赤十字の担架が目に入りました。

ヘミングウェイ、オデオン通りを解放

オデオン通りでは、まだまだ多くの撃ち合いが行なわれました。私はこれにうんざりしておりました。ある日のこと、幾台かのジープの列がやってきて私の家の前で停りました。「シルヴィア!」と叫ぶ太く低い声を私は耳にしました。通りにいる人は皆、この「シルヴィア!」という叫び声に気を惹かれました。

「ヘミングウェイだわ！　ヘミングウェイなのよ！」と、アドリエンヌが叫び声を上げました。私は階下に飛んで行くと、互いに激しく抱き合いました。彼は私のからだをもち上げるると、ぐるぐる振り回し、私に接吻しました。一方、通りにいる人々や窓から覗いていた人々はやんやとはやし立てました。

私たちはアドリエンヌの住居まで歩いて行って、ヘミングウェイを坐らせました。彼は垢じみ血のにじんだ戦闘服を着ていました。機関銃がどしんと音をたてて床の上に置かれました。彼はアドリエンヌに石けんを一個所望しました。彼女は、最後の固形石けんを彼に渡しました。

彼は、私たちのためになにかできることがあるか知りたがりました。私たちは、私たちの通りの家屋の上にいるナチの狙撃者たち、特にアドリエンヌの建物の家屋の上にいる狙撃者をなんとかできないだろうかと彼に尋ねました。彼は仲間をジープから降ろし、屋根の上に連れて行きました。私たちはオデオン通りで最後の撃ち合いを聞きました。ヘミングウェイと彼の仲間たちは再び降りてくると、彼らのジープに乗って出掛けて行きました——「解放のために」、ヘミングウェイによれば、「ホテル・リッツの地下室を[*1]」。

＊1　ホテル・リッツはパリでは最高級のホテルで、立派な建物であり、ドイツ軍が駐留していた。

訳注

（1）**〈ネイション〉誌** *The Nation*——一八六五年フレデリック・L・オルムステッド、チャールズ・E・ノートン等によりニュー・ヨークで創刊された週刊誌。編集にはウエンデル・P・ギャリスン、ポール・E・モアー、ジョセフ・W・クルーチ、マックス・ラーナー、ケアリー・マックウィリアムズ等代々錚々たる学者、小説家・批評家があたっている政治、文芸誌。

（2）**〈ニュー・リパブリック〉誌** *New Republic*——一九一四年ウィラード・D・ストレイトとハーバード・D・クロリイによりニュー・ヨークで創刊。リベラルな政治的見解を持った雑誌として有名であり、同時に文芸関係の寄稿者にもエドモンド・ウィルスン等著名人が参加しており、現在の編集者のなかにはアーヴィング・ハウがいる。

（3）**〈ダイアル〉誌** *The Dial*——一八八〇年フランシス・F・ブラウンによりシカゴで創刊された月刊誌。一九一六年に一度廃刊になり一九二九年まではニュー・ヨークで発行された。最後はおもに海外の作品の翻訳を掲載したが、シャーウッド・アンダソン、ガートルード・スタイン、T・S・エリオット、E・E・カミングズ、エズラ・パウンド、ジョージ・サンタヤナ、ジョン・デューイ、ハロルド・J・ラスキ、チャールズ・A・ビアード等々アメリカの作家や学者も数多く寄稿していた。一九五九年再度〈ダイアル〉誌が、小説を専門に掲載する目的で再発行されたが一九六一年に廃刊になった。

(4) **〈ニュー・マッシーズ〉誌** *The New Masses* ——一九一二年マックス・イーストマンを編集者として *The Masses* という左翼系雑誌が創刊され、文学、芸術の分野で活躍したが、政府の圧迫によって一九一七年に廃刊になり、後を受けて一九一八年に *The Liberator* 誌がイーストマンの編集で発行されている。さらに、この雑誌の後を受けて一九二六年に *New Masses* が発行されており、著者の書店が開店した一九一九年には *The New Masses* という雑誌は発行されていないので、これは著者の思い違いではないかと思われる。

(5) **〈プレイボーイ〉誌** *Playboy* ——現在発行されている同名の雑誌は一九五三年に創刊されたものであるので、著者の書店を飾った雑誌は不明。

(6) **〈チャップブック〉誌** *The Chapbook* ——一八九四年マサチューセッツ州ケンブリッジで創刊、翌年シカゴに移って発行されていたが、一八九八年〈ダイアル〉誌に吸収された。従って、書店に飾られた雑誌は既に廃刊になっていた古い雑誌であろうか。

（7）**〈エゴイスト〉誌** *The Egoist*――もともと男女同権を主張する定期刊行物として一九一一年に創刊されたイギリスの小雑誌であったが、後にエズラ・パウンド、T・S・エリオット、H・Dなどが発行に加わってイマジストの詩人たちの主要な機関誌になった。

（8）**〈ニュー・イングリッシュ・レヴュー〉誌** *The New English Review*

（9）**スタイン** Gertrude Stein（一八七四～一九四六年）――アメリカの詩人、小説家、批評家。米国で心理学と生理学を修めた後、一九〇三年にパリに定住しサロンを開いた。シェイクスピア・アンド・カンパニイ書店の場合と同様に、彼女は、二〇年代にアメリカからパリに渡ってきたパリ・グループの多くの若い作家たちを指導、激励した。また、彼女の作品にみられる文体は従来の小説とは異なり物語を描くというよりは、印象や心の状態を喚起する独特のスタイルで、その実験的技法は二〇年代の文学の論争主題となった。ヘミングウェイの文体も彼女の影響を受けているといわれ、また「失われた世代」の称号は彼女がつけたものである。アリス・B・トクラスは彼女の秘書。『三人の女』はスタインの処女作で批評家たちから彼女の最もすぐれた作品とされている。また、『優しいボタン』はパロディ風の詩句を集めたもの。なお、秘書アリスの眼を通して述べたスタインの自叙伝『アリス・B・トクラスの自伝』があり、パリ・グループの生態を知るのに便利。

（10）**ジョイス** James Joyce（一八八二～一九四一年）――アイルランドの小説家、詩人。二十世紀における文学の最大の巨匠の一人。一九〇二年、二十歳の時、医学を修める目的でパリに渡るが経済的理由からこれを断念、ボヘミアンの生活に入る。その後一時帰国することはあったがチューリッヒ、トリエステ等ヨーロッパを転々としながら貧困のなかで創作を続ける。一九二〇年パウンドの勧めでパリに赴き、一九四〇年ドイツ軍に追われてチューリッヒに移るまでパリで過す。著者ビーチとはパリに定住し始めた頃知り合い、二十世紀文学の古典といわれる『ユリシーズ』（*Ulysses*, 1922）をシェイクスピア・アンド・カンパニイ書店から発行。また、同書店からは十三篇の詩を収録した小冊子『ポウムズ・ペニイーチ』を発行している。当時『ユリシーズ』は英米で発行禁止処分となっていたため、これをパリでビーチが発行したことによって、彼女はシェイクスピア・アンド・カンパニイ書店の名声を高くする結果となり、また、ジョイスも彼女のこの尽力のお蔭で七年の創作年月を費やしたこの大作を世に送り出すことができた。

（11）**フィッツジェラルド**　Scott Fitzgerald（一八九六〜一九四〇年）――アメリカの小説家。『楽園のこちら側』（*This Side of Paradise*, 1920）によって注目を浴び〈失われた世代〉の作家たちの最初の旗手とみなされている。この作品を出版した年に結婚し、翌一九二一年妻ゼルダとともに最初のヨーロッパ旅行をしている。一九二四年から二六年にかけて妻と娘を伴って再度渡欧、一九二八年から三一年には三度目の渡欧をしているが、この三度目の渡欧とともに、この著書にも描かれているような彼の自由奔放で豪奢な生活に破綻を生じる。妻ゼルダは不治の精神病となり彼自身も二度程自殺を試み、晩年はみんなから忘れ去られて死んだ。

(12) **『バルナブース』**　ラルボーは少年時代ヨーロッパ各地を旅行した体験から生れた詩集『A・O・バルナブースの詩』(一九〇八年)と、この詩集にバルナブースの日記を増補した『バルナブース全集』を発表し、これは国際的感覚を示す画期的な作品となった。また、批評家としても得意の語学力を駆使してイギリス、アメリカ、イタリア、スペインなどの新しい作家を紹介、翻訳し、新文学の発展に寄与した。

(13) **サイレンの挿話**　ジョイスの『ユリシーズ』はギリシャの詩人ホメロスの叙事詩と言われる『オデュセイア』を下敷きにして十八の挿話で構成されている。サイレンの挿話は、『オデュセイア』中のユリシーズが、サイレン島に近づき、その歌を聞けば命を失うというサイレンの歌を、自分の身体《からだ》を帆柱に縛って無事難を逃れる部分に相当する挿話で、『ユリシーズ』の第十一挿話。音響、韻律、イメージの配列が多元的に描写された音楽の挿話と見なされている。

(14) **サーシーの挿話**　サーシーの挿話は『オデュセイア』中の魔法を使う女神サーシーの宮殿に当る部分と言われ、『ユリシーズ』の第十五挿話。戯曲体、詩劇形式、シナリオ形式とも言うべき様々なスタイルで幻想的に描かれている。多くの批評家たちがこの挿話を最もすぐれた部分と評価している。

(15) **イァウィッカー氏**　Mr. Earwicker――ジョイスの『フィネガンズ・ウェイク』は

イァウィッカーとその家族の夢、それも悪夢をジョイス独特の文学的実験によって描き上げたもの。従って、Humphrey Chimpden Earwicker（その頭文字をとってH・C・Eとも表わされるが、これは、この作品の中で頻繁にくり返される。Here Comes Everybody, Haveth Childer Everywhere の語句と重なり合わされている）は、この作品の主人公とも言える人物で、ダブリンで居酒屋を営み、妻と三人の子供を持つ北欧系のアイルランド人。ここでは特に深い意味を持って使われているのではなく、単にジョイスを意味する。

（16）**ペネロピーの挿話**　『ユリシーズ』の最後の十八番目の挿話。この挿話はホメロスの『オデュセイア』のユリシーズの妻ペネロピーに当るブルーム夫人、マリオンの半睡の長い夢想が描かれているところからペネロピーの挿話とも言われる。文体上では句読点のない特殊なものとして有名。最初、ラルボーはビーチ宛の手紙でブルームが描かれている個所を翻訳したい旨を書き送っているが、後に変更されたものと思われる。

（17）**「朗読される……通告いたします」**　原文をあげれば以下のとおり。"Nous tenous à prevenir le publique que certaines des pages qu'on lira sont d'une hardiesse peu commune qui peut très légitimement choquer"

（18）**最初の原稿**　『若き芸術家の肖像』の初稿の一部として『スティーヴン・ヒーロー』が発見され、ジョイスの死後一九四四年に公刊された。この原稿は、ジョイスがトリエステを離れる際、ジョイスの弟スタニスラウスに残していったが、ここに書かれてあるようにジョイスからビーチに贈られることになる。一九三五年、ビーチはこの原稿を売りに出すことになるが、この時の彼女の説明によると、この原稿はいろいろな出版社でその出版を断わられ、ジョイスは絶望の余り煖炉の中に投げ込み、夫人が急いで拾い上げたと言われ、消失した頁もあって不完全なものである。後の『肖像』とは大きな変化がみられる。

（19）**サトウ・ケン**　佐藤健（ペンネームは賢）、明治十九年福島県生れ。明治三十九年福島中学を卒業すると、間もなく作家を志して渡米、シアトル、ニュー・ヨークなどで七年間学ぶ。十七年間の渡米生活の後パリに渡る。アメリカでの苦しい生活を描いた彼の写実的小説『黄色い日本の犬』（ザ・イエロウ・ジャパニーズ・ドッグズ）の草稿の断片が残っていると伝えられる。彼の手になる井原西鶴の翻訳が、一九二七年に仏訳、翌二八年に英訳が、ともにパリで出版されている。ジョイスが署名入りで『ユリシーズ』と『若き芸術家の肖像』を佐藤に贈っているといわれるから、当時ビーチの書店に出入りする作家たちと交際していたものと思われる。その後、パリ永住を決意したが、生活苦に加えて病気にもかかり大正十五年帰国、母校で英語教師を勤めていた。

（20）**『到る所に子供を持つ男』**　*Haveth Childers Everywhere*――ジョイスの『フィネガンズ・ウェイク』が『ワーク・イン・プログレス』として〈トランジッション〉誌

に掲載されている時、この作品は *Anna Livia Plurabelle, Tales Told of Shem and Shaun, Haveth Childers Everywhere, The Mine of Mick and the Maggies, Storiella as she is Syung* という風に題されていた。従って、*Haveth Childers Everywhere* は『フィネガンズ・ウェイク』の一部を構成するものであり、このタイトルの頭文字H・C・Eは作品の主人公イァウィッカー氏（四〇一ページ訳注（15）参照）と一致することに注目。

（21）**『H・C・E』** 四〇一ページ訳注（15）参照。

（22）**「パリ時代」** 十九世紀末の〈象徴主義運動〉などの芸術運動に続いて、今世紀の初めに更に様々な新しい実験的な芸術運動がしきりに起っていた。そうした運動に憧れアメリカの若い詩人や作家たちが当時パリに渡ってきた。つまり、二〇年代にパリに渡ったアメリカの詩人や作家たちは、彼らの旧い世代の作家たちとは違った文学の流れをアメリカ文学に生み出すことになった。ここではそうした詩人や作家たちの活躍した時代を「パリ時代」と呼んでいる。

（23）**〈トランジッション〉誌** *Transition* ——一九二七年、ユジーヌ・ジョラスとエリオット・ポールを編集者として、パリで創刊された月刊の文芸雑誌。文学的実験を試みる作品を好んでとり上げ掲載。ガートルード・スタイン、E・E・カミングズ、ヘミングウェイ、ハート・クレイン等々の作品が掲載され、リルケやジィドも寄稿、また、ジョイスの『ワーク・イン・プログレス』も掲載された。一九三八年廃刊。

（24）**〈タイロー〉誌**　*The Tyro* ―― 一九二一年にエゴイスト出版社から出版。文芸、美術、絵画、彫刻の雑誌。文芸欄の主筆はウィンダム・ルイス、T・S・エリオット、H・リード等が当った。第二号が一年近く遅れて発行され、一九二二年でもって廃刊。タイトルは Tiro（初心者の意）とも綴る。

（25）**〈エネミイ〉誌**　*The Enemy* ―― 一九二七年ウィンダム・ルイスがアーサー出版社から出版した不定期の文芸、美術雑誌。〈タイロー〉誌を継ぐ雑誌とも言える。第三号まで発行され一九二九年廃刊。

（26）**〈カレンダー〉誌**　*The Calender* ―― 一九二五年E・リックワードを編集長として創刊された月刊文芸雑誌。第五号にはE・ミュアの『ユリシーズ研究』（*James Joyce: The Meaning of "Ulysses"*）が掲載された。一九二七年廃刊。

（27）**〈クライティリオン〉誌**　*The Criterion* ―― 一九二二年にT・S・エリオットの編集によってロンドンで創刊された季刊文芸雑誌。一九三九年廃刊。

（28）**〈ダイアル〉誌**　三九七ページ訳注（3）参照。

（29）**「ミューズ茸の館・チップ」**　『フィネガンズ・ウェイク』のなかで「ウェリントン博物館」を案内するケイト女史なる女性がワーテルローの戦いを再編成する描写がある。そこに使用されている言葉で、博物館《ミュージアム》（語源は芸術、学問をつかさどる九人の女神の館）にマシュルーム（茸）を合成したジョイスの造語といわれる。チップ（tip）はケイト女史への心づけであろう。

(30)「**リポリアムズ**」　前掲訳注の場面に現われるナポレオンをからませたジョイスの造語で、ナポレオン軍の兵士たちを意味するものと思われる。「白いお尻」にまたがる云々（on their white arses）も、ジョイスの原文では「白馬尻」（white harse）にまたがる云々といった表現がみられるが、これにもナポレオン軍の制服の白ズボンやナポレオンの白馬、それに馬のお尻から生れるひわいな連想等々様々な意味がこめられているものと思われる。

(31)『**郵便屋ショーン**』　*Shaun the Post*——四〇三ページ訳注（20）参照。『フィネガンズ・ウェイク』の主人公H・C・Eには双子の子供ShemとShaunがおり、この二人は様々な姿で現われる。たとえば、Shem the Penman「文筆家シェム」が現われると、一方「郵便屋ショーン」が現われたり、あるいは二人が合体したものとして現われることもある。JamesとJohnは、アイルランドではそれぞれShemとShaunという呼称が用いられることがある。

訳者あとがき

一九六二年十月六日、本格的な冬の訪れを間近にひかえたパリの静かなアパートで、一人のアメリカ女性がひっそりと七十五歳の生涯を閉じた。この女性、シルヴィア・ビーチについては、特に関心のある人たちを除けば、アメリカでも彼女の名前を記憶しているものは今では殆どいないだろうと思われる。かなり詳細なアメリカ文学辞典をめくってみても彼女の名前は発見できないし、たとえ発見できたとしても、生年月日と死亡年月日ぐらいの極く簡単な紹介である。

それもその筈で、彼女は何ひとつとして文学作品を書き残した訳ではなかった。一九二〇年代から三〇年代といえば、アメリカの文学史上ではひとつの画期的な時期であり、この時代をになって登場したアメリカの作家たちが残した、余りにも華々しい文学的功績に比べると、当時パリではおそらく初めての英米書専門のちっぽけな書店を経営していたこの女性の果した役割などは、いやでも影が薄くならざるを得ないだろうし、つい見落とされがちであるのも当然である。それに、この女性の何よりの功績といえば、アイルランド出身の作家、ジェイムズ・ジョイスの『ユリシーズ』を世に送り出したことにあったともいえる。かつてT・S・エリオットは、彼女を回顧しながら、この献身的な女性がパリにいなかったなら、ジョイスが果して生きながらえることができたかどうか、また、『ユリシーズ』が果して日の目をみることがあったかどうか疑わしいとさえ述べている。彼女の国際的な活躍とパリで彼女の辿った人生をみると、シルヴィア・ビーチはアメリカの女性というよりは、パリの女性だったと考えた方がよいかもしれない。

先祖代々牧師をつとめる家系の牧師の娘として一八八七年にボルチモアで生れたシルヴィア・ビーチは、これといった目的もなくヨーロッパ旅行に出掛け、一九一七年にパリに着いた。パリは、かつてパリに仕事を持った父とともに暮したことがあったので、彼女としては二度目の滞在であった。彼女は、一九一九年、彼女がたまたま知り合ったアドリエンヌ・モニエというフランス女性の助けを得て、シェイクスピア・アンド・カンパニイ書店を開くことになり、この書店を、一九四一年ドイツ軍のパリ占領によってやむなく閉鎖するまでの二十二年間をパリで活躍することになった。特に、一九二〇年代、この書店がパリの文学的サロンとして、また、文学者たちの根城として重要な役割を果すことになることは、おそらく、彼女自身も当初は予想しなかったことではないかと思われる。この小さな書店を根城に集まった作家や詩人たちは、本書で語られているように、当時すでに名声を確立していた錚々たる文学者たち、たとえば、アンドレ・ジイド、ポール・ヴァレリー、ヴァレリー・ラルボー、ジェイムズ・ジョイス、エズラ・

パウンド、T・S・エリオット等々を始めとし、スコット・フィッツジェラルドやアーネスト・ヘミングウェイといった、いわゆる「失われた世代」(The Lost Generation)に属するアメリカの若い作家や詩人たちであり、国際色豊かなものであった。

一九二四年、アメリカで最初にシェイクスピア・アンド・カンパニイ書店を紹介した〈出版者週報〉(Publishers' Weekly)は次のように報じている。「パリのオデオン座に通ずる小さな狭い通りに吸い込まれるように入って行くと、詩人、劇作家シェイクスピアの肖像を描いた看板が掛っている。この看板の裏側に小さなアメリカの書店がある。この小さな書店が、カルティエ・ラタンの図書愛好家や、パリに在住するイギリス、アメリカの作家たちに及ぼす影響は年を追って大きなものとなりつつある……(略)……ここは、今日の作家たちや明日の作家たちの集いの場であり、作家たちがお互いにインスピレーションを与え合う場である」。一〇年代、三〇年代にパリを訪れたアメリカ人で、文学を志向するものならば必ずこの書店を訪れた経験を持っている筈であり、同時に、彼らは、当時のパリでアメリカ人の開くいまひとつの文学サロンであるガートルード・スタイン女史の家をも訪れたことであろう。さらに、前述の〈出版者週報〉の記事は、ビーチの経営する書店が、一種独特の雰囲気と性格を持つ書店であり、なによりも、ビーチ自身の性格こそが、その最も重要な特色となっているとも伝えている。ビーチが苦心して揃えた骨董品の調度類が、この書店の雰囲気をつくる上で助けになっていたことであろう。一度書店を訪れた作家たちは、二度目に店を訪れる際には、彼らの友人や愛読者たちを伴ってきたようである。一方、ビーチは書店を訪れるお客たちに対して、自分から積極的に本を買うように勧めることはなかった。しかし、たまたま、お客が本が気に入れば、彼女は、もしその本の著者がパリに住んでおれば、お客にその著者を紹介する労をいとわなかった様子である。前述の〈週報〉記事も、この小さな書店が成功した秘密は、この書店が単なる書物の販売ではなく、それ以上に素晴しい何かを持っていたからであり、書店の助けがなければ、いたずらに混乱して迷ったであろう多くのアメリカの作家たちに援助と激励を与えているところにあると述べている。

　この無名のアメリカ女性が、パリに書店を開く際、大いに協力し、その後引き続きこの書店の成功のために尽力したのは、アドリエンヌ・モニエというフランス女性である。本文中にあるように、彼女もビーチ同様、シェイクスピア・アンド・カンパニイ書店の通りを隔てた向い側で、書店を開いていた。このアドリエンヌと親しかったキク・ヤマダという、当時パリで創作活動をしていた日本女性は、アドリエンヌの書店を回想したなかで、ビーチのことを次のように語っている。「街は、そのはずれの教会の広場に、オデオン座があって、電車もカフェもない村の大通りのように静かだった。向い側には、インド女のように痩型で褐色のアメリカ婦人、シルヴィア・ビーチが、これもまた、『シェークスピア社』という詩と友情の店をはっていた」（キク・ヤマダ著、林孝一訳『パリの作家たち』“*Les écrivains de Paris*”）。インド女のようなこの小柄なヤンキー娘は、当時のパリの作家や詩人たちに大変気に入られ、可愛がられていた。アンリ・オプノは、彼女のことを、「短く刈り込んだ黒い髪、鋭い眼差しの灰色の目、大ガラスのような形の小さな鼻、ニュー・イングランドのアメリカ女性らしい薄い唇をした若きシルヴィア、決然たる足どりで部屋に入ってくるところなどは、まさにシェリフの娘そっくりである」と描写している。また、アレクシス・レェジェは、シルヴィアはいつも入口に彼女が乗ってきた馬を繋いできたかのような印象を与える、とも語っている。こうした勇しい姿にもかかわらず、彼女は無口な方で、人々の会話にも極く短い言葉しか挿しはさまない控え目な内向型の女性であったが、ユーモアのセンスは特にすぐれていて、周りの人々を楽しませていたことも伝えられている。ヤンキー魂を内に秘めたこの慎み深いアメリカ女性の魅力は、アドリエンヌの協力もあり、また、第一次世界大戦後、アメリカに対する認識と興味を新たにしつつあった一般のフランス人たちの当時の風潮とも相俟って、彼女の書店に数多くのパリの作家や詩人たちを惹きつけることになった。これと同時に、一九二二年、『ユリシーズ』の出版を通して彼女がジョイスとの関係を深めたことは、当時、彼女の祖国の「お上品な伝統」(genteel tradition) に反抗して、ヨーロッパでの芸術的、生活的修業に憧れ、パリに流れ込んできたアメリカの若い作家や詩人たちを彼女の書店に惹きつけることにもなった。こうして、彼女の書店が、フランスやアメリカの作家や詩人たち、あるいはジョイスなどが互いに接触し合う場を提供することになったことは文学的にみて極めて興味深いことであり、殊にアメリカの作家たちにとっては、極めて貴重な体験を得る場になったことと思われる。

いまさら詳しく紹介するまでもなく、今世紀の初めのヨーロッパでは、象徴主義運動や印象主義運動の後をうけ、芸術や文学の分野で実にさまざまな実験的運動が起りつつあり、世界の注目を集めていた。こうした実験的運動に参加しようとする芸術家や作家たちの多くは、パリを目指して集まってきた。第一次世界大戦の前後にこうした運動はひとつの頂点に達し、ヨーロッパには新しい審美主義が確立し、それぞれの分野に巨匠が生れた。この芸術の巨匠の一人がジョイスであった。そして、アメリカの文学に限って言えば、ジョイスから受けた影響をはっきりと自認しているドス・パソスやトーマス・ウルフを持ち出すまでもなく、「失われた世代」以後の作家たちが、ジョイスに示した関心の大きさを考えると、ビーチが、彼女の祖国アメリカからの「亡命者たち」(Exiles)をジョイスに引き合わせたことは極めて意義深い、文学史には綴られない重要な文学的行為であったと言うことができる。二〇年代のアメリカの若い作家たちが、シエイクスピア・アンド・カンパニイ書店をひとつの窓口としてパリで得た芸術的、生活的体験は、ヨーロッパ文学に対する彼らの劣等感を克服して行く上でも貴重な体験になった筈である。その彼らの芸術的、生活的修業の裏方をつとめたのがシルヴィア・ビーチであり、この彼女の功績は決して忘れてはならないと考える。また、彼女が、書店のなかに設けた彼女の貸し出し文庫を通じて、アメリカ文学を、自国の文学的伝統に誇り高いフランス人たちに紹介した目にみえない功績も忘れてはならないだろう。控え目なビーチとしては珍しく、一九二七年五月、ソルボンヌ放送を通して、彼女の書店が、フランスとアメリカの友情の絆として役立つことを訴えている。おそらく、この時期は彼女が最高の幸せを味わっていた時期であり、無口な彼女の口もとが自然にほころんで、つい講演をしてしまったのかもしれない。

シェイクスピア・アンド・カンパニイ書店の名前を不朽のものとしたのは、何と言っても、一九二二年に彼女が二十世紀最大の古典のひとつであるジョイスの『ユリシーズ』を発行したことであった。当時、イギリスとアメリカで発行禁止処分を受けていたこの作品の出版は、ほとんど絶望的であった。その絶望的な情況にあえて挑み、この作品をフランスの彼女の書店から発行したことは、文学サロンとして書店が果した功績に優るとも決して劣ることのない偉業であったと言えよう。その勇気は彼女の内に秘めたヤンキー魂にあったのかもしれない。

前述のT・S・エリオットの発言にはいささかの誇張があるにしても、ビーチのジョイスに対する献身的な奉仕と、この作品への愛情とがなかったならば、この二十世紀の古典が世に出るのが相当遅れていたことは容易に想像がつく。しばしば偉大な作家にみられがちなジョイスのエゴイズムを寛容に受けとめ、死力を尽してこの偉大な作品を出版にまで漕ぎつけた彼女の努力は、この作品が文学史にとどまる限り記憶されるべきであろう。ジョイスの一家四人の生活を支えるという経済的負担をも伴った『ユリシーズ』出版の仕事は、決して経済的に恵まれているとはいえなかったビーチには涙の出る想いがあった筈であり、その間の事情は、本書を通して想像されるが、彼女自身はほとんどその苦労を語っていない。寧ろ、本書から読みとられるものは、喜々としてこの難事業に取り組むビーチの姿であり、作品に対する彼女の愛情であって、あくまでも文学の裏方として徹し切った彼女の人柄である。ただ、ビーチのこの書物がなかったならば、文学作品としての『ユリシーズ』の高い価値を評価することはできても、この傑作が出版される裏の事情に、これ程生き生きと接することはできなかったであろう。当時、出版禁止になっていたアメリカの読者たちが、シェイクスピア・アンド・カンパニイ書店版の『ユリシーズ』を秘かに手に入れることができたのは、ヘミングウェイの知恵のお蔭であるなどといった逸話は永久に知らされなかったかもしれない。『ユリシーズ』の出版に限らず、本書は文学史の書物などでは決して知ることのできない当時の生き生きとした作家や詩人たちの姿や裏話を知る上で極めて貴重である。

私たちは、ともするとアメリカやフランス文学に登場する作家や詩人たちを、それぞれの国の独立した文学史の枠のなかでのみ扱い、位置づけることに慣れてしまい、国籍を異にする作家や詩人たちの生きた芸術的、生活的な交流を無意識に見逃す危険がある。ジョイスとヴァレリーが、『ユリシーズ』出版記念の午餐会で隣り合って坐っている写真などをみると、異様な衝撃と驚きに打たれることがある。しかし、ビーチのこの本は、そうした生きた芸術家たちの姿を裏窓から、実に楽しく覗かせてくれている。

シェイクスピア・アンド・カンパニイ書店は、その後一九三六年に財政的危機を迎える。しかしその危機も、ジィドを始め、パリの作家や学者たちの必死の救済活動によって切り抜けることができた。第二次世界大戦勃発でパリがドイツ軍に占領された後も、しばらく続いた訳であるが、一九四一年結局閉じることになる。大戦の勃発とともに、ほとんどのアメリカ人は祖国に帰って行ったが、ビーチはパリを離れなかった。彼女はオデオン通り十二番地、彼女の書店と同じアパートで生涯を閉じ、荼毘にふされた遺体となって、初めて大西洋を渡って帰国する。

ビーチが死亡した時、アメリカでは〈出版者週報〉が、短い彼女の死亡記事を掲載している。この他に彼女が祖国アメリカから贈られたものといえば、バッファロー大学からの名誉学位であった。これは、彼女が経済的に困窮した折、彼女が手持ちのジョイスの資料をこの大学に売却したために贈られたものであろう。現在バッファロー大学にはジョイス研究のための貴重な数多くの資料が保存されている。一方、フランスでは、彼女はフランス政府からレジオン・ドヌール勲章を贈られ、その業績を讃えられている。また、彼女が死亡した二年後、フランスの有名な文芸誌〈メルキュール・ドゥ・フランス〉は、一九六三年九・十月号にシルヴィア・ビーチ追悼の特集号を発行している。この追悼号には、当時既に死亡していた彼女の友人をも含め、彼女と深い友情で結ばれていた人々の残したビーチを知る上で貴重な資料が掲載されている。参考までにその名を上げておく。シャーウッド・アンダソン、イヴ・ボンヌフォワ、ジョン・L・ブラウン、ブライアー、アンドレ・シャンソン、シリル・コノリー、マルコム・カウリー、H・D、S・M・エイゼンシュタイン、T・S・エリオット、ジャネット・フラナー、アンドレ・ジィド、アーネスト・ヘミングウェイ、アンリ・オプノ、マリア・ジョラス、ジェイムズ・ジョイス、レスリー・カーツス、ヴァレリー・ラルボー、ピエール・レリス、ロバート・マッコールマン、アーチボールド・マックリーシュ、ジャクソン・マッシュー、ミッシェル・モール、アドリエンヌ・モニエ、マリアンヌ・ムーア、ジャスティン・オブライエン、キャサリン・アンヌ・ポーター、ピエール・ルヴェルディ、ドロシー・リチャードスン、モーリス・サイエ、ジャン・シュランベルジェ、マルセル・シボン、アンドレ・スピール、ガートルード・スタイン、アレン・テイト、ポール・ヴァレリー、ウィリアム・カーロス・ウィリアムズ。勿論、ここに名前をつらねている作家、詩人、評論家たちが、彼女と交友関係のあった人々全部を網羅している訳ではない。たとえば、ビーチと強い友情を結んでいたスコット・フィッツジェラルドの名前が見当らないし、エズラ・パウンドの名前も見当らない。

一九六二年、たまたまパリに滞在していた私は、オデオン通り十二番地を訪れてみた。ビーチの書店のあったアパートの正面には重く鎧戸が下されていて、かつて詩人や作家たちの往来で賑わった書店の影をしのばせるものは何ひとつとして感じられなかった。私は、その後いく度かこのアパートの前を通り過ぎる機会はあったが、近所の住人に書店のことを尋ねてみる気持にもならなかった。二十年以上も昔に閉められた彼女の書店を記憶している人がいる筈がないと思われたからである。何とも言えない淋しい気持を抱きながら、私はセーヌ河の河岸に辿りついた。私は、丁度ノートル＝ダム寺院とセーヌ河を隔てた左岸に沿ったカルティエ・サン・ジュリアン・ポーヴルにある古ぼけた一軒の小さな書店に、なにげなく入った。ウィンドーにはもっぱらアメリカやイギリスの書籍ばかりを展示してあった。比較的奥行きのある書店で、入口から三メートル位入った所に一本柱があって、その柱にシェイクスピア・アンド・カンパニイ書店という英語の小さな標識が釘で打ちつけてあるのに気づき驚いた。傍にいた店員に、この書店はオデオン通りにあったビーチの書店と何か関係あるのか尋ねてみた。店員は知る由もなかった。例の標識の出所や由来についても知らなかった。片隅に階段があって、下から二階の部屋を覗くことができたが、周りの壁には貸し本らしき書籍が壁一面に並べられているようだった。長椅子がひとつと幾つかのソファが置かれていて、二、三人のアメリカ人らしきお客が本を読んでいたように記憶している。会員制のようなので、その儘私は店を出てしまった。しかし、私は、この書店の経営者は、きっとビーチをしのんで、彼女と同じ形式の書店を開いていたのではないかと思う。彼女の志が誰かによって受け継がれていることを知って、私は心温まる思いをした経験を持っている。この書店の名前は、ミンストラル書店（Minstral Bookshop）といった。今でもこの書店が続いているかどうか、その後久しくパリを訪れる機会がないので知らないが、この書店は今でも私の記憶に不思議に残っている。

さいごに本書の翻訳に関して、私がいろいろ御教示を頂いた方々にお礼を申し上げます。まず最初に矢野峰人先生、残念ながら私はまだ先生と面識を得る機会に恵まれませんが、先生の比較文学に関する講演を拝聴した際、比較文学的観点からこの本は大変貴重な資料であることを先生は説かれました。この講演を契機に私は本書の翻訳を思い立った訳で、この機会に先生にお礼を申し上げます。また、実際の翻訳に当っては鈴木幸夫先生から数々の御親切な御教示を頂いたことを深く感謝します。その他、ビーチに関する数少い文献を紹介して頂いた阿部文子夫人、拙訳を河出書房新社から出版することに御尽力下さった窪田般彌先生、その他御教示を頂いた多くの方々に厚くお礼申し上げます。また怠け者の私を最後まで見守り、面倒な仕事を引き受けて下さった河出書房新社編集部の渡辺一夫氏に心からお礼を申し上げます。

訳者

なお、注をつける際、作家は本文中に割注で簡単に付し、必要に応じて訳注に加えたが、広く知られている作家の場合には煩雑さを避けるため極力省くことにした。作品名は、本文中には訳名で記載し、訳注で原名を示すことにしたが、調べがゆき届かず、不十分な点をお詫びする。

解説　しなやかで骨のないような手を離さなかったひと

堀江敏幸

パリのオデオン通りにあった英米文学の貸本屋兼新刊書店「シェイクスピア・アンド・カンパニイ」は、一九二〇年代から三〇年代にかけてパリにやってきた文学者たちの交流拠点のひとつとして、また英米で猥書《わいしょ》として発禁処分になっていたジェイムズ・ジョイスの『ユリシーズ』を敢然と世に送り出したことで知られている。店主の名はシルヴィア・ビーチ。一八八七年、米国ボルティモアで長老派の牧師の父と、おなじく長老派牧師の娘だった母とのあいだに生まれ、十代半ばから幾度かフランスに滞在していたシルヴィアが、女優を志していた妹とともにパリに落ち着いたのは一九一六年八月、第一次世界大戦のさなかだった。

名目はフランス象徴詩の勉強である。詩への関心が、彼女の人生を変えた。戦後、ある詩誌を手に入れるためにパリの第六区オデオン通り七番地にあった貸本屋「書物友の会《ラ・メゾン・デ・ザミ・デ・リーヴル》」を訪ねて、その店主アドリエンヌ・モニエと意気投合する。やや太り気味で血色がよく、「青みがかった灰色」の眼と、「修道女とお百姓のドレスの間の子のよう」な服装が印象的だったとシルヴィアは記しているが、一方のアドリエンヌは回想録『オデオン通り』のなかで、「この若いアメリカ娘は、非常に独特な、魅力的な顔をしていました」（岩崎力訳）と簡潔に外貌を述べ、イギリス人のような発音と造語感覚とユーモアに触れたあと、こんなふうに書いている。

「シルヴィアはお河童頭でした。そこで私もすぐ髪を短くしました」。

引きあう気持ちが、これだけで伝わってくる。実際、彼女たちは恋人どうしだったとも言われており、ある時期まで――写真家ジゼル・フロイントが間に入り込むまで――シルヴィアはアドリエンヌのアパートで同居していたし、たがいの信頼は終生失われることがなかった。

ことのなりゆきとして、シルヴィアはまずモニエの貸本屋の会員になり、第一次大戦末期の数ヶ月はほとんどこの書店で過ごし、たびたび開かれる会員向けの読書会で、顧客だったジィド、ヴァレリー、ファルグ、ラルボー、シュランベルジェ、ロマンらと知り合うことができた。他にもフランスの詩人・作家たちが、戦後、一九一九年にシルヴィアが開いた「シェイクスピア・アンド・カンパニイ」を支える会員となったのも幸運なことだった。

シルヴィアはアドリエンヌの紹介で、オデオン通りとムッシュー・ル・プランス通りを介してつながっているデュピュイトランという小さな通りに店を構え、一九二一年に、やはりアドリエンヌが見つけたオデオン通り十二番地の貸店舗に移転する。通りの南端に一七八二年創設の由緒あるオデオン座（現オデオン・ヨーロッパ劇場）の、新古典主義建築の劇場を配する場所ではなからずも向き合うことになったこのふたつの書店は、英米仏の人間関係と作品への敬意が有機的かつ複雑にからみあって生まれた文学の場としてつよい磁力を発した。

本書は、顔と声と背丈と人柄と文学的才覚を、ながい時間をかけて煮詰めなければ書き得ない寸評のならぶ特異な交友録であり、稀有な文学的証言であり、敬愛する人々の描写に仮託した自伝でもある。人物の網の目を通して、あたらしい文学的光景がつぎつぎに開陳され、頁をめくる指を休めるいとまがない。エズラ・パウンド、ジェイムズ・ジョイス、アーネスト・ヘミングウェイ、ロバート・マッコールマン、シャーウッド・アンダソン、T・S・エリオット、ガートルード・スタイン、アリス・B・トクラス、サミュエル・ベケット……。

たとえばヘミングウェイは、駆け出しだったパリ時代を振り返る『移動祝祭日』でシルヴィアとの出会いに触れ、彼女が「生き生きとした、彫りの深い顔立ちをしていた」こと、「茶色の目は小動物のようによく動き、少女のそれのように活気があった」ことを記し、「彼女くらい私に親切にしてくれた人はいない」（高見浩訳、新潮文庫）と感謝を捧げている。シルヴィアが親しくつきあった作家仲間のうち、ヘミングウェイほど短期間で大きな成功を収めた例はないのだが、本書の末尾を飾る、ドイツ占領下のパリでのふたりの再会を語る頁は、のちの文学世界における立場の相違を無化する祝祭の一部であったとしか言いようのない喜びに満ちている。

しかし、白眉はなんといっても、開店一年目、作家アンドレ・スピールの家で催されたパーティーの席での、ジョイスとの運命的な出会いを語る数章だろう。スイス、イタリアと移り住んでパリにやってきたこのアイルランドの作家とのその後のつきあいが、書店の活動とシルヴィア自身の後半生を決定づけた。『ユリシーズ』への愛を貫くために、浪費癖のあるジョイスの傍若無人な要求にすべて応え、一家の生活をも支えながら「神様」に寄り添いつづけるなかで味わった喜びと苦しみが、しかし過度にならないよう抑えた筆致で描かれていく。

ジョイスをめぐるエピソードは、文学においても生活においても出色の面白さで、紹介しようとすると結局すべてを抜かなければならない。シルヴィアの好奇心に満ちあふれた観察眼は、初対面のときから細部をけっして見逃さなかった。ジョイスがアルコールを口にしなかったこと、「しなやかで骨のないような手」をしていたこと、左手の中指と薬指に指輪をはめていたこと、眼は濃いブルーで「右眼が少し異常である」こと、会話においても「言葉の選択やその言葉の響きについて心を配って」いたこと。翌日、ジョイスは早速シルヴィアの書店を訪ねて、パリにやってくるまでのいきさつを語り、目下の心配事をごく自然に打ち明ける。シルヴィアでなかったら、こんなふうに話は進まなかっただろう。

シルヴィアを中心にしたジョイス支援の輪のなかで、最も大きな役割を果たしたフランス人作家のひとりがヴァレリー・ラルボーだった。ヴィシー鉱泉の開発者の息子で、経済的余裕のあった彼は、緑内障に苦しみ、手許不如意だったジョイスとその一家に自分のアパルトマンを貸し与えたばかりでなく、『ユリシーズ』の仏語訳の一部を朗読し、またのちの仏語訳にも携わるなど、無私の友情を示したラルボーの肖像は、他のフランス作家たちに比しても深く、あたたかい。偶然だが、ラルボーのアパルトマンは、ヘミングウェイが部屋を借りていたのとおなじ、カルディナル・ルモワーヌ通りにあったことも興味深い。

しかしジョイスの名声があがるにつれ、周囲の、労苦を見ようともしないその言動がシルヴィアには徐々に重荷になっていったようである。彼女の発行した『ユリシーズ』がいくら話題になっても、アメリカではあいかわらず猥本扱いで完全版は出せず、しかも海賊版がシルヴィアの版の流通をさまたげる。彼女がしばしば慈善的奉仕と呼んでいる「助手」たちの尽力を得てもやりくりができなくなっていく。『ワーク・イン・プログレス』と呼ばれていた『フィネガンズ・ウェイク』の刊行を引き受けないと決め、『ユリシーズ』の版権（と彼女が考えていたもの）を手放すに至る経緯は、それまでの夢のような展開に比して、あまりに切ない。ジョイスは一九四一年一月、スイスで没した。

「シェイクスピア・アンド・カンパニイ」は、一九四一年十二月、米国版『フィネガンズ・ウェイク』の最後の一冊を譲らなかったことに激怒し、在庫本をすべて没収すると言い放ったドイツ将校の恫喝を機に閉じられる。以下、本書では触れられていない事実を、ノエル・R・フィッチの『シルヴィア・ビーチと失われた世代　1920、30年代のパリ文学風景』（上下巻、開文社出版、前野繁、中田裕二、岡本紀元共訳、一九八七年）で補足しながら、その後のシルヴィアについて簡単に記しておきたい。

四二年八月下旬、日米開戦を受け、彼女は米国籍の女性としてナチ党員に連行され、ミネラル・ウォーターで知られる温泉地ヴィテルの収容所で半年ほど過ごした。解放してくれたのは古い友人ブノワ＝メシャン。彼は『ユリシーズ』仏訳の最初期のメンバーのひとりだったのだが、あろうことか、当時はヴィシー政権の枢要にいたフランソワ・ダルランの秘書を務めており、口利きが可能だった。シルヴィアがレジスタンスに関わっていた人たちに近かったことを考えると皮肉な話だが、「シェイクスピア・アンド・カンパニイ」が培った人間関係を示す一例とも言えるだろう。

シルヴィアを襲った最も大きな悲しみのひとつは、アドリエンヌの死である。戦後、リューマチとメニエール病に苦しみ、体力気力を奪われた彼女は、一九五五年六月一八日の夜、苦しみに耐えられず、睡眠薬による自死を選んだ。先に引用した回想録『オデオン通り』は遺言にしたがって刊行されたもので、アドリエンヌ自身の校正を経ていない。他方、シルヴィアの回想録は五九年、アメリカで刊行され（ジョイスに関する箇所は、別途、『パリのユリシーズ』として五六年に出ている）、好評のうちに迎えられた。筆致はけっして仲間たちを批判せず、違和感があっても人物描写のなかに溶かし込む控えめな筆致は、しかし、未刊資料の精査によって、あくまで公にするための選択であったことも明らかになっている。

晩年のシルヴィアは、一九二〇年代の生き証人として遅い栄誉に浴し、六二年の秋に、終生愛したパリで亡くなった。オデオン通り十二番地には、「一九二二年、マドモワゼル・シルヴィア・ビーチは、この家でジェイムズ・ジョイスの『ユリシーズ』を出版した」という銘板が埋められている。実際、彼女がいなかったら、二〇世紀初頭の文学史は大きく変わっていただろう。

最後に、訳者にも触れておきたい。中山末喜氏は一九三三年生まれ、早稲田大学第一文学部英文科を卒業し、大学院でジェイムズ・ジョイスで修士論文を書きあげたのち、研究者の道には進まず外務省に入り、外務事務官としてパリで数年を過ごした。帰国後、早稲田大学社会科学部の専任講師となり、文学部英文科に移籍している。本書の刊行は七四年だから、四十代はじめの業績になる。一九八〇年、シルヴィア・ビーチ関連の資料がまとめられているプリンストン大学で研究調査中に病を得て、八二年に亡くなった。享年四十八（「英文学」第五九号の追悼特集による。早稲田大学英文学会、一九八三年）。

先に触れた、ジョイスがシルヴィアの店をはじめて訪れる場面はこう訳されている。「パーティのあったその翌日、ジョイスがダーク・ブルーの上着を着、フェルト帽を阿弥陀に被り、余り白くもないゴム底の運動靴をはいて小刻みな足取りで急な坂道の小路をのぼってきました。彼はステッキをぐるぐる回しながら歩いてきました」（七五頁）。

アイルランド出身の「神様」が帽子を「阿弥陀」に被る（a black felt hat on the back

of his head)。神仏の種類は異なれど、ジョイスの後背に聖なる光が射していることを、こんなふうにやわらかく、しかもです・ます調で伝えてくれる中山氏の邦訳も、いまはなき「シェイクスピア・アンド・カンパニイ」の棚に置かれていることを、私は信ずる。

（作家・フランス文学者）

本書は一九七四年に小社より刊行され、二〇一一年に復刻新版として刊行された単行本を文庫化したものです。文庫化にあたり、一部表記をあらためため、注の整理をしました。

本文中、今日からみれば不適切と思われる表現がありますが、書かれた時代背景と作品価値とに鑑み、そのままとしました。

Sylvia Beach:
SHAKESPEARE AND COMPANY, 1959

シェイクスピア・アンド・カンパニイ書店《しょてん》

二〇二三年 三 月一〇日 初版印刷
二〇二三年 三 月二〇日 初版発行

著 者 シルヴィア・ビーチ
訳 者 中山末喜《なかやますえき》
発行者 小野寺優
発行所 株式会社河出書房新社
〒一五一-〇〇五一
東京都渋谷区千駄ヶ谷二-三二-二
電話〇三-三四〇四-八六一一（編集）
〇三-三四〇四-一二〇一（営業）
https://www.kawade.co.jp/

ロゴ・表紙デザイン 粟津潔
本文フォーマット 佐々木暁
本文組版 株式会社キャップス
印刷・製本 凸版印刷株式会社

Printed in Japan ISBN978-4-309-46777-1

シェイクスピア＆カンパニー書店の優しき日々

ジェレミー・マーサー　市川恵里〔訳〕　46714-6

文学と恋と人生——。パリ・左岸にある伝説のシェイクスピア＆カンパニー書店に偶然住みつくこととなった、カナダから来た元新聞記者による回想記。本好きにはこたえられない奇跡の書店の物語。

テヘランでロリータを読む

アーザル・ナフィーシー　市川恵里〔訳〕　46743-6

全米150万部、日本でも大絶賛のベストセラー、遂に文庫化！テヘランでヴェールの着用を拒否し、大学を追われた著者が行った秘密の読書会。壮絶な彼女たちの人生とそれを支える文学を描く、奇跡の体験。

シモーヌ・ヴェイユ　アンソロジー

シモーヌ・ヴェイユ　今村純子〔編訳〕　46474-9

最重要テクストを精選、鏤骨の新訳。その核心と全貌を凝縮した究極のアンソロジー。善と美、力、労働、神、不幸、非人格的なものをめぐる極限的にして苛烈な問いが生み出す美しくきびしい生と思考の結晶。

ベンヤミン・アンソロジー

ヴァルター・ベンヤミン　山口裕之〔編訳〕　46348-3

危機の時代にこそ読まれるべき思想家ベンヤミンの精髄を最新の研究をふまえて気鋭が全面的に新訳。重要なテクストを一冊に凝縮、その繊細にしてアクチュアルな思考の核心にせまる。

神の裁きと訣別するため

アントナン・アルトー　宇野邦一／鈴木創士〔訳〕　46275-2

「器官なき身体」をうたうアルトー最後の、そして究極の叫びである表題作、自身の試練のすべてを賭けて「ゴッホは狂人ではなかった」と論じる三十五年目の新訳による「ヴァン・ゴッホ」。激烈な思考を凝縮した二篇。

ヘリオガバルス

アントナン・アルトー　鈴木創士〔訳〕　46431-2

狂気のかぎりを尽くしてローマ少年皇帝の生を描きながら「歴史」の秘めた力としてのアナーキーを現出させる恐るべき名作を新訳。来たるべき巨星・アルトーの代表作。

ランボー全詩集

アルチュール・ランボー　鈴木創士〔訳〕　46326-1

史上、最もラディカルな詩群を残して砂漠へ去り、いまだ燦然と不吉な光を放つアルチュール・ランボーの新訳全詩集。生を賭したランボーの「新しい言語」が鮮烈な日本語でよみがえる。

さかしま

J・K・ユイスマンス　澁澤龍彥〔訳〕　46221-9

三島由紀夫をして"デカダンスの「聖書」"と言わしめた幻の名作。ひとつの部屋に閉じこもり、自らの趣味の小宇宙を築き上げた主人公デ・ゼッサントの数奇な生涯。澁澤龍彥が最も気に入っていた翻訳。

ボヴァリー夫人

ギュスターヴ・フローベール　山田𣝣〔訳〕　46321-6

田舎町の医師と結婚した美しき女性エンマ。平凡な生活に失望し、美しい恋を夢見て愛人をつくった彼女が、やがて破産して死を選ぶまでを描く。世界文学に燦然と輝く不滅の名作。

愛人　ラマン

マルグリット・デュラス　清水徹〔訳〕　46092-5

十八歳でわたしは年老いた！　仏領インドシナを舞台に、十五歳のときの、金持ちの中国人青年との最初の性愛経験を語った自伝的作品として、センセーションを捲き起こした、世界的ベストセラー。映画化原作。

O嬢の物語

ポーリーヌ・レアージュ　澁澤龍彥〔訳〕　46105-2

女主人公の魂の告白を通して、自己の肉体の遍歴を回想したこの物語は、人間性の奥底にひそむ非合理な衝動をえぐりだした真に恐れるべき恋愛小説の傑作として多くの批評家に激賞された。ドゥー・マゴ賞受賞！

邂逅

ミラン・クンデラ　西永良成〔訳〕　46712-2

ラブレー、ドストエフスキー、セリーヌ、カフカ、ガルシア＝マルケス、フェリーニ……愛する小説、絵画、音楽、映画を、かろやかに論じる、クンデラ評論の決定版。

服従

ミシェル・ウエルベック　大塚桃〔訳〕　46440-4

二〇二二年フランス大統領選で同時多発テロ発生。極右国民戦線のマリーヌ・ルペンと、穏健イスラーム政党党首が決選投票に挑む。世界の激動を予言したベストセラー。

プラットフォーム

ミシェル・ウエルベック　中村佳子〔訳〕　46414-5

「なぜ人生に熱くなれないのだろう？」――圧倒的な虚無を抱えた「僕」は父の死をきっかけに参加したツアー旅行でヴァレリーに出会う。高度資本主義下の愛と絶望をスキャンダラスに描く名作が遂に文庫化。

セロトニン

ミシェル・ウエルベック　関口涼子〔訳〕　46760-3

巨大化学企業を退職した若い男が、過去に愛した女性の甘い追憶と暗い呪詛を交えて語る現代社会への深い絶望。白い錠剤を前に語られる新たな予言の書。世界で大きな反響を呼んだベストセラー。

不思議の国のアリス

ルイス・キャロル　高橋康也／高橋迪〔訳〕　46757-3

世界中で愛される名作ファンタジーがルイス・キャロル研究の第一人者による魔術的名訳でよみがえる。豊富な注釈とヴィジュアルで新たな発見に満ちた不思議の国へご招待。

長靴をはいた猫

シャルル・ペロー　澁澤龍彥〔訳〕　片山健〔画〕　46057-4

シャルル・ペローの有名な作品「赤頭巾ちゃん」「眠れる森の美女」「親指太郎」などを、しなやかな日本語に移しかえた童話集。残酷で異様なメルヘンの世界が、独得の語り口でよみがえる。

くるみ割り人形とねずみの王様

E・T・A・ホフマン　種村季弘〔訳〕　46145-8

チャイコフスキーのバレエで有名な「くるみ割り人形」の原作が、新しい訳でよみがえる。「見知らぬ子ども」「大晦日の冒険」をあわせて収録したホフマン幻想短篇集。冬の夜にメルヘンの贈り物を！